LES PYRÉNÉES

ET

LEURS LÉGENDES

Cauterets. — Le Gave.

LES
PYRÉNÉES

ET

LEURS LÉGENDES

NOMBREUSES ILLUSTRATIONS

PARIS

SOCIÉTÉ FRANÇAISE D'IMPRIMERIE ET DE LIBRAIRIE

(COLLECTION LECÈNE, OUDIN et Cⁱᵉ)

15, RUE DE CLUNY, 15

Il y a plusieurs sujets de discussion parmi les touristes, et l'un des plus ordinaires s'élève sur les mérites comparés des Pyrénées et des Alpes. Les personnes plus sensibles aux impressions avoueront volontiers que les Alpes leur ont causé un plus grand effet d'éblouissement peut-être, et les Pyrénées plus de surprises attachantes ; elles ont plus admiré les premières, et mieux aimé les secondes.

Ces Alpes gigantesques mais inégales vous écrasent ou vous déconcertent ; les premiers chaînons sont à peine des monts ; c'est une muraille qui court ; et puis au-dessus, tout à coup s'élancent les grands pics : voici la région des glaciers aériens et des déserts célestes, le Mont-Blanc, qui se dresse à 2,500 mètres au-dessus de la hauteur moyenne de la chaîne. Le spectacle est magnifique, mais d'une magnificence qui décourage. On sent que tout cela est trop grand pour l'homme ; ce n'est point le genre de beauté qui nous convient, à nous, chétifs.

Beaucoup de gens très bien doués pour recevoir les émotions que font naître les forces et les splendeurs de la nature ne voudraient point ne pas avoir vu les Alpes, et pourtant ne souhaiteraient pas d'y vivre.

Les Pyrénées, au lieu de vous écraser, vous enveloppent ; elles ont plus de charme, parce qu'elles sont bien autrement animées et vivantes. Elles n'ont point ces étages de glaciers, point ces lacs immenses, pas ces reliefs colossaux et ces dépressions énormes. Elles déploient devant nos yeux leur robuste ceinture, et les pics qui se détachent des massifs avec leur parure de vapeurs ou de neiges nous causent des sensations auxquelles le trouble ou l'effroi ne viennent point se mêler. Très peu sont inaccessibles, et quelle que soit leur altitude, on ne perd jamais que pour un moment, quand on les gravit, la vue des riantes vallées couchées au pied des monts. On ne cesse pas d'apercevoir la terre, le monde vivant, et c'est un repos de l'esprit dans la fatigue du corps ; on ne se sent pas enfin lancé, abîmé dans l'espace. La superbe chaîne court d'une mer à une autre ; des deux côtés c'est l'étendue libre qu'on va retrouver en sortant de cette prison de calcaire ou de granit. Le charme dont nous parlions à l'instant grandit à mesure qu'on se rapproche de ces flots bleus ou de la plaine verte. La mer a des rayonnements, et la terre des fertilités méridionales. Les Alpes avec leur froidure implacable ne s'ouvrent au voyageur que dans le grand été ; on peut visiter les Pyrénées au printemps et s'y attarder à l'automne ; toutes les basses vallées sont des stations d'hiver. Le plus grand attrait, enfin, des Pyrénées, c'est qu'elles connaissent la variété des saisons.

Elles ont aussi, à défaut des vastes glaciers, des beautés qui leur sont particulières et que ne montrent point leurs orgueilleuses rivales. On ne rencontre pas dans les Alpes ces excavations prodigieuses, si régulièrement creusées dans l'épaisseur du mont, qu'on dirait l'œuvre intelligente et réfléchie de quelque peuple de Titans plutôt que celle de la nature ; — ces cirques immenses, comme Gavarnie, environnés de gradins où des nations entières pourraient s'asseoir. Au-dessus se dressent les jeux étonnants de la montagne figurant des tours coiffées de nues, des murailles sans fin, des escaliers qui semblent avoir été disposés pour l'escalade du ciel, les cités et les forteresses d'une race de géants disparus.

Les Alpes rappellent de grands souvenirs historiques ; ceux qui se présentent ici ont une couleur plus antique et plus romanesque à la fois. Annibal portant la guerre offensive à Rome traverse les Pyrénées avec 98 mille fantassins, 12 mille chevaux, 60 éléphants. Tite-Live raconte que des ambassadeurs romains s'étant rendus en Gaule pour engager les Barbares à fermer aux Carthaginois les passages des monts, il s'éleva dans l'assemblée gauloise de tels rires accompagnés de cris si furieux que ces ambassadeurs tremblèrent pour leur vie ; ils auraient été massacrés sans l'intervention des vieillards, « qui apaisèrent la jeunesse ». Sertorius plus tard, les Arabes et les Aragonais plusieurs fois, ont effectué le passage, mais avec des succès douteux. Les Pyrénées ont leur pente au nord, leur escarpement au midi ; la France a donc plus fréquemment et plus aisément envahi l'Espagne qu'elle n'a souffert de l'invasion espagnole. Vingt siècles après Annibal, en 1814, Wellington, pénétrant par le côté le plus faible, marchant à la tête de quatre-vingt mille hommes contre Soult qui n'en avait pas la moitié, au milieu d'un des plus terribles naufrages que la France ait eu à subir, n'arriva pourtant que jusqu'à Toulouse, où nos débris l'arrêtèrent. « En revanche, dit un historien célèbre, les « Gaulois, les Romains, Pompée, César, les Visigoths, les Francs, Char-« lemagne, Philippe III, Du Guesclin, les armées de Louis XIII et de « Napoléon Ier, ont victorieusement franchi les monts. »

Entre la France et l'Espagne, on compte environ quatre-vingts cols ou « ports » ; le nom de « ports » se donne dans les Pyrénées aux passages, comme celui de Gave aux cours d'eau. Sept seulement sont praticables aux voitures, une trentaine aux mulets. Ils sont, en général, placés à une assez grande altitude : ainsi le plus célèbre, paré du coloris de la légende, la Brèche de Roland. Il est situé sur le cirque même de Gavarnie, et vraiment il « ébrèche » la crête de la majestueuse enceinte. Ce que la Brèche de Roland a de superbe et d'unique, c'est qu'elle s'ouvre sur la limite des deux territoires ; le regard, vers le nord, sur la patrie française, s'étend de là jusqu'à Toulouse ; au midi, sur la plaine d'Espagne, ondulant vers Saragosse. La « brèche » est élevée à 9,000 pieds, et par conséquent domine la hauteur moyenne de la chaîne, qui n'est que de 2,500 mètres.

Ce n'est pas encore la limite des neiges perpétuelles ; ce n'est donc point l'altitude qui rend les Pyrénées inabordables aux armées. « Elles « ne pourraient opérer qu'à l'est ou à l'ouest », a écrit M. Duruy dans sa belle introduction à l'Histoire de France; « et là, elles rencontreraient « deux fortes places de guerre, Bayonne et Perpignan, les deux « portes de la France sur l'Espagne. Jamais l'invasion n'a été tentée « et ne pourra l'être par les deux routes à la fois ; car, les mon-« tagnes franchies, il resterait aux armées envahissantes l'insurmon-« table difficulté de se relier l'une à l'autre, et de combiner leurs « mouvemeats à travers plus de 80 lieues d'un pays où ne se trouve « aucune vallée longitudinale, c'est-à-dire parallèle à la chaîne ». Cette disposition orographique a été comparée par un autre écrivain « à une feuille de fougère » qui se diviserait d'abord par le milieu.

« *Ce sont ensuite des subdivisions en petits rameaux, feuilles ou fo-*
« *lioles, qui nous présentent en miniature l'économie de cet immense*
« *système de monts.* » Les contreforts se détachent du faîte à angle droit, puis se dirigent vers l'est ou l'ouest, formant de grandes vallées qui débouchent sur les deux mers. Des cours d'eau les traversent, et les principaux, dans la partie occidentale, courent à la Garonne, ou, comme l'Adour et le Gave de Pau, roulent vers le golfe de Gascogne. Ces larges vallées se subdivisent elles-mêmes en un grand nombre de vallées plus petites. Elles ont leurs villes assises aux différents étages du sol. Pau, qui regarde le pic du Midi d'Ossau, est déjà situé à plus de 200 mètres, Tarbes à 300. Au deuxième étage, nous rencontrons de ce même côté Argelès, Lourdes, les deux Bagnères, à 4, 5 et 600 mètres. Au-dessus d'Argelès s'ouvre la route de Cauterets.

L'étude que nous publions aujourd'hui est uniquement destinée à faire connaître sous leurs nuances familières nos Pyrénées françaises. Du fond de ces combes vertes, tapissées de tant de fraîcheur, et colorées pourtant de tons si chauds, nous irons à l'escalade des monts. Nous voudrions que ce livre fût le guide du touriste pendant le jour, et le soir, l'excursion achevée, son délassement. C'est trop d'ambition sans doute ; mais c'est l'ambition d'être utile.

La chaîne vue de Coarraze.

LES PORTES DU BIGORRE

C'est un tout petit pays que le Bigorre ; mais il n'est point de ceux qui ont été heureux parce qu'ils n'ont pas eu d'histoire. De très grands personnages ont écrit la sienne, entre autres Pierre de Marca, qui fut archevêque de Toulouse.

De plus anciens auteurs l'avaient précédé : Pline a dit son mot sur les Bigorrais, qu'il nomme « Begerri », et qui deviennent les Bigorrines », suivant César.

La comté de Bigorre était belle, riche et forte ; elle valait la peine d'être disputée, et le fut douze ou quinze siècles durant. Son premier ennemi fut son voisin le Béarn. Si vous partez de Pau, vous suivez, en le remontant, le cours du Gave ; le flot roule plein de bruit et de lumière ; il a souvent des gaietés furieuses, toujours des clartés vivantes. D'abord il traverse des prairies, et forme parfois des îlots plantés d'arbres. Là, vous remarquerez pour la première fois le caractère léger des feuillages ; c'est ici que vraiment la verdure est « riante ». Sur cette route si doucement pittoresque, une ombre immense plane ; vous avez déjà cessé d'apercevoir le pic du Midi d'Ossau, avec sa coiffure blanche ; mais, sur la rive gauche du Gave, la première chaîne se dresse. Vous tournez ; il semble que ce soit cette masse noire qui s'avance sur vous. Le train s'arrête : c'est la station de Coarraze.

Coarraze est la frontière des deux provinces ; là, il y eut une forteresse qui servait à garantir le Béarn des revanches du Bigorre et du retour offensif, après l'incursion ; là fut élevé Henri IV.

*
* *

Saint-Pé (Saint-Pierre) est une bourgade romantique : des maisons assises sur une terrasse épaulée à des roches, au-dessus du torrent ; l'ombre des montagnes qui la domine ; une superbe église malheureusement ruinée, maladroitement restaurée. Mais les habitants ne se trouveront peut-être point flattés de l'appellation de bourgade que nous donnons à leur *ville*. Elle n'a pas moins de 2,500 âmes, et ce ne sont pas des âmes inactives. Saint-Pé est un petit centre industriel ; on y fabrique des voiles et l'on y travaille les fers.

Le chemin de fer court au-dessus, quelquefois au ras du Gave, sur des roches que l'eau vient frapper, d'autres fois dans des tranchées creusées à travers les « moraines » ; car toutes ces vallées si vastes, couchées dans les plis des monts, furent des glaciers autrefois. Sur ces hauteurs, le plus souvent dénudées, couvertes de pins en quelques endroits, ailleurs de hêtres, se fait chaque année, à l'automne, la chasse aux palombes. Si vous gravissez l'escarpement, vous rencontrerez à une faible altitude — 500 mètres environ — le joli lac de Lourdes.

Il est alimenté par des sources invisibles ; sa circonférence est de six kilomètres ; sa profondeur moyenne, de neuf mètres, et il présente une superbe nappe d'eau de couleur changeante. On n'y trouve point, quoi qu'on en ait dit, les traces d'anciennes habitations lacustres ; l'homme primitif, en ces régions, a laissé surtout ses vestiges dans les grottes, qui sont nombreuses aux environs de Lourdes et de Saint-Pé. Du lac, on retire des arbres non équarris, ce qui tendrait à prouver qu'il fut creusé par une commotion volcanique, à une époque relativement moderne.

*
* *

La gare de Lourdes est peut-être la plus pittoresque et la plus gracieuse des gares de France ; il est permis de supposer que ce n'est point la faute des ingénieurs, qui n'en ont pas choisi l'emplacement : il n'y en avait point d'autre. Au-dessous, le Gave roule, et sur le bord opposé, dans la combe profonde, sont assis, parmi la verdure, les établissements religieux. L'église neuve et de grande et riche allure les domine ; les étages de la montagne s'élèvent, et le pic de Jer, grand morne isolé, ferme l'horizon. A gauche, un bloc de rochers battu par les eaux porte à sa crête une vieille maison forte.

Vue générale de Lourdes.

Lourdes marque les premiers gradins de l'immense amphithéâtre des monts. De cette gare, on distingue le pic du Midi du Viscos, et plus loin, le haut chaînon ruiné que dépasse le pic d'Ardiden (près de 3,000 mètres).

La charmante ville a toujours eu l'importance d'un lieu de passage. Que l'on aille à Pau, à Barèges, à Saint-Sauveur, à Cauterets, à Bagnères-de-Bigorre, à Luchon, il faut la traverser. D'innombrables diligences s'y croisaient autrefois, et s'arrêtaient à l'hôtel de la Poste ; maintenant on y est porté bien plus rapidement par le chemin de fer de Pau à Tarbes : le trajet est de deux heures environ depuis la première de ces deux villes.

De la gare, on aperçoit toute la ville. Là-bas, les maisons grimpent à l'assaut du bloc énorme de rochers au faîte duquel est assis le château ; en face du voyageur s'élève, sur les bords du Gave, la basilique consacrée le 1ᵉʳ juillet 1876.

Dans la cour de cette gare populeuse, animée, vous trouverez cinquante voitures de toutes formes, attelées de ces alertes chevaux de Tarbes qui ont une furie et une docilité surprenantes. La langue des cochers est vive et dorée ; ces porteurs de bérets de Bigorre ont des cousins en Gascogne. Vous montez dans un de ces bruyants équipages qui va trottant, cahotant, par les rues escarpées, et vous atteignez la voie qui mène à la grotte.

La voiture traverse le « pont vieux », dont les fondations, en effet, paraissent antiques ; il présente une lourde arcade recouverte d'un superbe manteau de lierre. La vue dont on y jouit mérite qu'on s'y arrête un moment. Sur la rive gauche du Gave, une prise d'eau a été pratiquée, et donne naissance à un canal d'un millier de pas environ, qui forme une île. Un moulin est assis à cheval sur ce courant babillard, et sert de pont entre la rive et cet îlot verdoyant. Le canal rejoint le Gave en face des « roches Massabielles ».

L'église, de proportions très vastes, est double, formant une crypte et un sanctuaire supérieur ; elle a été construite dans le gothique du xiiiᵉ siècle, et ce qu'elle offre de plus remarquable, ce sont ses trois absides rayonnant autour du chœur. La décoration intérieure en est fort riche.

Ne quittons point la route qui borde le Gave ; suivons-la plutôt sur un espace encore de sept ou huit cents pas, et nous trouverons une grotte spacieuse. Une troupe de savants en exploration y a découvert une prodigieuse quantité d'ossements, presque tous fossiles, à côté d'objets travaillés par l'homme, et appartenant à l'âge de la pierre taillée. Plus loin encore, une autre grotte, gigantesque celle-ci, traverse une partie de la montagne. Elle se divise en deux branches horizontales courant, l'une vers l'occident, l'autre vers l'orient. Une troisième branche coupe les deux premières dans le sens longitudinal, si bien que la figure générale est celle d'une croix. A l'extrémité de cette branche du milieu bouillonne un puits d'une redoutable profondeur. On a également trouvé dans cette *spélugue* des ossements de renne et d'aurochs, et des traces d'habitations humaines pendant la période préhistorique.

La vallée d'Argelès et Vidalos.

Deux monts marquent d'un côté la fin de la plaine de Tarbes, de l'autre le commencement de la gorge de Pierrefitte : c'est le Jer à gauche, c'est à droite la Bée. Tous deux projettent sur Lourdes le dernier cercle de leur ombre. En sortant de la ville, on descend vers la vallée de Bat-Souriguère. La route se trouve rejetée à gauche par le cours du Gave, et longe le pied du Jer. Elle est large, mais enveloppée d'abord d'une aridité rebutante.

Partout des parois crevassées et ruinées, les flancs crayeux de la montagne, et si le soleil luit, des réflexions crues et violentes, une chaleur sèche, insupportable ; au-dessus des chaînons qui se croisent, on aperçoit un cône qui se dresse : c'est le Soulom, qui n'est que le premier étage du Viscos, et qui sépare plus haut, bien plus haut, les deux vallées de Luz et de Cauterets. On suit la base du pic d'Alian. Tout à coup, comme par l'effet d'une surprise merveilleuse et sous le commandement d'une baguette de fée, le spectacle change.

C'est le bassin d'Argelès qui s'ouvre. Cinq vallées se présentent en éventail. Le regard embrasse une étendue riante et libre, court à des hauteurs presque célestes, et découvre les massifs lointains perdus dans les brumes, et sous ce voile flottant devine l'ensemble de la chaîne : — quatre-vingts lieues de monts.

Quant à la route elle-même, elle traverse un cercle de verdure couronnée de neige, qui serait un délicieux petit monde fermé, sans les deux vallées, ou plutôt les deux gorges de Cauterets et de Luz qui l'ébrèchent.

Un vaste réservoir d'eau paraît avoir occupé cet entonnoir immense et charmant, dans les âges primitifs; nous cheminons au fond d'un lac.

Cette route charmante d'Argelès traverse la branche centrale d'où se détachent ces pittoresques rameaux; une multitude de ruisseaux alertes mettent en mouvement des scieries de planches, et vont se perdre dans le Gave. Tout ce bas et verdoyant pays a l'air d'un verger ; les champs de maïs, les prairies, les vignes, les bouquets de bois s'y croisent.

Veut-on que nous courions d'un trait jusqu'à la petite ville d'Argelès, en négligeant les infinis détails de ce paysage si divers, en détournant nos yeux attirés par des ruines d'aspect militaire qui se dressent de distance en distance sur les blocs détachés? Un peu d'attention suffit à nous faire observer que cette ligne est régulière ; c'est un système raisonné de défense que nous voyons, et nous en faisons la remarque à notre guide, qui nous répond en secouant la tête : — « Oui dà, cela servait du temps des Anglais » ! La domination anglaise a laissé comme un sédiment de colère dans les traditions bigorraises et béarnaises.

Nous approchons d'Argelès, nous commençons à découvrir le massif presque entier du Viscos, au nord-est. — A droite du chemin, vers l'ouest, les villages et les hameaux se multiplient sur le mont verdoyant. Parfois ils sont encadrés de véritables petits bois d'arbres fruitiers. Plus haut encore, des maisons isolées s'abritent sous un pli de terrain, les pieds dans un étroit herbage où des vaches paissent. Ces bandes de pâturages aériens offrent un heureux contraste de nuances avec de petits bouquets de sapins, et d'autres parties plus sombres, qui ne sont que la roche nue, le calcaire noir.

Une chose fait grand tort à la « gente cité » d'Argelès, au moment où l'on y entre : c'est le spectacle saisissant qu'on a devant les yeux de l'autre côté de la ville. Nulle part encore on n'a vu se dessiner si largement le triple étage des monts. La pente qui descend vers la vallée est tapissée d'un immense et superbe bocage, formé de vingt essences d'arbres, tous centenaires : la blancheur des villas se détache parmi les feuillages. Au-dessus, une vieille tour bâtie par Centulle III, comte de Bigorre, lequel vivait à la fin du xiie siècle, et le groupe intéressant de Saint-Savin, le rocher de la *Piétad ;* puis la route de la haute vallée d'Azun, la plus romantique des sept du Lavedan, tout un massif de hauteurs sauvages où les Romains, dit-on, découvrirent et exploitèrent des mines d'argent et d'or ; l'entrée de la gorge de Cauterets ; enfin, le Viscos, le géant de ce coin des Pyrénées, et son manteau de neige.

C'est pourtant une jolie villette qu'Argelès, avec ses maisons à galerie. On y reconnaît un grand air d'aisance et de simplicité ; les bourgeois y vont en béret bleu, comme les gens du peuple ; d'ailleurs, on y compterait peut-être moins d'Argelaisiens que d'Anglais. Les insulaires ont reconquis le pays, comme du temps du Prince Noir ; mais c'est, il faut bien l'avouer, par des armes plus courtoises. Ils lui donnent à vivre, au lieu de le dévorer.

Vieilles maisons à Pierrefitte.

CAUTERETS

Là-bas, à deux cents lieues des Pyrénées, est une misérable petite rivière qui vient mêler son eau trouble à la Loire. Ne demandez pas, lecteurs, pourquoi je vous mène si loin ; vous le verrez tout à l'heure. — Ce filet boueux qui se traîne dans les prés n'a même plus de nom. Cependant tous les riverains vous diront que cette « riviérette » a porté « la flotte de César ». On ne peut nier qu'elle ne fût jadis plus importante et bien plus large. L'ancien lit se dessine dans la bordure des coteaux, presque entièrement desséché, converti en marécages ou en prairies. Il put être navigable ; mais que ces hauteurs aujourd'hui chargées de vignes aient vu passer César et sa flotte, qui le croirait ? — Ces riverains entêtés, pourtant, le soutiennent ; et dans un de leurs villages que baigne le chétif cours d'eau, se voit un cabaret qui a pris fièrement pour enseigne : Au Port de César. Tout le pays s'en est longtemps égayé ; mais un jour, en creusant l'ancien lit de la rivière morte, on a trouvé d'abord des pièces de bois travaillées et dorées qui ont conseillé de poursuivre les fouilles ;

alors on a mis au jour les débris d'une superbe galère romaine du temps des Antonins. — L'enseigne du cabaret se trouvait à peu près justifiée. — Il ne faut donc pas trop légèrement nier la tradition et rire des légendes.

Si nous avons raconté cette histoire lointaine, c'est que, dans nos Pyrénées, nous trouvons sa pareille. — Tout Cauterets vous dira que César lui rendit visite. Si ce ne fut pas César, ce put bien être quelqu'un des siens, un Romain, de poids. Qui nous dit que le Palatium Æmilianum, sur les assises duquel se sont élevés les établissements religieux et militaires de Saint-Savin, ne logea pas des personnages consulaires, « pourvus de moins de santé que d'honneurs, qui vinrent, entourés des uns et cherchant à réparer l'autre, se baigner à ces sources revivifiantes? En entrant dans Cauterets, vous vous heurterez d'abord aux Thermes de César ».

Ne riez point! Souvenez-vous de la petite rivière de Bretagne plus qu'aux trois quarts tarie et de la galère romaine !

Les eaux de Cauterets sont certainement connues depuis l'époque des Romains, et l'étaient auparavant des peuples indigènes. Leur usage est antérieur à l'institution des médecins qui le conseillent. Au fond de cet entonnoir pittoresque creusé entre de superbes amoncellements de montagnes, la nature offrait ses bienfaits et ouvrait ces sources miraculeuses qui combattent une partie des maux réservés à l'homme. Une partie seulement. Veuillez songer que contre toute personne humaine il y a deux cent cinquante maladies environ, parfaitement classées — sans parler de leurs variétés, — et toujours sans compter les médecins !

Cauterets est donc en honneur depuis vingt siècles ; mais ce fut au XVIe que la mode le consacra pour la première fois. La célèbre station thermale était alors un hameau ; c'est maintenant une manière de grande ville, montrant des hôtelleries de marbre, à peu près entièrement déserte pendant neuf mois de l'année ; durant les trois autres mois, une fourmilière humaine.

Vingt mille étrangers s'y rendent. Des orchestres résonnent, et l'assaut des grandes parures se donne tous les jours le long de cette « rivière du Gave », au flot nuancé. — Des guides bienveillants vous disent que la « saison » est ouverte du 1er mai au 31 octobre. Passe encore pour mai, si l'on ne craint point les froidures subites du matin et du soir, et les pluies du printemps qui sont ici des déluges ; mais, en octobre, on y vivrait enveloppé déjà dans les plis d'un manteau de neige.

On monte à Cauterets depuis Pierrefitte-Nestalas, qui possède une gare. A Pierrefitte, les baigneurs pour Cauterets arrivent ordinairement de Lourdes par la voie ferrée. On peut y venir d'Argelès en promenade pédestre. Le village de Nestalas précède le bourg lui-même. Voici plusieurs vieilles maisons qui montrent des fenêtres en ogive. Pierrefitte, plus loin, est dominé par la grande ombre de la montagne de Soulom ; au-dessus s'élance le pic de Viscos.

Une superbe hôtellerie se carre au milieu du village, environnée d'une cour plantée d'acacias taillés en boule. De la maison s'échappent les sons de trois pianos. Eh ! quoi ! le piano sévit jusqu'au pied de ce beau Soulom.

Cette harmonie enragée révèle encore des « filles d'Albion ». Nous entendons les valses de Strauss. L'Anglaise jouerait du piano au fond d'une gorge, sous l'avalanche. — La cloche de l'hôtellerie sonne ; c'est l'heure du déjeuner. Plusieurs familles britanniques entrent dans la grande salle, où nous avons demandé qu'on nous servît à déjeuner. Pierrefitte est comme une demi-station de printemps, une succursale d'Argelès.

Trois chars à bancs viennent se ranger dans la cour ; ils vont conduire nos Anglais en excursion à Cauterets.

Pour les voyageurs moins opulents, il y a un service d'omnibus. La route est neuve et rejoindra l'ancienne au-dessus du pont de Médiabat, à cinq kilomètres environ du point de départ, le trajet total étant de deux lieues et demie. La route ancienne était une échelle, ou il s'en fallait de peu ; d'ailleurs, la muraille de rochers qui la borde n'est depuis longtemps qu'une immense ruine d'où se détachent sans cesse des blocs entiers. Les voyageurs étaient avertis qu'ils devaient faire leur testament avant que de partir : ce qui aurait fini par en mettre un bon nombre en humeur de rester.

Le chemin neuf de Cauterets pénètre tout de suite dans la vallée du Gave, qui porte le nom de la ville thermale, et qui, en effet, en descend. C'est un défilé sauvage resserré entre deux monts ; le torrent y forme une coupure à brusques arêtes et coule à des profondeurs considérables ; mais ce furieux a bien soin de se faire entendre, et sa musique menaçante accompagne sans cesse le voyage. Ces deux énormes parois de schiste paraissent tremblantes de leur base à leur faîte ; la roche est partout écroulée, érosée, dans sa masse, curieusement effritée sur ses bords. Si une source s'épanche, c'est avec des grondements souterrains qui dénoncent des cavités creusées dans l'épaisseur du mont. Partout des rocs dont l'adhérence est détruite, que de larges crevasses séparent du bloc ; et il n'est pas besoin de les examiner attentivement pour reconnaître combien ils sont amollis par les infiltrations provenant des pluies et des dégels. La pente vertigineuse qui descend au torrent n'est pas moins fouillée et ravinée. Il est visible que toute cette partie du chaînon est profondément attaquée par les eaux. — Cette route construite pour en remplacer une autre qui devenait périlleuse, n'est elle-même que médiocrement rassurante. En revanche, elle est fort belle.

Si le mont, à gauche, présente une muraille insipide, on peut ramener ses yeux sur le *couvert* du torrent : car, le plus souvent, le Gave roule sous un double manteau de feuillage. Des tilleuls croissent dans les fissures de la pierre, sur un lit étroit de terre végétale, et leurs têtes dépassent parfois le bord du chemin ; plus bas, ce sont des aulnes et des frênes qui se baignent dans le flot même ; cette eau claire scintille entre leurs branches. Elle rencontre des barrages naturels qu'elle franchit en grondant et en se couronnant d'écume ; une poussière humide couvre les arbres de l'étage supérieur ; le vent les secoue ; ils renvoient cette pluie fine sur la route. De l'une des voitures chargées d'Anglaises qui précède la nôtre, des cris s'élèvent ; c'est qu'elles ont reçu au passage ce salut impertinent du Gave. Le conducteur, qui s'amuse, fait semblant d'être effrayé, il arrête ses chevaux ; et nous, en dépassant l'équipage, nous voyons tous ces visages jeunes ou vieux, roses ou de la couleur du citron, qui s'essuient.

Ils s'essuieraient jusqu'à demain, si l'automédon, rassasié de sa malice, ne faisait point claquer son fouet, car la poussière humide vole toujours.

A droite du Gave, sur la gauche du chemin, à la montée, ce sont maintenant les flancs du Soulom qui se déploient ; les roches de ce

La gorge de Cauterets.

côté surplombent presque le torrent. L'ancienne route, dont on reconnaît le tracé, n'était ni aussi large ni aussi commode que la nouvelle. Sur cette rive, les éboulements sont effrayants, et l'on aperçoit pour la première fois ces « chaos » que nous rencontrerons souvent jusqu'au pied des monts de Cauterets ; mais il y a des parties solides, et parfois le massif s'entr'ouvrant laisse voir de mignonnes vallées verdoyantes, qui fuient entre des bouquets d'arbres ; un village ou une métairie sont assis parmi des hêtres, hôtes superbes des cimes, qui craignent peu les grands hivers. Tout à coup le pied du Soulom s'éloigne ; et c'est à cet endroit que le pont de Médiabat a été jeté, et que la route neuve passe sur la rive droite. Presque en face du pont, une large et profonde déchirure s'ouvre, à gauche, au flanc du mont ; une nappe d'eau y roule en cascade, bondissant sur les pointes des roches, parmi des vignes sauvages, et s'engouffre dans le Gave, où elle tombe d'une hauteur de plus de mille pieds. Au fond du tableau, se dresse *Peguère*.

Nous allons gravir la « butte du Limaçon ». C'est, à gauche, un vaste éboulement, un large champ de mort et de ruine. Un *chaos*. Des roches brisées, des quartiers de schiste amoncelés ; le contrefort entier du mont se détache, et peu à peu retombe en morceaux dans la gorge. Nous sommes au-dessous d'un *couloir* d'avalanches. Tous les printemps, les vieilles neiges glissent sur ces hautes pentes par les mêmes chemins, entraînant tout sur leur passage. Point de forêts ici pour arrêter cette marche redoutable ; tout cède, tout se précipite sous cette énorme coulée de glace et de boue.

A droite du Gave, au contraire, la vallée s'est décidément élargie. Les bandes de prés deviennent de véritables tapis de verdure, étendus sur des ondulations de terrain presque régulières ; c'est le côté libre par lequel Cauterets prend du jour et regarde l'espace.

Le chemin, bordé de peupliers ombrageant des bancs de pierre disposés pour le repos des promeneurs, conduit bientôt au fond de l'entonnoir. La villette est là, assise entre trois monts : à l'est le Peyraute, au sud-ouest Peguère, à l'ouest Peyrenère. Et puis le second plan : entre Peguère et Peyrenère, le Monné, au-dessus de Peguère le Caballiros, au-dessus de Peyraute, le Viscos.

Entre ces géants et ces masses d'ombres, un étroit bassin se couche.

L'art y a quelque peu gâté la nature. Les prairies d'autrefois sont devenues un « parc ».

* * *

On peut faire plusieurs reproches à cette pimpante villette de Cauterets. Où sont les choses impeccables en ce monde? Le bassin verdoyant qui s'ouvre entre ce double entassement de monts est trop symétrique. Peut-être serait-il plus exact de dire qu'il a été « symétrisé ». Trop d'allées de peupliers, trop de pentes gazonnées, le tout sur un dessin uniforme. La ville est donc entourée de fraîcheur, mais elle est trop parée. Après cela, il n'est point sûr que beaucoup de baigneurs parisiens qui s'y rendent au mois d'août ne goûtent pas mieux cette grande nature « peignée » qu'ils ne l'aimeraient un peu plus... naturelle.

Les rues de la ville sont également bien alignées. Cauterets produit une impression bizarre en une autre saison que celle des bains, quand toutes ces belles bâtisses, la plupart assez neuves, sont désertes. Les habitants y errent ordinairement désœuvrés, l'industrie du louage étant la principale et même la seule à peu près qui s'y exerce. Aussi, quand un incident arrive qui dérange si brusquement ces interminables loisirs, il est aisé de juger qu'ils ne se tiennent pas d'aise. Nous y avons vu, certaine nuit de mai, un incendie. Quel tumulte! Le tambour bat, la trompette sonne, toute la ville est debout. Vérification faite, il n'y avait de brûlés qu'un vieux fauteuil et deux rideaux dans une maison à trois étages. Mais quelle aubaine que cette alerte! Comme on s'était amusé!

Les hautes montagnes qui enserrent Cauterets ont également leur pied et une partie de leurs flancs boisés au-dessus de la ville. Nous avons vu au mois de mai les sapins de Peyraute recouverts d'un léger manteau de givre. Ces cristaux se coloraient des feux du prisme, sous les rayons du matin; une assez forte brise secouait les arbres qui les portaient; c'était comme un arc-en-ciel mouvant au-dessous de la blancheur immobile des neiges aux cimes du mont. Vers le printemps, Cauterets commence d'être visité par ces clartés souriantes; l'hiver, entre ces pics et ces hautes maisons que le resserrement de la vallée a obligé de construire à plusieurs étages, il ne reçoit pas une heure de soleil.

Traversons la place principale, bordée d'hôtels; suivons le large chemin qui mène au pont sur le Gave; devant nos yeux est le Peguère, dont la base est un grand bosquet. Là, s'étend une vaste et superbe pelouse sur la rive gauche du torrent; mais les maussades visages sur la rive droite ! Ce sont les façades postérieures des maisons de la ville : de vieux murs, des galeries de bois assez vermoulues, servant de séchoirs aux habitants et portant du linge, — qui revient du lavoir. Sordides pavillons! Une tache dans la parure de la coquette station thermale.

En revanche, au centre de la pelouse, s'élève l'établissement monumental dit des *OEufs*. Vous ne demanderez point d'où lui vient ce nom; l'odeur qui s'exhale des sources environnantes vous le fera suffisamment connaître. Ces sources des *OEufs* sont chargées d'acide sulfydrique; ce sont les plus chaudes, car elles atteignent plus de 55 degrés. L'établissement est aussi le plus vaste : outre de nombreux cabinets de bains, de salles d'hydrothérapie, il contient une piscine de natation.

Le soleil glisse au faîte de Peyraute et frappe déjà les masses du Caballiros, au-dessus de Peyrenère. Au fond du tableau qu'on a devant soi, a ville se découpe en noir, formant une curieuse tranche d'ombres. Remontez le cours du torrent; la pelouse se convertit en fraîche prairie; ce n'est plus du *gazon*, c'est de l'herbe, et cela vaut mieux. De distance en distance s'élèvent de beaux bouquets de hêtres. Si l'on fait courir ses yeux en avant, on aperçoit aux flancs du Peyrenère de bien plus vastes hêtrées; au deuxième étage, les sapins noirs; entre ces replis sombres, une clarté qui scintille: c'est une cascade. A vos pieds roule le Gave, tantôt argenté, tantôt de la couleur de l'étain bruni.

Au pied de Peyraute sont les Thermes de César. — Encore une bâtisse monumentale en marbre des Pyrénées, du marbre gris; — ils sont ouverts toute l'année. Les sources qui les alimentent jaillissent dans le bois, à plus de cent cinquante mètres au-dessus de la ville; un aqueduc les fait descendre : ce n'est pas sans une perte sensible de chaleur.

L'aspect en est celui d'un palais de la Bourse, dans certaines villes de commerce. Quatre colonnes de marbre portent un péristyle où l'on monte par de nombreuses marches. Tant pis pour les impotents! Puis s'ouvre une salle énorme, bordée d'une double rangée de cabinets.

Aux flancs de Peyraute, où, d'ailleurs, on vous portera en chaise, sont situés les thermes de Pause nouveau et ceux de Pause vieux ; — une vieille buvette et une nouvelle construites en marbre noir comme une tombe.

En regagnant la rive droite du Gave, nous laissons derrière nous, à l'entrée de la promenade du Parc, l'établissement de Rieumiset, alimenté par la source de ce nom et par celle du Rocher, découvertes il y a une trentaine d'années ; nous nous acheminons vers la Raillère.

Le chemin, c'est la gorge, au fond de laquelle le Gave roule d'abord ; nous passons au pied d'un escarpement sauvage et nu, puis d'un formidable éboulement. Là encore, des quartiers de roches tout entiers se sont détachés du mont ; nous voyons un nouveau *chaos*. Entre les blocs brisés s'ouvrent des anfractuosités profondes qui, en plein été, sont des ornières de neige. De ce champ de désolation et de ruine, l'échappée de vue est admirable ; des sapins couvrent les flancs des premiers contreforts du Houmégas ; un ruban d'écume se déroule au-dessus de leur tête : c'est le Gave de Lutour qui descend de la vallée supérieure et va mêler ses eaux à celles du grand torrent qui traverse Cauterets. Au-dessus encore, c'est la neige.

Raillère a, dans la langue du pays, une signification menaçante : le mot veut dire *couloir* d'avalanches. Le *chaos* que nous avons sous les yeux montre bien que c'est nom justifié. Chaque année, l'avalanche glisse, elle entraîne les blocs jusque dans le torrent. Malgré la précaution qu'on a prise de les fortifier par derrière d'une sorte d'énorme bastion formé de quartiers de roches éboulés, l'avalanche mettra quelque jour en poussière ces thermes dont la richesse est unique, même à Cauterets. Les sources de la Raillère sont les plus abondantes ; leur action est la même à peu près que celle des Eaux-Bonnes, et convient au traitement des maladies de la poitrine et du larynx. On les prend en boisson, en bains, en douches, en gargarismes.

Des chaises à porteurs conduisent les baigneurs aux thermes secondaires du Pré, de Manhourat et des Yeux, de Saint-Sauveur, situés à des hauteurs considérables (de 1.130 à 1.220 mètres). Les plus élevés sont ceux dits du Bois ; ce sont aussi les plus éloignés du centre des habitations. Arrêtons-nous à Manhourat. La cascade qui sort de la vallée de Lutour est devant nos yeux. Nous voyons trembler le pont fait de sapins non équarris qui la traverse ; la chute du torrent est presque verticale ; la nappe d'écume tombe toute droite, comme du haut d'une urne qu'on épancherait. Au fond du ravin sont des scieries abandonnées et muettes. Il n'y a que le bruit, que l'éclat de l'eau ; et de l'autre côté, le Gave de Geret qui accourt, non moins retentissant, non moins furieux. Celui-ci descend des chaînons du Monné. Il va former avec celui de Lutour le Gave de Cauterets, qui, se réunissant, à Pierrefitte, à ceux de Gavarnie, de Héas, de Barèges, vont former le Gave de Pau ou le Grand Gave, la grosse artère des Pyrénées.

Manhourat et le Gave de Géret.

LE PONT D'ESPAGNE
ET LE LAC DE GAUBE

A chaque pas ou à peu près que vous ferez en vous approchant de la frontière espagnole, vous trouverez des douaniers Les frondeurs de Cauterets soutiennent que l'entretien de ces hommes est une dépense inutile, les passages étant partout inaccessibles.

Je suis convaincu du contraire. L'on rencontre, en effet, des contrebandiers dans les sentiers du Vignemale, et certaine aventure me démontra clairement que ces *honnêtes commerçants* n'hésitent point à détrousser les voyageurs qui commettent l'imprudence de s'engager sans armes dans les lacets perdus de la montagne.

Nous nous reposions, mon ami R., son jeune fils et moi, sur les bords du lac de Hahuts, à l'ombre d'un bouquet de genévriers. Tout à coup, et sans que rien nous eût annoncé leur présence, un, deux, trois contrebandiers Espagnols surviennent. Brusquement, une dispute s'engage entre eux, et déjà les longues *navajas* jettent des éclairs, lorsque trois autres Espagnols à figure sinistre entrent en scène. L'un d'eux fait un signe, toute la bande s'arrête, nous regarde un instant, et, voyant de paisibles touristes, se dispose à emporter nos légers bagages. En vérité, l'audace était trop grande. Mon ami et moi nous tirons nos revolvers et nous mettons en joue. Ce langage-là est toujours conpris et nos *hidalgos*, de mauvaise grâce toutefois, vidèrent la place. Nous partîmes à notre tour ; mais à peine avions-nous fait quelque cent mètres, que nous avions la bande sur nos talons. Nous tirâmes deux balles, en l'air, il est vrai, mais la démonstration opéra comme un charme, et les coquins disparurent pour tout de bon cette fois.

Les douaniers des montagnes n'ont pas le même grand air de vigueur apaisée que leurs camarades qui remplissent l'office de vigies immobiles sur la côte de l'Océan. Leur service est bien plus dangereux et plus pénible ; ils ont à craindre l'avalanche au printemps, l'été les fondrières de neige, et le coup de feu qui part d'un massif de roches, car les contrebandiers ressemblent beaucoup aux braconniers ; ceux-ci finissent toujours par tuer le gendarme.

L'excursion au pont d'Espagne, puis au lac de Gaube, se fait à présent par une route à mulets passant au travers des hautes sapinières. Elle est neuve, et l'on n'avait autrefois de chemin que l'étranglement d'une sorte de gorge artificielle, formée par l'éboulement de toute cette partie des monts. Le sentier fuyait entre ces débris gigantesques, quelquefois embarrassé d'inextricables halliers, croissant sur les îlots de terre végétale entraînée avec les roches ; et l'on rencontrait de redoutables glissements ; alors il fallait bien vite s'accrocher d'une main aux arbustes, en s'arc-boutant de l'autre sur son bâton.

Maintenant la route neuve conduit assez promptement à la cascade de Ceriset ou Cerisey, que domine le pic aigu de Peyrelance. Le nom de cette montagne indique sa forme ; c'est bien celle d'une lance ; mais il n'y a plus de Titans pour la manier. La cascade est à deux étages ; les abords du premier sont parés d'une richesse extraordinaire de végétation : d'énormes fougères, des rhododendrons, des gentianes odorantes, à fleurs bleues, des viornes à fleurs blanches, et au-dessus le feuillage délié des sorbiers. Ce frais tableau veut donc surtout être vu à la fin du printemps. Pour considérer de près l'étage inférieur de la chute d'eau, on descend à travers des sapins. Chemin faisant, on reçoit une terrible poussière d'écume.

Le lac de Gaube.

Le Gave, apaisé après le premier obstacle qu'il vient de rencontrer, se heurte tout à coup à deux blocs de rochers, s'ameute contre ce barrage, et bondit à plus de cent mètres de profondeur.

Si, du point où l'on est placé dans le ravin, on lève les yeux, on aperçoit un superbe encadrement de monts.

Nous sommes sur le Gave,—on dit, dans le pays, le Val de Jéret,—ou Géret, — car l'orthographe des noms est ici variable comme le temps.

Il ne faudra point vous étonner de ces caprices des nuées. Le ciel est pur, puis des vapeurs arrivent, une heure ou deux elles se balancent, coiffant les cimes, rasant la tête des sapins ; la brise souffle ; elles se dispersent comme des flocons de laine blanche. Si ce ne sont point que des brumes passagères, si c'est l'orage, vous sentirez bien ses approches. L'air est de plomb.

Bien que respirant avec peine, marchez et gagnez un abri. On n'a pas idée, si on ne les a pas essuyés et entendus, de ces fracas et de ces déluges. Et ce n'est pas tout : les abris sont rares, le fond des gorges est le meilleur. — Mais aujourd'hui, sur la rive du Géret, tout est calme, sauf le torrent lui-même.

D'autres cascades animent le chemin. Une légende s'est attachée à celle du Pas-de-l'Ours.

Il y avait une fois un chien très entêté et un ours très arrogant ; le chien était de haute taille, — une bête de force, — comme tous ses pareils des Pyrénées. Ces deux seigneurs à quatre pattes eurent, un jour, la même idée, celle d'aller contempler le ressaut du Gave, à un endroit qui devait garder le souvenir et prendre son nom de cette double fantaisie, — car ils se rencontrèrent. Le chemin est étroit et tremblant ; les simples bipèdes, — c'est-à-dire les hommes, — ne le suivent point sans essuyer quelquefois une petite sueur froide : l'abîme au-dessous est profond. Monseigneur l'ours, qui arrivait du côté du nord, prit une de ces attitudes de maître à danser qui sont la coquetterie de sa légère espèce, et invita Monsieur le chien, qui venait du sud, à retourner en arrière pour lui faire place.

Le molosse répondit en lui montrant les dents. A l'instant « ils s'empoignèrent » ; et tous deux roulèrent ensemble. Voilà où l'orgueil mène les bêtes ! — Le ressaut de Géret s'est appelé le Pas-de-l'Ours, depuis ce temps-là. — Il n'y a guère plus de cinq cents ans.

Remontant toujours le Géret — ou le Marcadau — vous trouverez la cascade de Beausset. La forêt à l'entour du Gave devient plus épaisse; ce sont des hêtrées alternant avec les sapinières. Un bruit sourd, puis croissant, un roulement, puis des éclats de tonnerre vous avertissent que le pont d'Espagne est proche. On dit aussi « le Saut du pont ».

Ne craignez pas la fatigue, car elle aura sa récompense. A parler exactement, le « Saut du pont » c'est la chute d'eau. Le Gave, qui descend du lac de Gaube par une gorge de sapins, noire comme une avenue du palais de la Nuit, vient se mêler à celui de Géret — ou de Marcadau. C'est même une terrible mêlée. Pour la bien voir, il faut gravir une rampe presque verticale jusqu'à un promontoire qui domine le confluent sur lequel se balance ce fameux pont d'Espagne, formé de trois sapins jetés d'un bord à l'autre. Cependant, on assure que les muletiers espagnols y passent avec leurs mulets.

Le pont d'Espagne est situé à une altitude de plus de quatre mille cinq cents pieds. La cascade a deux étages comme celle de Cerisey, et chacune des deux nappes tombe d'une hauteur de près de cent mètres. Le torrent qui vient du lac de Gaube a déjà glissé sur une rapide et énorme pente; le lac lui-même est à une hauteur de près de dix-huit cents mètres et s'ouvre entre trois pics : au premier plan Labassa, Meya et Gaube ; au second plan, c'est le Vignemale, la plus haute montagne des Pyrénées françaises, dont la pointe supérieure, la *pique longue*, atteint 3,300 mètres.

Le Vignemale porte un glacier ruiné, sillonné de crevasses presque sans fond, qui glisse sans cesse et déjà est descendu à deux mille mètres, bien au-dessous de la région des neiges persistantes, sous l'air sec des Pyrénées. Ce Vignemale, qui pourrait bien un jour s'écrouler tout entier sur les chaînons inférieurs, porte un nom de fâcheux présage : la mauvaise route, *Via mala*, Vignemale.

Pour arriver du pont d'Espagne au lac de Gaube, on suit la rive droite du Gave qui s'échappe du haut bassin. A mi-chemin, parmi des genévriers et des pins rouges, s'ouvre un petit bassin inférieur : c'est le lac de Hahuts. Bientôt la végétation cesse, la bise souffle sur les roches arides ; c'est la désolation des hauts plateaux qui commence ; — puis le miroir bleu sans vagues, plus qu'immobile, — d'une rigidité sinistre, — apparaît entre des parois entièrement nues. L'eau qui descend du glacier de Vignemale conserve toujours la température de la glace. Elle en a aussi la couleur. Sur ce large flot, encore une fois, pas une ride : c'est vraiment une mer morte.

On rencontre une auberge au bord du lac de Gaube. Tout près est

Le pont d'Espagne.

un monument de marbre rappelant la mort de deux jeunes mariés imprudents qui trouvèrent la mort dans ces eaux sans fond. Voici comment M. Achille Jubinal, dans ses *Impressions de voyage* aux Hautes-Pyrénées, raconte cette tragédie qui remonte à 1840 :

— « Messieurs, dit le guide, en route!

« Tandis que nous reprenions nos harnais, nous vîmes s'avancer plusieurs personnes. C'étaient deux étrangers (un jeune Anglais et sa femme), accompagnés de quatre porteurs et d'un guide. Nous leur souhaitâmes la bienvenue et nous partîmes.

« A peine étions-nous au tiers du lac, en le tournant par la gauche, que nous aperçûmes le jeune homme dans la barque, se promenant sur les ondes et ramant avec habileté. Au bout de quelques minutes, il regagna la terre, et engagea sa femme à visiter avec lui cette espèce de mer. Plusieurs de nous remarquèrent que, par une sorte de pressentiment, la jeune personne refusait; mais enfin, cédant aux instances de son mari, elle consentit à le suivre et monta dans la nacelle.

« Tout alla bien d'abord, car le jeune homme paraissait habile marin, et guidait avec adresse la frêle embarcation. Il s'amusait même à lui donner un mouvement d'oscillation qui effrayait sa jeune épouse, et il riait de ses terreurs ; ou bien, posant son pied sur chaque bord, il ramait dans cette position critique. Tout à coup, parvenu à peu près au milieu du lac, il s'arrêta et voulut essayer de sonder ; mais, comptant toucher la terre avec le bout de sa rame, il se baissa trop précipitamment. Le poids de sa tête et le manque d'obstacle déterminèrent la chute de son corps ; il tomba dans les ondes et disparut.

« C'est au plus si ceux qui le regardaient virent quelques sillons se tracer momentanément sur cette flaque d'eau. Le lac engloutit sa victime et reprit son calme de mort.

« Cependant, la jeune femme qui, au premier moment, restait sans force et sans voix, l'œil ouvert sur cette eau qui se refermait, la jeune femme comprit subitement, en recouvrant toutes ses facultés, l'horreur de sa position : elle se mit à courir d'un bord à l'autre de la barque, tâchant de saisir le moindre mouvement sur les ondes ; elle cria, elle appela, elle plongea ses bras tout autour de la nacelle, espérant sentir quelque chose..... Vain espoir ! le gouffre gardait sa proie.

« Alors une idée funeste lui traversa la tête comme un éclair; elle se redressa, jeta un dernier coup d'œil vers la terre et vers le ciel ; puis, s'élançant dans le lac, elle disparut à son tour.

« Tout cela se passa rapide comme la pensée, en moins de temps que je n'en mets à vous le dire ! — Une chute !... des cris, des cris encore; une deuxième chute, et puis plus rien ! — Qu'on se figure l'émotion des spectateurs de cet horrible drame !... Ah ! toute ma vie, j'aurai dans mon oreille ces cris de femme qui, glissant sur ces flots lisses, nous arrivaient rendus plus perçants par la répercussion des ondes, et glaçaient nos fibres sous la chair.

« Trois heures après, le cadavre de cette pauvre femme battait la grève. — On ne retrouva celui du mari que vingt-deux jours plus tard. »

On leur a élevé ce tombeau.

L'ascension du Vignemale tente souvent les touristes du lac de Gaube. On peut arriver jusqu'à 3,200 mètres d'altitude ; on n'a plus au-dessus de soi que le glacier, les pics encore plus élevés du Mont-Perdu — et le ciel.

Toutes les montagnes plus basses qui forment le pied de ce massif immense, descendent vers le territoire espagnol, et leurs contreforts s'avancent en plein Aragon.

On peut également risquer l'ascension du glacier ; alors, il appartient aux guides de bien tenir compte de l'état des crevasses et des chances de la saison.

Une scierie sur le Gave de Lutour.

LA VALLÉE DE LUTOUR

Au point où se joignent les deux Gaves de Marcadau et de Lutour, en amont de la Raillère, franchissons le premier des deux torrents sur le pont de Benquès. Un chemin, depuis la Raillère, va remonter la rive droite du Gave de Lutour, que nous traverserons sur un autre pont ; nous laissons derrière nous une scierie qui grince.

Ce pont est de bois vermoulu et tremblant, situé au pied d'une cascade furibonde. C'est celle de Pisse-Arros. Nous sommes à pied, nous montons au lac d'Estom ; de là, à celui d'Estom-Soubiran, puis au lac d'Estibaouts, qui s'ouvre à près de 2.500 mètres. Bientôt plus de route cavalière ; il faudrait laisser les chevaux au bord du premier lac, ce qui nous obligerait à suivre au retour le même chemin, pour les reprendre. Il vaut donc mieux aller pédestrement.

Avons-nous les trois qualités qui, selon le proverbe du pays, font le bon montagnard : « ventre de Barèges, tête de Luz, jambes de Cauterets » ?

Les gens de Luz ont vraiment ce qui s'appelle « de la tête »; toute leur histoire en fait foi. Nous avons éprouvé par nous-même que ceux de Cauterets, dont nous menons un peu la vie depuis quelque temps, ont grand besoin d'avoir des jambes. Quant aux Barégeois, ils ont la réputation d'être les plus sobres des montagnards, dont la sobriété est pourtant merveilleuse. Le Barégeois passe fort bien vingt-quatre heures sans manger ni boire ; il se nourrit de lui-même. Faisons comme lui, ou à peu près, pendant douze à quatorze heures ; cependant, il ne nous est pas interdit de chercher des porteurs de bonne volonté que nous chargerons de quelques vivres.

D'abord, faisons appel aux « jambes de Cauterets ». Il s'agit de remonter un sentier raide et pierreux pour arriver au niveau de la vallée. Il faut se rappeler qu'elle est haute ; elle pourrait aussi bien porter le nom de « vallée supérieure de Cauterets ». Bientôt nous atteignons le premier versant. Nous contournons, à gauche, le pied du Houmégas, à travers un grand bois de sapins, et de distance en distance, nous nous trouvons en regard de belles chutes du torrent. Quelques-unes sont aussi saisissantes que celle qui roule au pied de l'escarpement ; mais elles sont moins célèbres. On sait avec quelle légèreté et quelle injustice la renommée se distribue en ce monde.

L'endroit est superbe : à gauche, la fière silhouette d'Ardiden ; à droite, le Houmégas. Au fond, les pics d'Agudes, de Barbe-de-Bouc, de Culaous, de Pébignaou, de Labassa.

Invoquons à présent la « tête de Luz ». Elle est nécessaire pour que les yeux ne se troublent point au bord vertigineux du torrent que nous suivons par un chemin à peine tracé. Ce diable de sentier ou ce sentier du diable décrit des lacets extraordinaires, passant d'une rive à l'autre, franchissant à chaque instant des ponts dont ce n'est point médire que de remarquer combien ils sont moins solides que pittoresques. Parfois le chemin s'élargit, il descend par une pente régulière jusqu'au niveau du torrent, puis se relève aussi brusquement qu'il s'était doucement abaissé. D'autres fois, de nouveaux éboulements le viennent barrer, et en même temps obstruent le Gave. Dans ce dernier cas, nous avons, du moins, le plaisir de contempler un ressaut du torrent. Nouvelle cascade.

C'est la partie la plus magnifique de la vallée. Nous arrivons au pied d'un barrage colossal. C'est la digue naturelle qui retient les eaux du lac d'Estom.

La rive est furieusement sauvage. Nous entrons dans un bois de sapins. Plutôt le squelette, l'ossuaire d'un bois. Qui pourrait dire l'âge de ces arbres usés, rongés par le temps, déchiquetés par la foudre? Ces débris s'agitent au milieu de l'énorme masse de granit. Le lac s'écoule par une fissure étroite avec des grondements sourds.

Il faut escalader le massif. A nous les jambes de Cauterets et la tête de Luz, ensemble ! Ce n'est pas trop de leur combinaison.

Le lac d'Estom nous apparaît après cette ascension. Il est moins grand que le lac de Gaube, il est encore plus glacé. Aussi ne nourrit-il point de poissons ; ses eaux découragent la truite elle-même, qui se plaît pourtant dans la neige fondue. Il n'en est pas moins environné de beaux pâturages, que les pasteurs espagnols habitent avec leurs troupeaux pendant les deux mois du grand été.

De ses bords vous apercevez au nord la vallée entière de Cauterets. Elle court à vos pieds toute droite ; vous la suivrez donc aisément dans son tracé riant ou sévère. Des trois autres côtés, presque point de premiers plans. Le fond du tableau saillit en avant, formé par les massifs du Cambasque, de Peyrenègre, de Peguère.

Voulez-vous continuer cette route aérienne? Vous contournerez alors le lac vers l'ouest. Si la terre tremble, ne faites point comme elle. Ce sont des torrents souterrains qui roulent. Les bassins lacustres granitiques des Pyrénées offrent souvent de ces rumeurs effrayantes pour ceux qui n'en connaissent pas la cause. Vous laissez à droite un ravin pierreux, vous remontez au col ou « Hourquette » d'Araillé. La pyramide neigeuse de Labassa s'élève, perpendiculaire au-dessus de nos têtes. Il faut traverser des éboulements de neige jusqu'au torrent, et recommencer l'ascension par une échelle ; — le sentier ne mérite pas d'autre nom. « L'échelle » conduit au plateau supérieur. Cette marche pénible, dont nous avons à peine décrit les vicissitudes souvent périlleuses, n'aura pas duré moins d'une grande heure, quand vous arriverez au plateau supérieur, au bord du lac d'Estom-Soubiran. Vous vous serez alors élevé justement à 2,326 mètres.

Ce premier lac n'a de remarquable que son altitude, qui pourtant est dépassée par ses trois voisins. Voilà la merveille de ce lieu sauvage et perdu : c'est ce quadruple étage de lacs. Au-dessus d'Estom-Soubiran, Estibaouts à 2,360 mètres, puis un autre à 2,460, puis le *lac glacé* à 2,500. Ce dernier porte presque éternellement sa croûte de glace ; le moins élevé des quatre et le seul qui ait une superficie considérable (11 à 12 hectares), Estibaouts garde la neige sur ses bords jusqu'à la fin du mois de juillet.

Au-dessus du « lac glacé », montez encore, montez toujours. Vous gagnerez le col d'Estom-Soubiran ; là, vous recevrez une magnifique récompense après tant de peines. Vos yeux se heurteront aux pics du Vignemale, au glacier d'Ossoue, et plongeront sur la vallée qui porte le même nom. Lorsque vous serez rassasié de cette vue grandiose, vous redescendrez à Cauterets, en quatre heures, par le lac d'Estom.

De ce dernier point, au lieu de monter aux lacs supérieurs, vous pouvez également gagner le lac de Gaube, en escaladant l'Arraillé. De l'autre côté, vous descendriez alors aux *Oulettes de Vignemale*, et vous joindriez le sentier qui conduit à la vallée de Gaube. Ascension de trois heures.

L'ascension !

C'est la passion, c'est la gloire, c'est la fatalité du touriste. Vous êtes redescendus à Cauterets sans encombre, vos yeux s'élèvent vers des cimes presque toujours coiffées de vapeurs, à l'ouest de la ville : c'est le Monné. Ces nuées vous attirent et vous poursuivent. Le soir, au coucher du soleil, vous traversez le pont du Gave, suivant la société élégante qui s'en va lentement en cadence à la promenade du Mamelon-Vert. L'heure est bien choisie, car la route offre peu d'ombrages ; mais elle est bordée de villas ; il y en a de princières. Au reste, la vue est belle sur la gorge de Cauterets. La promenade traverse encore un Gave, celui de Cambasque ; à son extrémité, un sentier court, dans des prés qu'arrose un autre Gave, celui de Catarabe. Vous marchez encore, vous atteignez un point d'où vous découvrez le val de Géret et les escarpements de la vallée de Lutour ; mais vous apercevrez aussi et toujours ce Monné, avec sa tête ordinairement grise qui se colore aux derniers feux du soleil. C'est une

La vallée de Lutour.

obsession ; il vaut mieux s'en délivrer franchement une bonne fois. Allons au Monné.

Nous sortons de Cauterets. Le chemin est raide. Nous traversons la gorge de Cambascou ou Cambasque, et le Gave que nous connaissons déjà. Il descend du lac d'Illéou. Nous gravissons les pentes boisées de Peguère ; au sommet de ces halliers montagneux, nous retrouvons le Gave ; nous abordons le mont de Guidante, marchant à travers les rhododendrons et les genévriers. Nous voici aux cabanes du Cinquet. Cauterets nous apparaît sous sa véritable physionomie, entre les monts énormes qui l'enserrent.

C'est sur ce plateau qu'on déjeune. On a le loisir, tout en procédant à cette indispensable réfection, d'examiner les flancs escarpés que l'on gravira dans un moment. Le Monné, par un heureux hasard, a secoué sa couronne de brume ; nous l'apercevons nu et comme ossifié ; ce redoutable front chauve contraste heureusement avec les cimes voisines, presque toutes vertes.

Le déjeuner est terminé. Les chevaux vont demeurer aux cabanes. Jambes de Cauterets, en avant ! Toute trace de verdure a bientôt disparu ; il faut cheminer péniblement entre les roches. Une série de plateaux forment les échelons de la montagne, et pour arriver de l'un à l'autre, nous allons avoir à suivre d'étroites arêtes, puis à traverser un *chaos*. Des masses énormes sont tombées du faîte : ce sont les roches de l'*Arraill* — ou de l'arrachement. Quelque émotion nous saisira, si nous venons à penser que ces débris énormes pourraient s'aviser tout à coup de se remettre en route et de continuer leur descente jusqu'au pied du mont. Ecartons ces suppositions maussades.

A ce point de la montée, nous revoyons la neige. Elle ne séjourne pas en une étendue compacte, ce ne sont dans les larges interstices des roches que des flaques deci, delà ; mais le guide nous apprend à nous en méfier ; car c'est ici un avis important : ne nous aventurons pas à l'ascension du Monné sans guide.

La dernière plate-forme du chemin est située à deux cents mètres environ de la cime. L'arête à suivre en montant devient plus étroite encore. Ne regardons pas au-dessous : c'est l'abîme, et le vertige est prompt. Cramponnons-nous plutôt aux parois du rocher, dussions-nous marcher bien moins sur les pieds que sur les mains. L'orgueil ici ne vaut rien ; l'homme n'ayant pas été créé pour grimper le long d'une aiguille, la résignation et l'adresse sont préférables. Un effort ! le dernier ! A nous la « tête de Luz » !

Enfin, nous abordons le sommet. Le pic du Midi de Bagnères est la première merveille qui frappe nos yeux, car il se détache vigoureusement de la forêt de pics qui nous environne. Le Vignemale, au contraire, nous apparaît moins distinct : ses pitons se confondent, ce n'est plus qu'une masse. Au loin, bien loin, nous reconnaissons les trois pointes du Mont-Perdu ; plus près, le Néouvielle, avec son énorme dôme de glace, plus près encore, les vallées de Labat, de Bug et d'Azun ; au-dessous du Caballiros, les plaines du Béarn ; à nos pieds, Cauterets, sa vallée verdoyante au nord ; au sud le lac d'Illéou.

Nous ne conseillerons à personne de reprendre, à la descente, le chemin suivi à la montée ; c'est assez qu'il n'y en ait point d'autre pour glisser du faîte aux premiers plateaux inférieurs. Mieux vaut incliner vers l'ouest, par la gorge du « Lion ». Plusieurs des rochers que nous rencontrons ont, en effet, des contours puissants, bizarres et comme animés ; on peut y voir des lions, comme on voit dans les nuées d'orage des dragons et des chimères. — A partir de cette gorge, des pentes presque douces vont nous ramener au vallon de Catarabe, au-dessus du « Mamelon-Vert ». Nous regagnons Cauterets.

Mais pourquoi ne nous arrêterions-nous point dans les basses hêtrées qui tapissent la gorge du Lion ? Nous pouvons ici coucher sous la tente, et si la nuit est belle, tenter demain une nouvelle ascension. Au soleil levant, nous aurons gagné le plateau d'Esponne. Là se déroulent de belles prairies. Le pâtre nous offrira du lait écumeux sortant des pis de la vache.

Une marche de moins d'une heure va nous ramener aux premiers contreforts du Monné, à l'est. Le pic du Lion se dresse devant nous, portant d'autres pâturages à ses flancs — et presque à son sommet, de petits glaciers d'une coloration singulière : c'est le vert de bouteille. L'ascension devient plus rude à travers de grands espaces herbus, puis des blocs de schiste jusqu'au col de *Contente*. De là, par-dessus les contreforts qui les séparent, on embrasse encore les trois vallées de Labat, de Cauterets et d'Azun.

En une heure désormais nous aurons gagné la base de la croupe du Caballiros. Point de sommet plus aisé à gravir, bien qu'on ne puisse atteindre le vrai faîte. Imaginez une immense pyramide de pierre nue, toute droite au milieu de cette croupe ronde où nous nous arrêtons ! Nous sommes seulement à 2,300 mètres.

Le panorama est supérieur à celui qu'on découvre du Monné. Le Caballiros est comme une sentinelle des monts qui s'avance dans la plaine. Nous apercevons le même horizon de pics, mais nous dominons encore le bassin tout entier d'Argelès. Nous avons des glaciers au-dessus de nos têtes, une mer de verdure à nos pieds.

Un phénomène très étrange et que nous ne nous chargeons point d'expliquer, n'étant pas météorologiste, nous frappe tout à coup. De petites nuées ou plutôt de petits flocons blancs et cotonneux s'élèvent au-dessous de nous, des hêtrées et des sapinières ; ils montent un à un, se joignent, formant de longues bandes qui vont se heurter aux arêtes du mont et y demeurent attachées, flottant comme des voiles aux mâts du navire.

Au-dessus, le ciel est pur.

Nous rentrons à Cauterets, puis nous redescendons coucher à Pierrefitte. Luz sera le but de notre prochaine excursion.

Le pont de Villelongue.

LUZ

La gorge de Luz est placée entre la vallée de Luz et celle d'Argelès, comme un enfer entre deux paradis. Elle suit une ligne exactement parallèle à celle de Cauterets ; elle en est séparée d'abord par un chaînon secondaire, puis par les bases du Viscos ; ce défilé n'a pas moins de deux lieues. Le passage en est bien plus effrayant que celui de la gorge de Cauterets, mais l'ascension est moins rude, puisque Luz n'est situé qu'à une altitude de 739 mètres.

En quittant Pierrefitte, nous traversons d'abord le Gave de Cauterets sur un beau pont de pierre, entre Soulom et Nestalas.

La route, un peu plus loin, traverse le Gave de Gavarnie sur un autre pont de pierre, à l'extrémité du village si pittoresque de Villelongue, que nous laissons à gauche. Nous voici au sein de la gorge.

« C'est ici la partie la plus austère des Pyrénées ; tout y prend un aspect formidable, » disait George Sand. Cette appréciation a été relevée, consignée dans tous les guides. Elle est sans doute excellente. Toutefois le second qualificatif nous paraît le mieux approprié. « Formidable » est plus vrai que « austère ». La nature a rassemblé toutes ses menaces contre l'homme dans ces Thermopyles pyrénéens ; et l'homme y a répondu en la défiant et la violant. La route que nous suivons a été ouverte par la poudre : on a fait sauter des blocs entiers pour ouvrir le chemin.

Il y a pourtant encore des instants où l'on se demande s'il est bien ouvert ; on croit voir, à distance, les roches se croiser et s'apprêter à barrer le passage. Un écrivain qui aime les grandes figures a dit en décrivant ces lieux sinistres : « Les montagnes s'avancent et viennent vous regarder face à face ».

C'est hardi jusqu'à la licence poétique, mais c'est vrai. Les assises des monts se touchent et interceptent le cours du Gave, qui bondit avec fracas contre ces barrages.

Nous cheminons alors entre les soubassements du Soulom et ceux du Neré, dont nous apercevons directement, au-dessus de notre tête, en ligne verticale, la cime ébréchée. Tout à coup le lit du torrent s'enfonce à une énorme profondeur au-dessous de la route neuve. Parfois, nous reconnaissons et nous touchons le tracé de la route ancienne, construite au siècle dernier, et que vient traverser le vieux pont d'Arsimpré, à deux étages ; — l'inférieur de pierre, l'autre de bois. Jusque-là nous avons rencontré des aspects violents et sauvages qui rappellent ceux de la route de Pierrefitte à Cauterets, avec plus de grandeur et plus de tumulte ; mais voici que les montagnes se resserrent. Les roches étaient nues le plus souvent ; elles se couvrent d'une sapinière épaisse, et bientôt si serrée qu'elle intercepte la lumière. Ces blocs tiennent suspendue au-dessus de nous cette sombre ramure. Les sapins vont se détacher de la roche, si ce n'est point la roche elle-même qui se fend et s'écroule ! Le Gave maintenant roule à six cents pieds au-dessous du chemin, au fond d'une fissure noire ; on a cessé de le voir, mais il se fait entendre : c'est un mugissement diabolique, un charivari formé de tous les hurlements de l'enfer.

La crevasse noire prend fin. Les bases du Viscos descendent à notre droite jusqu'au fond du torrent, dont le lit s'est relevé. Sur ces pentes encore très inclinées, que dominent des escarpements bien plus abrupts, nous découvrons le petit village de Viscos, qui a l'honneur d'avoir donné son nom au pic superbe dont l'ombre le domine. Le soleil pénètre à peine encore dans la gorge, et cependant la végétation y prend soudain une richesse extraordinaire. Elle est aussi bien plus légère que dans la première partie du défilé ; la forêt moins dense, moins étouffante, monte aux flancs du massif jusqu'aux sommets ; le bord du Gave est tapissé de buissons ; la montagne s'ouvre, et de profondes ravines fuient toutes verdoyantes, toutes parées d'une verdure tendre qui tranche sur la couleur des pins.

Le pont d'rAsimpré.

Puis la muraille se resserre encore. Le nouveau torrent descend du pic de Leviste : c'est le Pia, que la route traverse sur un pont. A une hauteur assez considérable, entre les plis de la feuillée, nous apercevons une vieille arche suspendue entre deux roches isolées, deux géants de pierre gardant l'entrée de la vallée supérieure d'où le Pia descend pour se mêler au Gave. Le Pia s'appelle encore le Labat d'Enfer.

Un nouveau pont se présente ; celui-ci franchit le Gave. C'est le pont de la Hiladère. Au-dessous de ce pont, sur une grosse roche isolée, est assis le petit village de Chèze.

A partir de la Hiladère, la route cesse de monter et suit à peu près le niveau du Gave à travers une petite vallée qui est comme l'entrée du bassin de Luz. Ici, nous retrouvons Sazos à droite, à gauche Saligos. Nouveau caprice du Gave : le voilà presque disparaissant encore dans une étroite fissure. Saligos, pittoresquement perché sur une roche, regarde le gouffre d'en haut. Encore un pont un peu plus loin. Vous ne le franchirez point si vous vous rendez à Saint-Sauveur ; mais nous allons à Luz et nous le passons pour entrer dans une belle avenue de peupliers qui conduit à la petite ville et n'a pas une longueur de moins de quatre kilomètres.

Luz est situé au fond d'un bassin curieusement plat, présentant la forme d'un triangle allongé dont les deux grands côtés sont formés par les assises du Néré à droite, d'Ardiden à gauche, le petit côté par le Bergons. L'angle aigu se prolonge vers Barèges. Au fond, à droite, entre le Bergons et l'Ardiden s'ouvre la gorge de Gavarnie. Le Gave de ce nom en descend, baignant des roches qui portent Saint-Sauveur accroché à leurs flancs. A gauche, c'est la vallée de Bastan ou de Barèges. Le Bastan roule ses eaux, en plein Luz, au beau milieu de la ville, et son lit à sec ferait une rue.

Luz montre d'abord sa vieille église de Templiers, crénelée de sa base à son faîte. Plus loin, l'hôtel de ville, également construit par ces fameux chevaliers. Maintenant Luz est entouré de sa ceinture verte, c'est vraiment un Éden assis entre les monts. Sur un petit contrefort du Néré, isolé du massif de la montagne, est le joli château de Sainte-Marie.

Tournons nos regards vers le Bergons, dont un contrefort isolé supporte l'ermitage de Saint-Pierre. De là, vous embrassez à vol d'oiseau toute la vallée. Imaginez un bocage dans un cadre démesuré; et pourtant quelle harmonie dans ce cadre et ce tableau ! Les trois Gaves qui viennent se réunir dans la plaine de Luz y entretiennent une perpétuelle fraîcheur. L'irrigation en ce pays est une science et un art. Pas un chemin qui n'ait ses deux ruisseaux courant vers les prairies, pas une pente qui ne possède de beaux lacets d'eau limpide qui la fertilise. Aussi, la verdure y est d'une opulence extraordinaire ; les arbres, surtout les peupliers, y atteignent des proportions colossales. Les plus beaux sont ceux qui bordent la route conduisant de Luz à Saint-Sauveur.

De tous côtés, de charmants villages sont campés sur la montagne. A droite, la gorge sombre de Pierrefitte terminant la vallée, et le massif de Viscos qui la domine ; il n'y a guère dans toutes les Pyrénées d'aspects plus variés que ceux de ce beau mont. A gauche,

Le fort de Sainte-Marie.

le versant sur lequel s'étagent Saint-Sauveur et ses maisons blanches plongeant sur la gorge de Gavarnie.

Le pont Napoléon, qui traverse le Gave, paraît ici d'une légèreté surprenante, à cheval au-dessus de la crevasse noire au fond de laquelle on entend mugir le torrent.

Ce beau pont peut servir de but à une promenade, depuis Luz — promenade d'une heure environ — charmante et sans fatigue.

***

Nous avons dit que l'église de Luz était jadis une citadelle. Elle est entourée de murailles percées de meurtrières ; la voûte, le toit, le vaisseau même sont fortifiés. En 1740, la tour qui domine la porte latérale du sanctuaire, au nord, servait encore d'arsenal ou en faisait figure. Toute la vallée était persuadée qu'on y tenait des munitions en réserve. Au demeurant, on n'y trouvait, sans doute comme aujourd'hui, dans la galerie couverte et crénelée qui lui sert de ceinture, que plusieurs gros fusils de rempart, armes défensives du xvi° siècle, depuis longtemps abandonnées au xviii°, — à côté d'un ramas bizarre de fers de lance et de vieilles épées, d'étriers et de lanternes destinées à éclairer les rondes de nuit.

Au premier étage de la tour de l'église, on montre une collection d'objets anciens de toute sorte, un petit musée pyrénéen : des armes qui auraient été trouvées au fort de Sainte-Marie, arbalètes, dagues, fragments d'épées ; des mors de chevaux. Quelques débris de vases antiques, quelques fragments gallo-romains.

La population de Luz, vive et riante, industrieuse et facile, est l'une des plus aimables des Pyrénées ; elle recherche volontiers les occasions de fêtes, et les trouve jusque dans les funérailles. La coutume du « repas des morts » est encore en vigueur à Luz : on s'y rend après la cérémonie, comme on s'était rendu d'abord à l'église, marchant sur deux files, les femmes enveloppées du capulet noir. Nous y avons vu, au printemps, la procession des Rogations. Deux files encore ; mais les femmes alors portent le capulet blanc, qui leur donne l'allure sculpturale, pour peu qu'elles soient le moindrement bien tournées.

Les rues sont assez étroites et pavées de cailloux blancs ; les eaux y roulent de toutes parts ; la Gave d'abord, au beau milieu du bourg, puis des ruisseaux qui le joignent. En sorte que ces ruisseaux ont l'air de former ces rues, dont le Gave serait la principale. La couleur blanche de ces cailloux, la limpidité des eaux, les clartés verticales du soleil, qui a des manières tout à fait locales de tomber à pic sur ces maisons grises, inondent de lumière la jolie villette. Elle n'y perd rien de sa fraîcheur entretenue par tant de flots qui chantent et descendent vers la plaine, — laquelle était certainement un lac formé par le Gave, avant que ce furieux eût imaginé de se tailler un chemin en plein roc, et d'ouvrir la gorge de Pierrefitte.

Les habitants de Luz ont des cultures, des irrigations savantes, des

Luz. — L'église.

prairies fécondes ; ils ont aussi d'opulents troupeaux. Cette dernière source de richesse est plus particulièrement dévolue aux habitants des treize villages qui entourent « la capitale », qu'à cette « bourgeoise » capitale elle-même ; car le Luz des milices communales du moyen âge s'est un peu embourgeoisé dans les temps modernes.

Dans ces villages, vers la fin de mai, quand la neige a glissé des

Le gave dans la plaine de Luz.

montagnes, et que les hauts plateaux sont verts, les troupeaux sortent des étables où ils ont été nourris d'herbes sèches pendant la froidure. Chaque propriétaire marque ses brebis et son bélier en rouge ; les pâtres qui conduisent l'armée quadrupède apparaissent en habits de fête, suivis de leurs chiens ; le prêtre bénit ceux qui vont entreprendre le long voyage de quatre mois, et toute la paroisse les accompagne pendant une partie du chemin. Le but, c'est, là-haut, les pâturages aériens, que dominent seulement les glaciers et les pics. Pâtres et troupeaux vont y demeurer jusqu'à la fin de septembre. Ils redescendront aux premières neiges.

Luz et la vallée du Bastan.

SAINT-SAUVEUR

C'est toujours la « route du Paradis » qui va de Luz à Saint-Sauveur ; elle se sépare de celle de Barèges, qui monte là-bas sans cesse sur la rive gauche du Bastan. Le point d'intersection est en face d'un élégant chalet qui porte une enseigne : « Hôtel de l'Univers ». Saint-Sauveur est un des lieux les plus coquets de France et la plus jolie des stations thermales. Tout y est riant et pimpant, les maisons, les jardins, les bocages.

Cette belle route qui s'ouvre devant nous longe le pied du Bergons et traverse la vallée sur une longueur de sept à huit cents mètres ; elle est bordée de peupliers gigantesques. Nous marchons lentement entre ces hautes pyramides vertes et mouvantes ; de grands troupeaux de mules paissent en liberté dans les prairies. On apercevrait Saint-Sauveur sans une légère inclinaison que fait le chemin en contournant la roche sur laquelle est bâti l'ermitage de Saint-Pierre (ou chapelle de Solférino) ; mais on est si peu pressé d'arriver qu'on verrait le but avec regret. Une fraîcheur délicieuse monte de ces prés.

De toutes parts, c'est le bruissement de l'eau. Le petit Gave le Lizé — on dit aussi la Lise — descend du Maoucapera, et vient couper la route avant d'aller rejoindre le grand torrent de Gavarnie ; des ruisseaux courent dans tous les sens au travers de la plaine, que sillonnent aussi d'innombrables petits canaux d'irrigation. Delà cette végétation qui a tant de puissance et de charme. Toutes les essences d'arbres y croissent, principalement celles qui aiment à baigner leurs pieds dans l'eau et leur tête dans l'air libre et ensoleillé. Les teintes de la verdure y varient à l'infini, depuis la nuance tendre du platane jusqu'à la sombre couleur des aulnes ; les peupliers dominent tout ce rideau chatoyant, aux plis étendus ; par-dessus leurs cimes, s'étagent les grandes croupes vertes de la montagne. Au-dessus encore, apparaissent les flancs déchirés de l'Ardiden.

Ravissante promenade d'après-midi ; la fraîcheur en est le principal attrait, quand le soleil brille ; mais on ne connaîtra pas cette belle route, si on ne l'a point suivie le soir. Encore faut-il que la lune soit de la partie, et il ne suffit point qu'elle soit nouvelle. C'est la pleine lune qui est ici nécessaire. Mais quoi ! il arrive que le touriste ne puisse l'attendre. Sans doute ; eh bien ! il peut achever de visiter la vallée, il peut se rendre à Barèges, à Gavarnie, et revenir sur ses pas.

« La reine des nuits », comme disaient nos pères, est une grande magicienne. Elle change ou agrandit les aspects, dans ce coin vert où nous sommes ; ce qui était joli sous les rayons caressants du couchant, apparaît tout à coup saisissant et sublime sous les grandes clartés lunaires. Le disque lumineux monte derrière les masses de l'Ardiden. La silhouette ébréchée de la montagne commence de se détacher sur le fond qui s'éclaire ; puis ces énormes déchirures se bordent d'une frange d'argent ; l'astre bientôt a dépassé les crêtes et vient illuminer successivement toutes les aspérités des pentes. La lumière glisse sur la vallée. Les bouquets d'arbres n'étaient encore que de grands blocs noirs ; leurs feuillages se découpent ; les peupliers, le front baigné, bercent sur le chemin, où déjà l'ombre grisonne, leur quenouille immense encore sombre.

Tout ce tableau va changer de minute en minute, toujours s'animant de plus en plus. C'est un paysage vivant et mobile. Le cadre est dans toute sa beauté, quand, de l'autre côté, vers Luz, la lune descend sur les tours de Sainte-Marie. Là, plus d'oppositions violentes, plus d'ombres crues et noires ; de grandes formes pâles, au contraire, vagues, indéfinissables, un ruissellement de lumière tranquille et sereine. Et sur le fond qui fuit, ces deux donjons à la fière allure qui se détachent.

Il y a longtemps, bien longtemps, une forteresse déjà s'élevait sur ces rochers qui, depuis, ont pris le nom de la Vierge, et un méchant compagnon de guerre s'était emparé de la tour. Il n'y avait qu'une tour alors ; mais aussi une haute chemise de murs. Le maudit qui s'y était logé défiait les hommes et bravait Dieu ; il ne craignait au monde que ceux du château de Lourdes, là-bas, à l'entrée des vallées ; mais il s'était soumis au comte de Bigorre, qui y tenait sa cour de justice ; il allait lui rendre hommage tous les ans, et lui offrait un épervier vivant, qui était bien son image. D'où venait-il ? Personne ne le savait. Un jour, il avait pris possession de ce nid de pierres abandonné depuis que les gens des montagnes en avaient chassé les Sarrasins ; il menait avec lui trente cavaliers et trente archers. Son nom même, on ne le connaissait pas. On disait qu'il pouvait bien être frère de ces chiens de païens qu'il remplaçait dans la tour ; on ne l'appelait que le Cagot.

A Saint-Savin, dans la vallée des Moines, le Cagot descendait de sa pointe de rochers la nuit, avec ses trente malandrins, tandis que les trente archers demeuraient pour garder le fort. Les malandrins portaient la lance et la selle sur leurs épaules ; ils rassemblaient leurs chevaux, qui paissaient dans la plaine verte, au bord des Gaves, les harnachaient prestement et s'en allaient d'un train d'enfer. Sur leur passage, ils prenaient tout, le blé dans les granges, le vin dans les celliers, les bêtes dans les étables ; car ils étaient suivis d'un grand chariot qui portait leur butin.

Un jour, le seigneur Cagot vit une jeune Argelésienne d'une rare beauté, Martine d'Arcizans-Devant, fiancée à Miguel le pâtre, et il résolut de l'emmener en son repaire. Et cela fut fait par une nuit du mois de mai, quand Martine d'Arcizans-Devant était à sa fenêtre, et son fiancé Miguel au pied de la croisée, tous deux écoutant le rossignol qui chantait dans les grands châtaigniers aux flancs du mont. Les malandrins entrèrent dans la pauvre maison, et comme

Miguel voulait défendre Martine, ils se jetèrent sur lui à dix et le lièrent à un arbre. Les gens d'Arcizans entendaient ses cris et ceux de Martine, ils n'osèrent remuer en leur logis; mais quand la bande des damnés fut loin, ils allèrent querir les soldats du châtelain d'Ourout qui gardait Argelès; et le châtelain se mit à leur tête. Ce fut une belle chevauchée.

Pourtant il ne put joindre le Cagot et les siens. Quand il arriva devant la tour de Luz, ils y étaient déjà renfermés, et les archers firent pleuvoir les traits du haut des murs. Le seigneur d'Ourout se signa, car il croyait avoir affaire au diable, et commanda de tourner bride. Martine d'Arcizans resta là-haut, bien bouclée.

On l'avait mise en la tour carrée, l'aire sarrasine. La fenêtre de sa chambre était tout juste assez large pour lui permettre de s'y glisser, encore y avait-il deux barreaux de fer. Martine était bonne chrétienne, elle invoqua la Vierge, et résolut de se défendre.

Elle se sentait la force et le courage d'un homme, et le soir, en jouant avec Miguel, elle lui avait pris son couteau, et l'avait mis par badinage dans la manche de sa robe. Les maudits ne l'avaient point senti sous le capulet, en l'emportant. Martine d'Arcizans se mit à le tâter. — Qu'il vienne, le Cagot! disait-elle.

Le Cagot vint; il avait mis une grande robe flottante pour s'embellir. La robe était toute brodée de pierres précieuses et d'or. Les pierres, il avait dû, bien sûr, les dérober sur la châsse de quelque saint, dans une église pillée. Il était noir comme l'enfer, et il avait les mains toutes velues comme les pattes d'un ours des monts. Il dit à Martine toutes sortes de choses flatteuses, et il avait la voix emmiellée; pourtant elle croyait entendre un loup parler d'amour.

Le méchant qui se déguisait lui fit de belles promesses. Voulait-elle de l'or? Elle savait bien qu'il en avait. Comme il voyait que toutes ses flatteries et tous ses présents ne serviraient de rien, il fit mieux, le seigneur Cagot : il offrit à la belle fille de l'épouser.

Elle ne disait rien; mais ses lèvres rouges, toutes froncées et entr'ouvertes, laissaient voir des dents blanches serrées, et de ses beaux yeux elle le regarda si noir, qu'il recula. Il s'apercevait bien aussi qu'elle tourmentait d'une de ses mains quelque chose de caché dans sa manche. L'orgueilleuse était peut-être bien armée. Il désirait assez le savoir, et il ne chercha plus à adoucir la fille, car il ne faut point se fier aux soumissions qui sont des feintes, et il s'en alla.

Le lendemain, à l'heure de midi, le seigneur, à sa dînée, dévorait surtout sa rage. La table en fer à cheval était mise en une grande salle voûtée, sous la tour, qui ne recevait un peu de jour que par les ouvertures percées dans le roc ; si bien que des torches y brillaent encore quand le soleil était dans son plein. Toute la bande cagote était assise là, sauf ceux qui gardaient les murailles; le seigneur tout seul, sur un siège de pierre, au haut bout de la table. Il buvait le vin de la plaine de Pau, il buvait à grands coups, et le rouge montait à sa face noire. Soudain, il se dressa, il commanda deux hommes pour aller fouiller et désarmer la captive.

Martine d'Arcizans les entendit monter par l'étroit escalier à limaçon et devint toute pâle. Mais elle entendit, au même instant, une flèche qui partait en sifflant du faîte de la tour, et bientôt après, dans la vallée, une voix qui chantait: c'était la voix de Miguel. Il était vivant, il avait osé s'aventurer jusqu'au pied du donjon ; c'était lui que l'archer avait visé. Il chantait pour faire voir à Martine qu'il avait su se garder du trait et qu'il était là. Elle joignit les mains, le courage lui était revenu.

Aussi, elle attendit de pied ferme les deux soldats qui entraient. Sous son capulet rouge, elle serrait, tout prêt, son couteau. Le premier s'avança, les bras étendus pour la saisir, car il n'avait jamais appris à craindre les femmes. Le couteau vola, et s'enfonça dans sa gorge maudite. Il était si grand et si fort, qu'en tombant, il fit rouler en bas son compagnon qui venait derrière. Martine d'Arcizans bondit comme une vraie fille des montagnes. Et avant que le vivant se fût relevé, elle avait fait un autre mort.

Les soldats avaient laissé la porte ouverte toute grande ; mais qu'aurait-elle gagné à s'enfuir? Au bas des degrés, elle aurait trouvé le seigneur et les cinquante-huit loups à deux pieds qui lui restaient. Martine d'Arcizans traîna le premier mort hors de la chambre, et le poussa du pied ; du second, elle fit de même. Les deux corps glissèrent, tournoyant dans l'escalier, battant le mur. Alors, de la serrure extérieure, elle mit au dedans l'énorme clef et s'enferma.

Son couteau gisait sur la dalle, dans le sang répandu, et, tandis qu'elle joignait encore les mains pour remercier Dieu et la Vierge qui avaient soutenu la vigueur de son bras, le cœur lui manquait.

En ce moment, elle entendit du côté de la fenêtre un éclat de rire saccadé, perçant, puis un grand bruit de ferrailles qui tombaient. Elle se retourna; les deux barreaux de fer gisaient sur la dalle sanglante, qu'ils avaient brisée; — et sur le rebord de la croisée, il y avait une étrange figure debout.

Habit de seigneur. Un cercle d'or au front; mais jamais on ne vit d'or si rouge; on aurait dit aussi bien un diadème de feu. Par-dessus, les cheveux, noirs comme de la suie, se hérissaient en deux pointes qui étaient plutôt deux cornes. Le visiteur, qu'on ne pouvait méconnaître, avait un justaucorps écarlate, des chausses de même couleur, et à sa ceinture, enrichie d'escarboucles, une longue épée dont la poignée d'or rouge, comme le bandeau de son front, au lieu d'avoir la forme d'une croix, représentait un serpent enroulé. — Holà! dit-il, je n'ai pas besoin de me nommer peut-être, la belle. Je viens pour t'offrir mon aide.

— Merci, dit-elle.

Il avait beau être le diable, il ne devina point la moquerie dans cette réponse.

— Sans moi, reprit-il, tu appartiendras au Cagot, mon méchant serviteur. Il n'y a que moi qui puisse te délivrer.

Martine d'Arcizans secoua la tête, tout en le regardant en face; elle ne tremblait pas.

Monseigneur Satan avait de grands yeux qui brillaient comme deux fournaises, et bien qu'il eût la lèvre noire, et méchamment retroussée, il montrait des dents superbes. Sa voix ne paraissait point rude; elle était plutôt caressante. Martine d'Arcizans comprenait bien que le maudit par-dessus tous les maudits eût pu séduire de pauvres créatures qui n'avaient point de défense.

Mais elle en avait, la brave fille! — Oui dà, dit-elle, Monsieur Satan, vous parlez de sauver ma vie. Il faudrait donc la payer du salut de mon âme?

— Aimes-tu mieux être la femme du Cagot que d'être damnée? Tu n'as donc point de cœur, la fille! Veux-tu que je t'amène ton ravisseur pieds et poings liés ? Je te donnerai des verges de fer, et tu le frapperas, le vilain, jusqu'à ce qu'il me rende son âme à lui, qui est aussi noire que sa face. Oh ! oh ! ce serait une vengeance délicieuse, cela ! Veux-tu ?

— Je le voudrais bien, car ce serait justice ; mais après ?

— Après, tu vivras dans cette tour dont tu seras devenue la dame. Tous les suppôts de ce faux seigneur qui en a fait son bien et son repaire deviendront les tiens. Ils t'obéiront comme à lui, — comme des chiens à leur maître. Tu seras puissante et tu seras riche. Je ferai couler l'or dans tes doigts. Je ferai ruisseler des perles à ton cou, et tu seras la plus belle de la montagne. Tu appelleras le pâtre que tu aimes, tu le feras seigneur à son tour. Veux-tu ?

— Bon, dit-elle ; mais après ? Encore après ?

Elle s'avançait doucement vers la fenêtre ; elle ramassa l'un des barreaux de fer tombés et fit bien voir encore une fois que si sa main était petite, elle était forte. De l'autre main, elle tenait toujours son couteau. Elle appuya le barreau sur la dalle et y appliquant le couteau sanglant en travers, dessina la figure vénérée de la croix.

Satan poussa un cri de rage et disparut.

L'escalier à limaçon s'emplissait de bruit et de malédictions. Le Cagot montait en tête de ses hommes, qui accouraient pour venger leurs frères. Martine d'Arcizans se mit à regarder cette porte qui la défendait encore. Elle était en cœur de chêne, épaisse d'un demi-pied, et la serrure était forte ; mais bientôt ils l'auraient brisée avec leurs masses d'armes.

Ce n'était plus entre la honte en ce monde et la damnation éternelle qu'elle avait à choisir : — Lui appartenir ou être tuée, dit-elle... O sainte Vierge, Satan ne mentait donc point quand il disait, tout à l'heure, que, seul, il pouvait me délivrer !

Elle avait encore une ressource : c'était cette étroite croisée, maintenant dépourvue de ses grilles de fer. Elle s'en approcha. En bas, elle vit la roche aux mille pointes aiguës, et frissonna. Les maudits, cependant, commençaient de secouer la porte à grands coups : O sainte Vierge ! dit-elle. Non, je ne crois point ce que disait Satan. C'est vous que j'appelle à mon aide.

Martine d'Arcizans n'acheva pas. Une petite nuée descendait au-dessus de sa tête, de ce ciel de mai sans tache; — une petite nuée toute blanche. Elle venait plus rapide qu'un oiseau porté sur ses ailes; elle s'arrêta au ras de la croisée.

Les cagots ébranlaient la porte; encore quelques coups, elle allait voler. Martine d'Arcizans joignit de nouveau les mains. Elle se disait que la Vierge lui envoyait ce nuage blanc pour l'emporter et la sauver, si elle avait la foi...

Ce n'était pas la foi qui lui manquait; mais elle comprenait bien que ce secours ne lui arrivait point pour la remmener sur la terre. La nuée blanche allait suivre le chemin du ciel. Et Miguel était en bas, caché dans les roches; — défiant les flèches de l'archer qui guettait sur la tour.

Pauvre Miguel, elle ne le reverrait donc plus qu'au paradis !

La porte céda...

Martine d'Arcizans s'était élancée sur le bord de la fenêtre; elle mit hardiment le pied sur le nuage, qui s'éleva vers la plaine bleue, — plus rapide encore qu'il n'avait paru quand il en descendait. Dans les roches, en bas, un cri de douleur se fit entendre. C'était l'adieu de Miguel le pâtre à sa fiancée montant au ciel.

Le seigneur cagot, n'en croyant point ses yeux et vomissant toujours les malédictions, suivait le vol de sa captive sur la nuée. Il avançait imprudemment la tête à l'étroite croisée, le vilain sire. Une pierre siffla. C'était la fronde de Miguel qui désormais bravait l'archer. Le seigneur tomba : la pierre lui avait percé le front. On entendit encore dans l'air un autre bruit, un nouveau rire de Satan qui disait : Celui qui meurt est un damné, il m'appartient; l'autre est maintenant un homicide, il est à moi.

Mais Satan se trompait. On ne revit plus Miguel dans la vallée, et bientôt après, au faîte du mamelon de Saint-Pierre, s'éleva un ermitage construit de bois et de branches de sapins. Le reclus, c'était le pâtre qui expiait et qui priait.

Voilà quelle est la légende romantique du premier ermite de Saint-Pierre. L'ermitage est à présent remplacé par la « chapelle de Solférino ».

Nous sommes au pied de cet ermitage de Saint-Pierre; c'est la vraie route de Gavarnie. Inclinons à droite, nous traversons le pont jeté sur le Gave tout exprès pour nous conduire à Saint-Sauveur. C'est une belle arche très élevée, au-dessous de laquelle le torrent coule, subitement radouci. Il n'est point accoutumé à tant d'aise; à

Saint Sauveur:

la vérité, il n'en donne guère à ses riverains. S'ils le resserrent ordinairement sous des arches étroites, ils n'ont pourtant pas raison, car il est presque toujours le plus fort. Ici, le voilà tranquille; mais qu'on ne s'y fie point, il ne vient pas de bon lieu.

Regardez au sud, et vous le verrez sortir d'une gorge noire, formée par de hautes murailles de méchante tournure. Les parois de droite s'élèvent absolument verticales; elles montent à six cents pieds au-dessus du flot.

Nous le franchissons, ce pont superbe. Nous ne sommes plus qu'à cinq ou six minutes de Saint-Sauveur. Ce n'est pas une petite ville ordinaire ; c'est un nid, c'est une ruche. Mélange de roches et de maisons neuves, qui semblent y être accrochées plutôt qu'assises, de vieux murs qui portent d'énormes manteaux de lierre, de végétations folles qui grimpent. La nature, la mode, le caprice, l'ingéniosité du propriétaire qui habille sa maison de verdure pour la mieux louer, toutes ces influences et toutes ces causes se croisent et se confondent.

La ville est bâtie sur la rive gauche du Gave ; elle ne se compose guère que d'une simple rue qui la borde sur l'espace de six à sept cents mètres. Autrefois, quand on arrivait à l'extrémité, on se trouvait en face de la route de Gavarnie ; on n'en était séparé que par la fissure au fond de laquelle le torrent court. Il paraît qu'une puissance de ce monde rêva un pont à cet endroit. Le pont fut jeté, la commune paya, elle paye encore.

Au demeurant, ce pont n'était pas nécessaire, mais il n'était pas inutile ; de plus, il fait bonne figure dans le paysage : — ce qu'on ne peut pas dire de tous les ponts.

Saint-Sauveur est donc une station presque toute neuve. La découverte des sources remonte bien à trois siècles ; longtemps, elles furent connues et peu suivies. On y venait prendre des « bains de boue » qui exigeaient des ablutions subséquentes et nécessaires. Il fallait se laver après s'être baigné. Mais la source de Saint-Sauveur reçut, au dernier siècle, un coup de fortune. Un professeur de droit à Pau, qui avait en vain cherché la guérison à celles de Barèges, essaya de leur voisine et s'en trouva bien. Il remua ciel et terre pour faire connaître l'obligation qu'il avait à cette eau merveilleuse de Saint-Sauveur. Il obtint, en 1750, de l'Académie de médecine, l'envoi d'une commission chargée d'étudier les propriétés de la source. Les commissaires désignés firent ce beau voyage, et comme ils en étaient contents, leur rapport fut le plus favorable du monde. Saint-Sauveur fut déclaré « source de l'Etat ».

Ce haut témoignage ne lui donna pas encore la prospérité. Vers la fin du premier Empire, quelques baigneurs aventureux s'y hasardèrent : une cause voisine devait faire plus pour le développement de Saint-Sauveur que tous les rapports de toutes les Académies de médecine du monde. Cette cause, c'est la tristesse de Barèges, dont le séjour paraît insupportable à ceux qui ont dans les montagnes le « sentiment de la prison. » Les baigneurs du premier Empire firent la réputation de la station nouvelle. On avait dès lors construit un établissement thermal précédé d'un péristyle grec, où l'on se plongeait dans des baignoires de marbre. Bientôt ; on y vit quatre cents étrangers. Il en vient des milliers à présent.

Le charme de Saint-Sauveur, c'est que l'étiquette y sévit bien moins qu'à Cauterets. C'est une « station de campagne ». On trouve à peu près ici la même différence qui existe entre les « petits bains de mer » de la côte normande et Dieppe ou Trouville. Le ton est

Le pont Napoléon à Saint-Sauveur.

champêtre ; la vie est plus libre. Le pays aussi est bien plus riant, les excursions sont à la fois plus belles et plus douces. Le superbe Bergons, qu'on aperçoit de toutes parts, est accessible aux malades et aux femmes, même aux « grands enfants ». L'ascension est possible en chaise, même à cheval.

De l'autre côté, on a les magnificences du cirque de Gavarnie ; — plus loin, au prix d'un peu plus de peine, le cirque de Troumouse, Tout près des « belles horreurs », on est en un lieu charmant, aux aspects variés, sous un ciel ouvert. La saison enfin, à Saint-Sauveur, est plus longue qu'à Cauterets, où il n'y a qu'un été.

A Saint-Sauveur, on connaît un automne.

Quant à l'efficacité des eaux, elle est incontestable, éclatante. Mais quoi ! beaucoup de malades aux habitudes élégantes quittent Paris pour les Pyrénées au mois d'août. Ils reviennent guéris. Est-ce l'efficacité des sources ? Une enquête ayant pour objet de savoir s'ils ont sérieusement suivi le traitement serait indiscrète, mais ne serait pas inutile. Est-ce la vertu des eaux qui leur a rendu la légèreté de la digestion, l'élasticité du corps, d'où vient la sérénité de l'esprit ? Est-ce le savoir des médecins ?

N'est-ce pas plutôt le voyage, la distraction, la pureté de l'air, l'éloignement de ce Paris « ville de boue et de fumée », vieille ville d'ailleurs qui renferme trop de morts et qui abrège les vivants ?

Ce n'est pas à dire que les eaux de Saint-Sauveur ne soient excellentes, comme presque toutes les eaux des Pyrénées, plus que d'autres peut-être. La médecine les qualifie « douces et sédatives ».

Saint-Sauveur est favorable aussi à la cure des maladies de poitrine. La buvette est remplie de cette sorte de malades intéressants. Pour d'autres maux, la baignoire est meilleure. Cependant la température des bains est assez basse ; d'ailleurs, les ressources de tout genre abondent pour les anémiques. Des eaux ferrugineuses, coulant dans Saligos et Viscos, les villages voisins, sont transportées à Saint-Sauveur, — qui est décidément lieu de plaisir et lieu de salut.

« L'établissement » est un palais. Voyez ce bâtiment immense de marbre gris, au large portique formé d'un double rang de colonnes. Faut-il avouer qu'elles sont lourdes ?

Le « palais » est situé en contre-bas de la rue ; au lieu d'y monter, il est nécessaire d'y descendre. Vous entrez, ce n'est plus qu'enchantement. L'établissement de Saint-Sauveur a la réputation d'être tout simplement le mieux installé en ce genre qu'il y ait dans les Pyrénées. La buvette s'ouvre par toutes ses croisées sur le merveilleux paysage de Luz.

Le malade boit sans voir les bulles de gaz qui se dégagent à la surface, dans le verre ; ses yeux sont ailleurs ; son odorat même ne saisit plus bien cette épouvantable odeur d'œufs gâtés.

C'est dans la « rue du Gave », — la partie basse de cette voie unique en deux étages, dont Saint-Sauveur est formé, — qu'on trouvera l'établissement thermal. La buvette est même située à pic au-dessus du torrent, qui fait au-dessous une fière musique. — Pourtant, des fenêtres, on ne voit pas ce terrible maître chanteur. Les grandes végétations des roches le surplombent et le cachent. Tous ces blocs noirs sont joliment habillés de vert tendre. Le premier étage de la ville longe donc la fissure où roule le flot ; le second étage est appuyé à la montagne. Au vrai, c'est une ravine bâtie et civilisée. Le chemin monte, descend, présente le dos d'âne, forme tout à coup des courbes inattendues. Les maisons qui le bordent sont des plus coquettes, et ce mélange d'une architecture ornée, et d'un pittoresque indomptable, est tout ce qu'il y a de plus curieux et de plus gai. L'eau suinte bien un peu des roches auxquelles ces maisons sont adossées ; mais où n'y a-t-il point d'eau, dans Saint-Sauveur et dans Luz ?

Saint-Sauveur, enfin, a son parc comme Cauterets ; de ce « parc », trop bien ratissé, un sentier descend en jolis replis tracés dans l'épaisseur de la roche perpendiculaire au-dessus du Gave. Ces méandres vraiment ingénieux vous font passer sous une étonnante variété d'ombrages. On ne voit pas souvent une si grande quantité d'essences d'arbres réunies en un lieu si restreint. Ces lacets ombreux conduisent au bord du torrent, et l'on n'est point fâché de retrouver le flot sauvage. Un pont de bois tout à fait rustique le traverse ; en face, un autre sentier tout semblable grimpe aux rochers, et va joindre la route de Gavarnie.

Sur le même rocher que Saint-Sauveur, perpendiculairement au-dessus de la ville, à une hauteur de deux cent cinquante mètres, est situé le petit établissement thermal de la Hontalade, dont la source jaillit à quelques dizaines de mètres seulement de celle des Thermes. On y monte par un chemin qui serpente, délicieusement ombragé d'arbres de toute espèce, et sans perdre un instant la vue des deux vallées de Luz et de Barèges. Cette dernière, surtout, prend de là un développement considérable. L'œil la suit tout entière jusqu'aux escarpements qui cachent Barèges, dont les montagnes grises et nues sont dominées par l'énorme massif du pic du Midi. Si la pente paraît trop raide, on trouvera des chaises à porteurs.

Gèdres.

GAVARNIE

Les infinis lacets décrits au-dessus de Gèdres par la route qui vient de Saint-Sauveur permettent de revoir tout entière la vallée qu'on vient de traverser à la montée. Nous sommes à une grande hauteur au-dessus du torrent, que nous entendons gronder et qui franchit ce passage souterrain. Les roches, cependant, ne le cachent pas toujours ; la voûte est sillonnée de grandes fissures par lesquelles on voit briller l'écume. A droite, une belle nappe d'eau descend de la petite vallée d'Aspé. C'est la cascade d'Arroudet, qui n'a pas un développement de moins de deux cents mètres. Elle est recouverte par endroits d'un rideau de sapins, et de ce côté, les pentes de Saousa, toutes verdoyantes, n'offrent pas moins un aspect agréable ; de l'autre côté, tout prend le caractère terrible.

Nous touchons à ce célèbre « chaos » que le langage du pays appelle la *Peyrade*.

Il y a dans les Pyrénées des tableaux bien plus redoutables, il n'y en a pas de si sauvage et de si fantastique. Voici un espace de deux à trois kilomètres qui n'est qu'un champ de ruines, dont l'énormité dépasse tout ce que peut suggérer l'imagination. Plusieurs de ces blocs déchirés mesurent certainement cent mille mètres cubes.

Aucune tradition ne subsiste sur les grandes convulsions qui déchirèrent la chaîne pyrénéenne et firent craquer sa croupe de granit. Les faîtes alors se précipitèrent sur les vallées, entraînant avec eux les masses inférieures. La science observe seulement que l'axe de la chaîne en a été partout déplacé.

Ici, c'est la montagne de Coumélie qui s'est effondrée presque tout entière; ses flancs crevassés n'ont pas achevé de rendre les débris dont ils sont pleins; il n'est point rare encore, que de nouveaux rochers roulent vers l'entassement, d'autres glissent au fond de la gorge. Le Gave les heurte, bondit, et passe avec des hurlements furieux, jetant dans l'air de véritables vagues de poussière humide; d'autres fois, il s'est creusé un chemin dans la pierre, il s'engouffre dans ces longs couloirs, dont plusieurs forment des ponts naturels au-dessus de l'eau.

L'aspect général de la Peyrade est bien celui d'une ville colossale en ruines. On voit de longues avenues de monstres rappelant celles qui conduisaient aux grandes cités égyptiennes; tous les animaux géants des périodes antédiluviennes. Ailleurs, ce sont des *dolmens*, des pierres branlantes, comme dans les anciens pays druidiques, et de prodigieuses pyramides. Des blocs s'appuient l'un à l'autre, s'arc-boutant en haut, s'écartant à leur base, formant des ogives sous lesquelles passerait un troupeau d'éléphants. Plus loin, ce sont des cônes renversés, des quadrilatères aériens, soutenus seulement sur un de leurs angles. Et dans ce tumulte effrayant de l'immobilité, dans cette solitude formidable, pas une trace de végétation, pas un pouce de terre végétale, pas un brin d'herbe. Le sol n'est formé que des lambeaux de ces grands débris.

La pierre nue, la pierre morte.

Une route neuve, qui vient, — commode sans doute pour le voyageur, mais odieuse, mais bête, mais choquante pour l'œil, — déranger ce grand spectacle, suit le bord du torrent.

Elle va, se tordant péniblement au milieu de l'effondrement des monts. Déjà, un des géants qui bordaient l'ancien chemin a disparu : — c'était le rocher qui portait, suivant la légende, l'empreinte du pas de Bayard, le cheval de Roland, qui, lancé du haut de la muraille du Marboré, sauta d'un seul bond d'Espagne en France. Observez que de la crête du Marboré à la Peyrade, il y a quatre lieues à vol d'oiseau.

Nous avons achevé de traverser le *chaos ;* la vallée paraît s'élargir. Illusion d'un moment. La voilà de nouveau se resserrant, tapie d'un côté aux flancs du mont d'Aspé. La gorge est encore toute semée de ruines ; cependant quelques sapins maigres croissent aux creux des rochers. De ci, de là, quelques hameaux. La vie recommence. Au loin, par-dessus le premier étage des cimes, un pic tout brillant de neige. C'est le Vignemale.

La route incline à gauche, pour rejoindre le village de Gavarnie, et tout à coup, comme par enchantement, le cirque entier de Gavarnie apparaît aux regards. Pourtant, il faut que le ciel soit clair ; ici les brouillards sont fréquents. Aujourd'hui le soleil heureusement se lève, et la vision est prodigieuse.

Un demi-cercle, une enceinte en forme de cuve, que les gens du pays appellent la grande Oule (proprement marmite), un circuit de trois mille mètres, où s'épanchent dix-sept cascades ; d'immenses murailles verticales, des surfaces taillées à pic d'une hauteur de huit cents mètres ; l'amphithéâtre, les gradins, les tours ; au-dessus de tout cela, une couronne éternelle de glaces, — ce qu'il y a de plus colossal dans le colossal, ce qu'il y a de plus formidable dans le sauvage ; ce qu'il y a de plus « fini » dans l'ordre des phénomènes naturels ; ce qu'il y a de plus surprenant dans le merveilleux.

Le village de Gavarnie, d'où l'on a cette perspective magique, est une pauvre bourgade ; l'église est aussi pauvre que le village. On voit pourtant à Gavarnie un monument *neuf :* c'est un beau pont en pierres blanches. Ce pont sert surtout aux commodités d'une grande foire qui se tient à Gavarnie tous les ans. Les Bigorrans y amènent leurs bestiaux, les Espagnols y conduisent leurs mules. Ce pont offre un attrait. L'endroit est bon pour bien voir les premiers plans du cirque.

D'abord, de grandes roches noires, à demi couvertes d'une végétation qu'on ne s'attendait plus à rencontrer ; elles baignent leur chevelure verte dans les eaux du Gave. Au-dessous, de jolies éminences, une série toujours montante de petits bassins également verdoyants, où de capricieuses maisonnettes sont assises.

Tandis que nous considérons ce tableau, nous entendons un grand bruit de grelots, de sonnettes, de pas cadencés. C'est une troupe d'Espagnols qui vient du val de Broto, menant de fortes mules. Voilà des quadrupèdes bien tournés ! Les hommes sont graves et muets, drapés dans des capes qui sentent moins la guenille que le manteau de Don César de Bazan. Les mules sont chargées de paniers de raisin qu'on porte jusqu'à Tarbes.

L'auberge de Gavarnie est inscrite dans un pâté de maisons qui bordent le Gave. Dans la cour, un spectacle curieux nous attend. On dirait une autre foire.

Là, se presse une troupe bruyante d'ânes, de mulets, de chevaux, tout prêts à faire l'ascension du cirque. C'est la destinée de ces pauvres bêtes, et il n'en est pas de plus uniforme. Toujours monter, toujours descendre. Les ânes se mettent à braire ; on ne peut croire que ce soit d'impatience ou de plaisir.

Tout ce mouvement, toute cette mêlée sont bien pittoresques. L'empressement des loueurs, en revanche, n'est qu'incommode. Le voyageur n'a pas le loisir de demander une mule ; on lui en offre dix, on lui en offre vingt. On le prend, on le tiraille, on l'enlève. Quiconque pèse moins de deux cents kilos est à peu près sûr d'être saisi par quatre bras vigoureux, et hissé avant d'avoir pu se plaindre ; il se voit en selle avant d'avoir protesté. Alors il se fait cette réflexion philosophique : Autant cette bête-là qu'une autre !

Mais, avant de nous mettre en route, nous voulons déjeuner. Des parfums de cuisine sortent de l'auberge. Nous ne sommes point pareils à ce philosophe antique qui avait trouvé le moyen de réduire à une ombre de satisfaction les besoins de l'humaine nature, et de se repaître sans bourse délier. Il s'en allait aux soupiraux de la cuisine des riches, dans Athènes, et les senteurs qui montaient des fourneaux lui suffisaient. A nous, — il faut une pâture plus effective.

Nous observons que l'hôtelier a bien plus de fierté que les muletiers

Le cirque de Gavarnie.

et les âniers qu'il loge en sa cour ; il ne vient pas au-devant des voyageurs, il n'offre pas sa marchandise. Eh bien ! quand la montagne ne marche pas au-devant de vous, allez à la montagne !

Nous entrons. A l'instant, la réserve de cet aubergiste nous est expliquée : le gaillard a quarante convives. Une longue table se dresse, pareille à toutes les tables qui se voient dans tous les hôtels de petite ville; toutes les nationalités y sont assises. Des familles entières d'Anglais sont venues en poste de Pierrefitte ou de Luz. Le Parisien s'y reconnaît à ces airs d'impertinence indolente qu'il porte en voyage. Les Français du Poitou et de Gascogne y sont en nombre ; le Bordelais se fait entendre ; l'Espagnol observe ; ce péninsulaire ne le cède pas à l'insulaire anglais en parfait dédain envers le reste du monde.

Toute cette Babel est en humeur d'ascension. La troupe bigarrée se rend au cirque. Pourquoi ? Beaucoup ne le savent point ; les Anglais sont les mieux informés des raisons qu'ils doivent avoir de se donner tant de peine, sans goûter, d'ailleurs, ombre de plaisir. Ils vont au cirque parce que... c'est l'usage d'Angleterre, parce que d'autres bataillons d'Anglais les y ont précédés, et que d'autres phalanges britanniques les suivront — enfin — parce qu'on y va. *Ça se fait !*

La conversation s'établit. En général, elle naît d'une question posée par un Anglais à un ascensionniste sérieux. Il y en a. On trouve aussi des mystificateurs. Le premier jour où nous eûmes l'honneur, nous Français chétifs, de nous asseoir à cette agape cosmopolite, un de nos compatriotes avait la parole au moment où nous entrâmes. Du premier coup d'œil, nous avions reconnu le comédien X...

Trois ou quatre Parisiens du « tout Paris » étaient là, mais se gardaient bien de rien dire ; ils s'amusaient. X... employait des réticences piquantes et déployait des tours de phrases savants pour donner à croire qu'il appartenait à quelque académie. Une famille de Bordeaux se touchait les coudes : — C'est une illustration scientifique qui voyage incognito !

Puisque cela est bien permis aux princes par la naissance, pourquoi ne le serait ce pas aux princes de la science ? X... racontait l'ascension du Mont-Perdu :

— « Messieurs, c'est une montagne qui vaut mieux que sa réputation. Elle n'est pas du tout méchante. De quoi s'agit-il ? de louvoyer entre des débris et des éboulements pour arriver aux glaces. Oui, il faut que le montagnard, le vrai montagnard, louvoie comme le marin. Moi qui vous parle, j'ai enfoncé mon bâton ferré dans ces glaces. Et je marchais le premier derrière le guide. Mes compagnons, — car j'en avais ; qui peut avoir l'idée de s'en aller tout seul goûter ces beaux spectacles ? cela prouverait une mauvaise nature ! — mes compagnons venaient derrière nous, en file, comme des capucins de cartes. Par exemple, nous n'allions pas vite ; nous aurions bien fait sept lieues en quinze jours. Mais quel plaisir ! Seulement, voyez-vous, une chose le gâte : il y a toujours des maladroits, des rêveurs, des gens qui regardent le bleu là-haut, et qui feraient bien mieux de regarder à leurs pieds. Tout à coup, nous entendons derrière nous un cri perçant !... Ne frémissez pas !... trop d'émotion pourrait nuire à la digestion de l'omelette qui va certainement arriver... Là, je vous le disais bien, l'omelette arrive... »

La servante la posait en ce moment sur la table ; il y eut un rire général. On avait oublié le « cri perçant ». Mais X... ne voulait pas qu'on l'oubliât.

« — Un cri déchirant, reprit-il. C'était celui qui venait le dernier de la file, qui dégringolait, dégringolait sur la glace... Il paraît que cet étourdi est un comédien de Paris... Drôles de gens ! Je vous demande si un homme qui n'a jamais marché que sur les planches peut avoir le pied montagnard... Ce fou avait voulu s'approcher de la muraille qui borde le glacier, afin de diminuer la force de l'inclinaison sous ses pieds ; mais ils avaient glissé, ces pieds de comédie !... C'étaient deux pieds gauches !... Imaginez qu'il y avait à vingt mètres plus bas une grande crevasse toute noire... Déjà nous le voyions entrer dans cette gueule béante. Eh bien !... il s'arrêta tout au bord, contre un rocher...

— Monsieur ! s'écria le chœur des convives, est-ce qu'il est mort ?

— Lui ! dit le comédien ; mais non : il s'est marié, voilà tout.

Là-dessus, le mystificateur se leva, laissant l'auditoire sous le charme. Puis chacun alla payer sa note. Ici, on ne la trouve ordinairement pas trop salée. L'hôtelier de Gavarnie a la modération de ne pas faire payer l'omelette et le ragoût d'isard au poids de l'or. La dépense réglée, les ascensionnistes et les touristes simples se vont mettre en selle.

L'empressement indiscret des âniers et des muletiers recommence ; l'offre continue d'être supérieure à la demande.

Où diable ce pauvre village peut il loger toute cette cavalerie ? Nous ne voyons autour de nous que de misérables masures. Les habitants ont un aspect maladif. Ce cadre de montagnes noires à quatorze cents mètres en l'air pourrait bien n'être pas le séjour le plus salubre du monde. Qui nous dira quelle maigre soupe peuvent bien manger ces enfants étiolés qui tiennent d'une main leur écuelle, de l'autre une énorme cuiller de bois au manche très court, percé d'un trou où ils passent leurs doigts ? Chétive misère !

Nous revenons au bord du Gave ; la caravane se déploie. Les personnes les plus lourdes, et par conséquent les moins agiles, ont pris des ânes, qui expient durement l'honneur de cette confiance. Quelques marcheurs intrépides vont à pied.

Le torrent coule au milieu de la vallée. Il faut gravir de petites crêtes qui séparent les bassins disposés en étages ; quelques-uns sont entièrement nivelés par les eaux, et présentent des tapis aussi unis qu'on en peut trouver au fond des plaines. A droite et à gauche, les pics à demi chauves d'Astazou et de Caousillet, dont les dévalements réguliers, aux lignes même très correctes, se réunissent en une belle courbe. Au fond, les contreforts qui masquent les bases et l'ouverture du cirque, et qu'il va falloir escalader.

De ce point, l'aspect est nécessairement moins saisissant que de l'auberge de Gavarnie. Les cimes se sont abaissées devant nos yeux, nous ne distinguons presque plus les glaciers. En revanche, voici un autre attrait et d'autres beautés plus prochaines. Si l'expression ne paraissait pas risquée, nous dirions que nous sommes ici dans l'intimité de la montagne. Nous cheminons au pied de ces murs énormes que nous franchirons tout à l'heure. De tous côtés s'épanchent de ravissantes cascades. Toutes descendent d'une série d'excavations ou de crevasses profondes, et cette ligne étrange de gueules noires vomissant ces flots argentés court jusqu'à la vaste ouverture d'où va s'échapper la cascade principale. On dirait les rayons convergents d'un grand cercle de fraîcheur et de lumière.

Ce sont ces crevasses qui donnent naissance, chaque année, à ce phénomène célèbre qu'on appelle « les ponts de neige ». On sait comment ils se forment : en hiver, les neiges s'accumulent, les petits torrents continuent de couler, emportés par la force de leurs eaux, ils chassent ces neiges devant eux, ou, quand ils les trouvent trop épaisses, se creusent un passage sous la voûte blanche, que chaque froidure nouvelle durcit et rend plus solide. Ces « ponts de neige » subsistent jusqu'au cœur de l'été et souvent même ne s'effondrent pas; l'arche s'affermit encore quand viennent les gelées; quelques-uns sont ainsi vieux de vingt, peut-être de cent hivers.

Il n'est point de curiosités plus à la mode. La plupart des touristes s'en iraient navrés au fond du cœur, s'ils n'avaient pas vu de ponts de neige. Le seul intéressant, le seul qui frappe d'une émotion sérieuse le voyageur indépendant des opinions préconçues et des enthousiasmes de commande, est celui que dans un instant nous verrons, suspendu au-dessus de la grande cascade, au centre même du cirque.

Cette immense calotte de glace, longue de plus de six cents pieds, large de plus de cent, qui ne se fondra jamais, quelle que soit l'ardeur des étés, qu'un cataclysme soudain, quelque commotion souterraine, pourrait seule renverser, reçoit la cascade qui tombe d'une hauteur de près de trois cents mètres; le flot passe sous son énorme voûte.

Mais revenons en arrière, souvenons-nous que nous n'avons pas encore abordé l'amphithéâtre magique. Nous ne sommes arrivés qu'à la Prade de Saint-Jean, le dernier des petits bassins étagés sur la route. Le Gave apaisé, presque silencieux, se divise en une quantité de filets cristallins qui arrosent ce plateau vert; puis un escarpement se dresse : c'est la dernière fortification naturelle en avant du cirque, dont le dessin va nous apparaître dans son ensemble.

Qu'on imagine les quatre cinquièmes d'une prodigieuse circonférence dont l'ouverture serait fermée par une sorte de digue; — la digue elle-même est percée d'une coupure profonde. Ce sont les eaux du Gave qui l'ont ouverte. Nous touchons au couronnement de nos peines; là, au seuil des lieux enchantés, est assise une auberge, un campement de repos. On y peut trouver les deux repas réglementaires des êtres civilisés et le coucher même; la maison a quelques lits.

On y jouit déjà de la vue presque entière de l'enceinte creusée aux flancs du Marboré ; l'auberge est au pied de ce roi des monts.

Ces bases sombres portent une chevelure de petits sapins qui se déroule jusqu'aux chaînons du Pimené qu'on voit à droite. A gauche c'est le pic de Mourgat, que contourne le chemin conduisant au pont de Gavarnie ; au fond, le Pouy-Aspée et le pic de Bareilles défendent l'accès de la haute vallée d'Ossoue.

Un pont de neige.

Le fond de la vallée où nous sommes est frais et verdoyant ; les Gaves réunis y serpentent, murmurant doucement comme des eaux honnêtes et sages. Mais n'allez point vous y fier ; autant de petits furieux qui dissimulent !

*
* *

Nous touchons au seuil de l'enceinte de Gavarnie. Supposons que nous ayons suivi un autre chemin pour arriver toujours au même but, — c'est-à-dire à la contemplation des merveilles. Nous les avons vues déjà, — bien qu'imparfaitement — du fond des vallées. La fantaisie aurait pu nous venir de les voir de *niveau*, dominant ces vallées, ces cirques, ces amphithéâtres. C'est un conseil que nous donne le plus intrépide des explorateurs pyrénéens d'autrefois, le savant Ramond.

Depuis, Ramond a été dépassé par le comte Russel. Pas un pic, pas un glacier, pas un gave, qui ne soit connu de ce dernier.

Pour bien considérer de *niveau* les cirques — car il y en a deux à voir du même point, Gavarnie et Troumouse, le mieux est de gravir le Pimené. Petit mont en comparaison des géants de cette région : le Marboré (3,300 mètres), l'Épaule du Marboré (3,200), les Tours (3,000), le Taillon (3,150), et par-dessus tout cela, le Mont-Perdu (3,400). — Ce dernier est situé en terre espagnole. Le Pimené ou Pic-Mené n'a guère que 2,800 mètres. Nous l'atteindrons en gravissant les flancs ruinés du Coumélie, depuis Gèdres, précisément par le côté d'où s'est précipité le vaste écroulement qui forme le chaos.

Dans les dépressions formées par l'affaissement du pic, nous trouverons un lac tout à fait sinistre. Une herbe courte et grise tapisse les pentes ; çà et là, le tapis est déchiré par des pointes de rochers. Pas un arbre.

Les pentes qui nous font face à présent sont celles du Pimené (au sud). L'escarpement, bientôt, devient fort raide ; mais ce n'est que de la peine à supporter ; aucun danger à courir. Il n'est guère de pic si bénin ; et quel observatoire ! A droite, nous apercevons tout le développement du Vignemale, avec ses glaciers éblouissants ; le Mont-Perdu à l'arrière-plan, malgré sa hauteur orgueilleuse, est caché par l'Astazou, qu'il domine pourtant de 400 mètres : nous ne voyons que sa couronne de neige ; mais nous embrassons les tours de Marboré, la Brèche de Roland ; à nos pieds, nous avons le cirque de Gavarnie d'un côté, de l'autre, à gauche, le cirque de Troumouse et la vallée d'Héas ; derrière nous, Néouvielle, le Bergons, le pic radieux du Midi, toutes les chaînes du Bigorre, la grande vallée d'Argelès ; nous distinguons même la plaine de Tarbes.

Cette ascension, si nous nous sommes déterminés à la faire, ne nous aura pas été inutile. Il faut bien qu'on sache que deux aspects seulement donnent une sensation exacte de la grandeur du cirque de Gavarnie : *la vue par en haut, la vue par en bas*. Sur le chemin que nous avons précédemment suivi, certaines personnes impatientes ont des instants de découragement. La fatigue n'y est pas étrangère, car il est interminable ; elle n'est pas immédiatement récompensée.

Nous avons quitté Gavarnie de bon matin, sous un brouillard assez épais ; on va voir que ce n'est pas une mauvaise condition pour les surprises du voyage. Le guide nous assure que ces plis maussades se déchireront avant midi. Ils se balancent encore assez lourdement dans l'air, quand nous atteignons enfin l'entrée du cirque. Nous n'avons pas éprouvé, grâce à ce brouillard, l'impression que nous aurions ressentie par un temps clair. Alors, nous aurions vu ce terme du voyage s'éloigner sans cesse devant nous, au lieu que nous y sommes arrivés, légèrement rompus, mais sans nous en douter, et sans l'humeur que cause aux personnes du caractère le plus paisible cette fuite incessante du but qu'elles veulent atteindre. Observez aussi que nous sommes à pied ; c'est le meilleur.

Nous avons bien mérité un peu de repos, et nous cherchons une pierre pour nous y asseoir.

Le brouillard décidément se disperse, il s'élève en longs flocons qui vont coiffer encore les sommets ; une vapeur diffuse se berce au plus haut des airs, comme un grand tamis flottant, que déjà percent les rayons du soleil ; les gradins de l'amphithéâtre commencent de se dégager à nos yeux. Voilà ce que nous avons appelé la vue d'en bas !

Le demi-cercle se déroule sur son axe immense ; les cascades, dont nous entendions le bruit toujours assourdissant, se déploient ; le fond du bassin, dont la hauteur moyenne est de seize cents mètres environ, nous montre ses fondrières et ses ponts de neige.

Si nous sommes à la fin du printemps, le bord de ces amas de neige se colore de longues écharpes bleues, et l'on a quelque peine d'abord à reconnaître la nature de ces plis mouvants, — car ils ondulent au souffle d'un vent assez fort : ce sont de grands lits de pervenches.

La brume, cependant, est presque entièrement dissipée ; nous mesurons désormais la courbe du cirque et ces étages de degrés qui semblent, à cause de leur régularité extraordinaire, avoir été taillés par la main des hommes. La grande muraille verticale du fond se dresse toute noire ; les plus hauts gradins se distinguent à peine, et l'on dirait des escaliers d'ombre, succédant aux escaliers de pierre.

Au-dessus de tout, la neige ; et là, de nouveaux étages dominant ces blancheurs aériennes : la Brèche de Roland, la grande tour du Marboré, le Casque, le Cylindre. Autant de géants couronnés de glaciers.

Mais, si vous faites votre premier voyage des Pyrénées, vous ne serez point fâchés, tout remplis que vous êtes de ces grands noms et du retentissement littéraire de tant de merveilles accumulées, — vous ne serez pas fâchés, avant de les aborder, de les mieux connaître. — Qu'est-ce, par exemple, que la Brèche de Roland ? Qu'est-ce que le Marboré ?

Le Marboré est une crête immense, d'où plusieurs pics se détachent ; c'est le couronnement de l'une des deux chaînes parallèles qui courent entre les deux mers, inclinant à l'ouest vers l'une, à l'est vers l'autre, et se rencontrant en un point central que la science orographique a fixé au val d'Aran. « Ce bassin est un véritable remous terrestre, autour duquel les montagnes se dressent comme d'énormes vagues : c'est le centre des Pyrénées. »

Le Marboré est la muraille qui sépare véritablement la France de l'Espagne, et dans l'épaisseur de laquelle le cirque de Gavarnie est creusé. Comme une prodigieuse citadelle de frontière, il a ses *tours*, ainsi nommées, parce qu'en effet les jeux de la nature imitent encore ici les ouvrages humains. Et ces tours semblent le faîte de l'immense édifice, dont le cirque formerait le premier étage.

Quant à la Brèche de Roland, vous en connaissez l'histoire fabuleuse. Roland le paladin l'ouvrit d'un coup de son épée magique Durandal. Au demeurant, c'est une gorge située à des hauteurs où ces passages, d'ordinaire, ne se rencontrent plus ; une coupure profonde entre deux murailles lisses qui se prolongent sur un espace d'un kilomètre et demi. Au delà, glissent les versants espagnols, et, dans les beaux jours, on aperçoit au-dessous de la Brèche les collines aux contours bleuâtres qui bordent le cours de l'Ebre.

Peut-être cette digression n'était-elle pas absolument nécessaire ; nous pensons qu'elle sera, du moins, utile, et puis la voilà faite. Lorsqu'on est assis dans le cirque de Gavarnie, on y éprouve à un degré insupportable l'obsession de ces montagnes qui l'environnent ;

il vaut donc mieux en délivrer le voyageur par un premier aperçu

La cascade.

général, et il n'est pas toujours en la possession des guides de le pouvoir donner clairement. Restent les guides imprimés; il y en a d'exacts et de sûrs, mais ils sont arides.

Le second prestige qui vous enveloppe dans le cirque, c'est celui des eaux. Nous avons déjà décrit ces filets qui, descendant par milliers de toutes les assises, forment les *dix-sept* cascades, et la plus importante, la reine de toutes les cascades, celle, enfin, de Gavarnie. C'est la plus haute du monde, puisque sa hauteur est exactement de 422 mètres. Vous pouvez imaginer trois fois l'élévation des tours de Notre-Dame de Paris. On n'a reconnu sa source qu'en 1847, à 2,350 mètres d'altitude environ dans le glacier du Marboré. La prodigieuse masse d'eau se déroule à l'angle gauche du cirque.

Au printemps, elle est énorme; elle arrive, formée de toutes les neiges des terrasses supérieures du mont qui fondent, et sa force ébranle tout sur son passage. L'été, cette nappe superbe encore, quoique diminuée de la plus grande partie de son volume, se divise en deux parties, dès la moitié de sa course. Elle rencontre des pointes de rochers qui la brisent; au pied de la chute, on n'en embrasse plus le déploiement que sur cent cinquante mètres environ, et, pourtant, elle paraît encore tomber de la nue. La résistance de l'air en réduit les bords en vapeurs; le vent les transforme en pluie et gonfle comme une immense voile cette poussière humide. Si le soleil vient à la frapper, elle se colore de tous les feux du prisme; c'est une colonne lumineuse aux reflets changeants, tantôt pourpre, tantôt azurée, d'autres fois seulement phosphorescente, à la manière des vagues de l'Océan pendant les nuits d'orage. Autant d'aspects magiques. Un irrésistible désir naît bientôt de suivre d'en haut la cascade dans son vol. Il faut pour cela monter au premier gradin, à l'endroit qu'on appelle les Sarradets.

Grimpons donc; nous allons, seulement, reconnaître que l'ascension n'est ni commode ni sûre. Les hautes parois de la muraille que nous avons à escalader offrent bien une corniche qui monte hérissée d'aspérités, où l'on peut poser la main d'abord, le pied après. Le guide vous dira que rien n'est à craindre, si ce n'est d'être surpris par un éboulement dont il y a peu d'exemples. Là, vraiment, il suffit qu'il y en ait, le nombre n'y fait rien.

Dans ces enfoncements noircis par l'eau, très obscurs et fort glissants, passent des bouffées d'air glacial. La curiosité qui nous y a conduits sera promptement satisfaite. Mais, puisque nous avons commencé cette nouvelle ascension, pourquoi ne pas la poursuivre ? Nous allons toucher ce flot colossal qui roule. Au-dessus de nos têtes, nous voyons une pente herbeuse ; nous nous apercevons que nous avons atteint alors le premier des gradins de l'amphithéâtre; cette verdure est son tapis. Encore une chose que nous ne soupçonnions point d'en bas, ne découvrant que la roche nue. Ce degré s'élargit en étroite plate-forme sous nos pieds ; puis la pente recommence à s'élever, l'escalier à monter. Ce beau lieu s'appelle les Sarradets, en langue du pays, *Ets Sarradets*, ce qui signifie belle vue.

La cascade apparaît ici dans son développement supérieur, qui est le plus considérable ; on la voit se précipiter des hautes terrasses ; en bas, la vue embrasse le cirque ; en face, les flancs tourmentés de l'Astazou, le Marboré toujours, — au loin la vallée du Gave de Pau.

Et ce qui, dans le cirque, paraît alors bizarre, inexplicable, c'est que nos yeux ne le voient point rapetissé ; nous sommes au-dessus de l'enceinte, nous la retrouvons comme à niveau. Est-ce que ses murailles se seraient hissées d'elles-mêmes, tandis que nous montions ?

Nous découvrons aussi beaucoup mieux les étages de gradins ; nous mesurons leur largeur énorme ; chacun d'eux est comme une région à part dans l'immensité de ce désert.

La brume retombe ; il faut redescendre au milieu des nuages.

La Brèche de Roland (1).

LA BRÈCHE DE ROLAND

Après la funeste journée de Roncevaux, Ganelon le menteur et le félon a trahi son suzerain, le grand empereur Charlemagne : il a vendu Roland et les douze pairs aux Sarrasins ; mais on sait bien que plus tard les fils de Charlemagne l'assaillirent dans son château d'Auvergne, que le traître fut pris et qu'il eut la tête coupée. Du

(1) Cette gravure et les trois suivantes sont empruntées à l'*Album du Guide Jam*, de M. le comte de Bouillé, qui a décrit les Pyrénées avec tant de charme et d'exactitude. Cet album se vend 10 fr. dans toutes les librairies.

moins, c'est une des traditions attachées à sa vilaine mémoire.

Vous n'ignorez certainement pas que si les romans du moyen âge sont tous pleins de ce fier Roland, le preux, l'histoire n'en a parlé que pour dire : Roland, « préfet des Marches de Bretagne », périt dans le combat de Roncevaux...

Roland, prends ton cor d'ivoire ! Cela nous donnera du cœur à la montée. Nous en avons un peu besoin, car elle est rude. Nous avons refait notre chemin par l'escarpement en limaçon sur la corniche qui mène au premier gradin. Ces pointes maudites de la roche se sont plus d'une fois brisées sous nos pieds et les ont toujours un peu meurtris. Nous avons franchi les pentes tapissées d'une herbe qui devient plus maigre, à mesure qu'on s'élève ; nous voici aux étages supérieurs du cirque, parmi les débris et la neige. Examinons ces blocs striés en quelques endroits, polis en d'autres par la glace, comme les granits des rivages de l'Océan le sont par le flot. Après tout, il n'y a qu'une immensité qui puisse être comparée à la mer : c'est la crête des monts et la plaine céleste par-dessus.

Ici, nous touchons aux premières moraines, c'est-à-dire aux roches brisées qui bordent les lits de glace et de neige, et nous suivons cette frange glissante. Vilain couloir, parsemé de crevasses qu'il faut franchir à l'aide du passe-rivière, hérissé de blocs qu'il faut escalader. Quelques guides nous feraient suivre de préférence le chemin sur la neige même. Par l'une ou l'autre voie douloureuse, nous arriverons également et toujours au glacier.

Ce glacier, d'abord, est terriblement escarpé, crevassé de même. Les guides vont la hache en main : ils doivent tailler quelquefois des degrés dans la glace. Nous côtoyons des fissures qui nous paraissent sans fond, et ne trouvons que des arêtes de vingt centimètres de largeur pour y poser le pied. Ce cauchemar de l'abîme qui nous obsède tout éveillés, ne dure pas moins d'une heure ; enfin, voici un plateau de neige. On nous assure que nous y pouvons marcher librement. Donc, au petit bonheur ! — La Brèche nous apparaît. Nous l'aurions sentie si nous ne l'avions pas vue, car une bise assez violente souffle tout à coup, sortant en tourbillon de la gorge. — Qui dirait que c'est là le vent d'Espagne ?

Un fossé, ou, pour parler plus exactement, un trou, une dépression inquiétante dans la glace, a été creusé par la chaleur du soleil

Crevasse de la Brèche.

entre le roc de la gorge et le bord du glacier ; un isard le franchirait d'un bond, si les isards montaient jusque-là ; traversez-le avec précaution.

— Eh! quoi! nous voilà dans l'entaille même que fit Durandal! — Grand Dieu! oui, tout simplement.

L'entaille est prodigieuse, comme la légende et comme le théâtre où on l'a placée. Deux cents mètres de haut, plus de cent d'embrasure ; la pierre est lisse comme un miroir. Si l'on pouvait considérer la brèche d'un gradin inférieur, elle aurait tout à fait l'air d'un créneau des tours du Marboré qui la dominent. On ne comprend que de là ces redoutables assises, ces « terrasses » qui se joignent à une hauteur moyenne de 3,000 mètres, depuis le Vignemale jusqu'au Mont-Perdu : le Marboré en forme le centre. Ce donjon, qui eut la nature pour architecte, couronne le faîte de cette muraille formidable.

L'attrait de la Brèche, c'est la « vue d'Espagne ». A la vérité, elle n'a rien de flatteur aux premiers plans : les cimes nues et calcinées de la chaîne s'abaissent assez brusquement en courant vers le sud ; au delà, elles s'arrondissent ; ailleurs, elles porteraient des bois ; mais cette aride Espagne est l'avant-poste de l'Afrique. Cependant, derrière la troisième ligne bleuâtre qui marque les côteaux bordant l'Èbre, on peut deviner les basses vallées qui, aux environs de ce fleuve et, plus loin, du Tage et du Guadalquivir, ont des fertilités merveilleuses.

La contemplation de ces déserts nous lasse promptement ; nous cherchons le détail autour de nous, sur ce haut étage des monts de France. Là est un campement un peu bien rude, mais qui peut servir aux ascensionnistes intrépides, pour y passer la nuit : c'est un abri creusé dans le rocher, derrière un petit mur en pierres sèches, qui le garantit des grands coups de froidure. Naturellement, il ne peut être question d'y allumer du feu. Par quel moyen y aurait-on amené le combustible à travers le glacier ?

Maintenant quittons la Brèche. Reprenons notre premier chemin à travers les éboulis. De grandes banquettes de rochers se présentent ; il faut, pour les escalader, moins d'adresse que d'attention. Le danger est petit, si la peine est grande. Le but, c'est un col qui s'ouvre à la descente, entre le *Som-Rouge* et le *Taillon*. La vue sur les Sierras espagnoles en est plus belle, surtout plus variée que de la Brèche. On peut suivre distinctement la course de plusieurs torrents qui descendent du Mont-Perdu et se précipitent vers l'Èbre. Entre les monts espagnols, on voit serpenter de longues coulées qui sont les vallons, et l'on reconnaît vraiment, sur les sommets arrondis de l'Aragon, comme une parure verte.

Au sud, une autre vaste coupure s'ouvre sur l'Espagne : c'est la

Pont du Couret.

fausse Brèche. Du col du Taillon, nous jouissons encore d'une perspective nouvelle et superbe du cirque, dans sa partie méridionale. Pour y arriver, nous avons allongé notre course d'une heure et demie environ. Si nous avions l'énergie du comte Russel, nous coucherions là-haut, sous les murailles de la Brèche, dans l'abri du rocher; nous gagnerions au matin par cette *fausse Brèche* que nous venons d'apercevoir, en suivant le versant espagnol, la belle cime du Taillon. Avant de rentrer à Gavarnie, nous verrons du pont du Couret et sous un autre aspect, la Brèche de Roland entre le Taillon et le Casque de Marboré; la fausse Brèche est plus à droite.

Si l'on n'a point vu les terrasses gazonnées du mont de Lapahule, la cascade de glace du Gabiétou, la source du Gave de Pau, et la haute plate-forme du Marboré, la visite à cette partie des Pyrénées n'aura pas été complète.

Pour ces quatre excursions inégalement laborieuses, le point de départ est toujours le village de Gavarnie, nous n'avons plus besoin de le dire; l'attrait principal est toujours la vue du cirque. Le chemin à mulets conduit de Gavarnie, en longeant le Gave à la montée, jusqu'au hameau de Rivière-Dessus. Un sentier à lacets très curieux succède au chemin; on arrive presque doucement à ces terrasses gazonnées du Lapahule, d'où le cirque apparaît tout entier. Ce sont les roses de la promenade. Le haut vallon de Pouey-Espée nous conduit à d'autres terrasses; — celles-ci, dix fois plus affreusement sauvages que les premières, ne sont joliment gracieuses. Un chaos les recouvre, formé par l'éboulement du contrefort méridional du Taillon. Au-dessus, un premier champ de neige. Nous sommes arrivés au pied des escarpements du Gabiétou; c'est ici qu'il faut se consulter. L'escalade va se continuer sur d'autres corniches. Êtes-vous accessible au vertige? Oui. Restez en bas.

Pourtant, ce serait dommage, — car, si vous persistez, vous allez vous trouver soudainement en face d'un spectacle unique dans ces montagnes : le débordement d'un glacier. Même, si vous n'avez point le cœur particulièrement fort, vous pâlirez un peu, et votre premier mouvement sera de chercher derrière vous une bonne voie de retraite. Le glacier a tout l'air de se précipiter sur vous. Regardez-le, quand le sang-froid vous sera revenu, et vous ne réussirez point à vous expliquer par quel prodige il se tient en l'air, précisément comme une cascade solide. Aussi l'appelle-t-on la *Cascade de glace.*

Elle sort de la gueule étroite d'un gouffre creusé entre les flancs de deux monts, le Gabiétou et le Taillon. La couche de glace paraît être d'une épaisseur considérable, peut-être de cent mètres, d'une largeur de soixante. La « cascade » se gonfle, se rassemble comme pour s'arracher à cet étroit passage qui l'enserre ; ces vagues, d'un bleu sombre, ondulent au soleil qui les colore de cent reflets différents ; elles s'élèvent, revêtant des formes étranges : des tours, des colonnes brisées ou renversées, des pyramides aiguës qui tout à coup craquent, se fendent ou se découronnent. De longs grondements, quelquefois des explosions retentissent. Partout, d'énormes crevasses béantes dans la glace nue ou dissimulées sous les lits de neige.

On est émerveillé, mais assez vite rassasié de ce tableau, que ces craquements incessants et ces murmures sinistres gâtent un peu ; l'oppression qu'on en éprouve ne diminue point, lorsque, contournant ce flot menaçant, on rase le pied des aiguilles : c'est le seul chemin pourtant à prendre, car le spectacle n'est pas achevé, si l'on n'a vu, plus haut, le réservoir du glacier. Ici, les aspects changent et s'apaisent ; nous avons sous les yeux un gisement de glace ordinaire, coupé de crevasses et semé de brisures ; mais ce qui est extraordinaire, c'est le cadre. Nous nous trouvons dans un autre cirque supérieur, formé de remparts à pic : c'est la haute muraille qui joint le Taillon au Gabiétou.

Si l'on veut atteindre le col du Gabiétou, il est nécessaire de traverser le glacier, que l'on joint par un pont de neige. L'ascension est pénible et périlleuse. Le mieux est de ne la point tenter. Si pourtant on s'y décide, on embrassera de ce col qui domine le pic (3,330 mètres), un autre superbe panorama aérien et terrestre : la pyramide du Bisouri en terre espagnole, et toujours les Sierras, le Mont-Perdu ; au nord, le Vignemale.

Que nous ayons monté jusqu'au col, ou que nous nous soyons abandonnés à une défaillance assez naturelle, et qu'alors nous ayons bravement... reculé, nous nous retrouvons à Gavarnie le soir. Demain, nous irons aux sources du Gave de Pau. Route trompeuse en ses commencements. Beaucoup de fraîcheur et de verdure. Nous gravissons un sentier qui par des ravines profondes, puis des pentes boisées, conduit aux « Rochers-Blancs » ; première étape. Nous ne cessons point d'avoir le cirque sous les yeux ; devant nous se dresse un pic inaccessible, une montagne vierge, l'Astazou.

Ces « Rochers-Blancs », la rude arête qui descend du Marboré, séparant le glacier inférieur de l'Astazou — car il a deux glaciers, ce mont orgueilleux — de la source du Gave, plus loin, la brèche Passet, que l'on doit atteindre encore par un pont de neige, tout cela, c'est ce que les guides appellent un « mauvais passage ». Mais, ici, il n'y a point à reculer comme devant le pic de Taillon ; il faut visiter cette source célèbre. Montons.

Nous sommes arrivés à 2,700 mètres du cirque ; nous ne voyons plus que la crête ; le glacier d'où le Gave descend se trouve à nos pieds, ayant pour digue, du côté de l'est, la muraille du Marboré. Une digue de 3,200 mètres de hauteur ou à peu près ! Cherchez sa pareille !

Le glacier d'où la source roule, grossissant d'étage en étage, s'étend à 2,300 mètres ; — au-dessous, nous revoyons les profondeurs du cirque, à deux mille pieds plus bas ; nous comptons toutes ses terrasses supérieures, et chacune porte un autre glacier. Le tableau est sévère, terrible, admirable. Nous sommes à l'un des deux points d'où l'on reconnaît le mieux l'immensité du cirque ; l'autre point est la cime du Marboré.

On peut l'atteindre du « col de la cascade » en franchissant encore le glacier. La hache est souvent nécessaire ; d'autres fois, on grimpe sur la roche, on glisse sur la neige, et l'on joint d'abord la base de la Tour. Les guides nous assurent que cette Tour céleste est accessible ; ils ne disent pas des choses moins flatteuses de la cime voisine, que sa forme étrange et guerrière a fait nommer le *Casque*. Un vieux proverbe vulgaire mais sage soutient qu'en bien des cas il « vaut mieux croire que d'aller voir. » Le comte Russel n'a pas tenu compte du proverbe ; il est allé, et il a vu.

Quant à nous, plus modestes ou plus timides, suivons seulement, vers le sud de la *Tour*, une corniche effrayante, surtout à regarder de loin. Nous longeons la crête du cirque. En bas, nous voyons la cascade qui, de cette prodigieuse hauteur, glisse dans l'espace comme un filet d'eau. Le fond du cirque est à 1,500 mètres au-dessous de nos pieds. Nous traversons encore un glacier, mais uni, lisse à plaisir. C'est même une chose prodigieuse qu'à cette altitude

Descente du Vignemale en train rapide.

énorme, tous ces jeux de la nature que nous admirons depuis quelques jours dans leurs formidables caprices s'apaisent comme par enchantement. Ainsi le *pic* du Marboré n'est pas un pic ; c'est plutôt un immense plateau. On assure qu'il a la largeur du Champ-de-Mars.

A son plus haut point (1,900 mètres au-dessus du cirque), le comte Russel a élevé une pyramide.

Avant lui, pourtant, un autre voyageur était allé plus haut dans les Pyrénées françaises. Le duc de Nemours a fait en 1847 l'ascension du Cylindre du Marboré (3,300 mètres). Le pic n'en a que 3,230.

Mais ce lord d'Angleterre n'a voulu le céder en rien au prince français. Lord Russel a gravi le *Cylindre* à son tour.

Le comte Russel, un fanatique des Pyrénées, s'est fait creuser des grottes dans le Vignemale. Posséder une *villa* dans les glaciers et les neiges, à 3,200 mètres d'altitude, avouez que ce n'est pas banal. Si partant de Gavarnie vous passez par le fond d'Ossoue, que vous montiez par la jolie cascade des Oulettes, vous atteindrez sans trop de peine le glacier. L'hôte est-il chez lui, vous êtes certain du plus aimable accueil, et vous ne regretterez pas votre ascension, s'il vous est donné de jouir du spectacle grandiose qu'offre le soleil couchant au col de Serbillonnas. Il n'est point sans charme de descendre du Vignemale en *train rapide*. Si la neige est assez tendre pour qu'on puisse descendre sans grand inconvénient, vous vous attachez à votre guide, vous arrimez solidement vos bagages, et vous vous lancez sur la pente. Quelques minutes suffisent pour vous mener au bas du glacier. Notre gravure vous donnera une juste idée de cette *glissade* dans la montagne.

Le chemin de Héas dans le chaos.

ESTAUBÉ, TROUMOUSE

Refaisons lestement la route de Gavarnie à Gèdres. Nous allons joindre la vallée d'Héas. D'abord de rudes escarpements au-dessus du village. Arrivés au faîte, nous découvrons déjà toute la vallée, que dominent le Barada et la montagne du Camplong, le pic du Campbiel, tout rayonnant de glaciers.

Le petit Gave de Campbiel vient mêler ses eaux à celui d'Héas, à une profondeur considérable. Le chemin est ombragé ; il traverse de belles prairies formant une sorte de plate-forme circulaire. Ce caractère se retrouve partout, en cette partie des Pyrénées : c'est le royaume des « cirques ».

Nous longeons les bases du Coumélie, dont la région moyenne

porte d'excellents pâturages. Tout à coup, la végétation cesse. Au lieu des plateaux herbeux, après ce vallon tranquille, d'où les yeux, s'ils étaient las de se reposer sur ces riants apects, pouvaient s'élever jusqu'aux neiges du Mont-Perdu, voici de nouveaux éboulements, — un *chaos*.

Nous voyons l'autre face de celui que nous avons rencontré sur la route de Gèdres à Gavarnie. Ce sont encore les écroulements du Coumélie. Aussi les voyageurs inattentifs les ont-ils confondus avec la « Peyrade » gisant là-bas, au-dessus de la cascade d'Arroudet. Mais nous touchons ici un autre élément d'horreur et de ruine. Le Coumélie a bien laissé rouler du haut de ses crêtes ces blocs énormes qui s'entassent, se pressent, se chevauchent jusqu'au bord du Gave. Voilà le tableau qui assombrit singulièrement la droite du chemin. A gauche, c'est une autre épouvante.

Le Camplong tombe en poussière et rejette sans cesse des débris dont le volume, bien moins considérable, témoigne de l'état de décomposition où la montagne est arrivée. Le Gave, ayant légèrement infléchi, traverse cette *avalanche* de roches, de terre et de boue. Le flanc de la montagne est tout hérissé de quartiers de schiste branlants. On les voit distinctement se détacher de l'épaisseur de la croûte qui les retient encore, et l'on a naturellement hâte de passer.

A peine a-t-on marché l'espace de cent pas, qui ne se font point vite, au milieu des obstacles barrant la route et mal connus du guide, car souvent ils sont nouveaux, qu'on entend un bruit sourd, un arrachement ; — puis le fracas augmente : c'est le quartier branlant qui roule.

Le chaos d'Héas a donc sa physionomie particulière, qui n'est pas tout à fait celle de la Peyrade. Il est aussi plus vaste, et c'est à cet endroit que vont commencer les étonnements du voyageur nourri de la tradition et des livres classiques. Il a lu, et on lui a dit que les accidents qui se rencontrent à Gavarnie sont tout ce que les Pyrénées offrent de plus grand et de plus beau ; il va voir dans le pays d'Héas des beautés différentes ; il sera émerveillé d'y trouver aussi plus de grandeur.

Ce passage dangereux s'appelle le Souarrou. Au delà du « chaos d'Héas », le chemin rejoint le bord du Gave, qu'il traverse par le petit pont de bois de la *Gardette*. Nous ne sommes encore qu'à une honnête hauteur, 1,150 mètres environ. L'endroit est plein de couleur et de charme. Seulement, les roches ont des tranches vives, sur lesquelles les chevaux se hissent avec des peines infinies ; les mulets ont plus d'adresse. Bientôt l'escarpement s'adoucit ; on atteint un sillon étroit, à peine un vallon, tapissé déjà d'une herbe chétive, et l'on voit s'ouvrir, à droite, la vallée d'Estaubé. C'est plutôt une gorge, décorée de l'agrément de quelque végétation renaissante.

Au-devant de soi, on a la haute chaîne de Troumouse, avec ses crêtes aiguës et ses glaces.

La vallée d'Estaubé, qui peut servir de chemin pour s'en aller tout droit en Espagne, est située entre le Coumélie et le mont Puyboucou, un contrefort du pic des Agudes. Cette vallée fut un lac.

Elle est encore traversée par un Gave qui descend de la haute muraille du mont, — qui a l'aimable fantaisie de ressauter et de s'épandre en cascatelles, entre des hêtrées qui garnissent ses bords, et tout à coup de se diviser en deux chutes d'eau plus importantes autour d'un roc énorme, un îlot coiffé de sapins.

Le débouché du val d'Estaubé est là devant nos yeux, cédons à l'envie de connaître le cirque qui s'épanouit au bout de cet étroit rayon. Ce n'est pas que le sentier qui monte au versant de la montagne ait des attraits. Ce « passet des Glouriettes » est une échelle en spirale. Il monte par les plus méchants lacets du monde ; mais on nous a dit que nous aborderions avant une heure un bassin dont la fraîcheur aérienne est une merveille.

Ce n'est pas une heure qu'il faut dépenser pour arriver aux granges de Gargantuan, c'est une demi-heure à peine ; il n'y a pas là seulement un bassin verdoyant, il y a deux étages de bassins. Quant à ces hauts pâturages, ce sont les plus beaux des Pyrénées, et ils ne le cèdent point à ceux des Alpes. De plus, leur altitude est supérieure (16 et 1,800 mètres). Le cadre en est tranquille et superbe. Les massifs du Coumélie et du Pimené qui le forment ne sont point dégradés et présentent des contours d'une étonnante fierté de dessin. Le Gave (d'Estaubé) coule sans bruit au milieu de cette solitude.

La pente qu'il faut gravir pour arriver au deuxième bassin est relativement assez douce. Nous abordons le lit supérieur des pâturages. Ici, l'illusion est complète : ce sont les Alpes, ce ne sont plus les Pyrénées. Nous voyons les immenses troupeaux des fromagers alpins, et de distance en distance des « chalets ». Le dernier et le plus élevé, le chalet de Labassa, marque le but de notre route.

Nous le contournons ; puis, ayant gravi une sorte de barrage de roches, nous nous trouvons en présence du cirque d'Estaubé, dont la grâce est inimaginable. Ici, rien d'affreux, rien de terrible. Le gradin inférieur porte une terrasse, aux pentes assez vivement inclinées, qu'environnent de grandes murailles, coupées, seulement à droite, d'une double brèche. Les deux ouvertures sont des glaciers, ou, pour mieux dire, le premier est le versant inférieur d'un glacier ; l'étage supérieur du premier se confond avec les glaces de l'Astazou, à l'est ; l'autre, plus vaste, a mérité franchement le nom « d'échelle de glace ». Il est dominé par un bloc prodigieux, une sorte d'immense pyramide tronquée, qui garde, comme une sentinelle, le sommet de la brèche. Ce dernier a été décoré d'un nom sonore, le *Tuquerouge*.

A gauche, la muraille est bien moins inflexible ; de nombreux défilés s'ouvrent, convergeant vers un port ou col célèbre, le Canaou d'Estaubé, l'une des portes principales ouvertes sur l'Espagne, dans le faîte des Pyrénées françaises.

Le cirque d'Estaubé a des crêtes dentelées comme les tours d'une cathédrale gothique. Ses deux glaciers sont des ornements, suffisamment sauvages pour un cirque en miniature. Reprenons le chemin de celui de Troumouse, où des millions de spectateurs pourraient s'asseoir, si l'on donnait la tragédie dans ce prodigieux Colisée.

Le vrai sentier pour descendre de l'enceinte d'Estaubé est celui qui conduit à Gavarnie ; mais revenons simplement sur nos pas. Nous nous retrouvons assez près de la chapelle d'Héas, au débouché du val d'Estaubé, au seuil de la Peyrade.

Ce terrible chaos n'a point été formé, comme celui de Gavarnie, par le renversement des cimes du Coumélie, mais par la catastrophe du 17 mai 1650, qui éventra le pic des Agudes. Il plut pendant trois jours dans le pays d'Héas ; on n'avait auparavant jamais vu pareil déluge. Le quatrième jour, la montagne fut entraînée par la force des cataractes célestes. — La moitié du pic se détacha en un seul bloc, qui se brisa en mille énormes débris dans sa chute, et ferma

Les deux Sœurs de Troumouse.

la vallée, où les eaux s'accumulèrent, formant un lac. Cette date sinistre du 17 mai marque seulement la première journée du drame ; il y eut, cent trente-huit ans après, une deuxième journée.

Le 5 septembre 1788, un orage sans pareil, accompagné d'un nouveau déluge, gonfla le torrent ; le lac battit si furieusement cette digue, qu'il la renversa. L'inondation causa des ravages épouvantables dans le canton de Gèdres et de Luz, jusqu'à Pierrefitte, dont les ponts furent emportés.

La Peyrade, dans le langage du pays, s'appelle l'*Arayé*, c'est-à-dire l'arrachement ; mais ce nom est plus particulièrement donné à une roche colossale qui domine tout ce champ de ruines. Ce bloc c'est l'Arayé tout court, ou le « caillou de l'Arayé ».

La vallée d'Héas s'élargit assez brusquement après le chaos. Une jolie esplanade nous apparaît à gauche, toute couverte de brebis paissant, tout arrosée de cascatelles qui vont se perdre dans un bouquet de pins rouges, — un morceau de forêt. Le reste a été enlevé par le débordement de 1788. — Mais ce coin de fertilité est bien étroit. La gorge reprend son aridité, aridité triste, sordide.

Le sol est couvert de hideux éboulis rongés par l'eau, qui s'égrènent en chapelets de boue. Ce n'est plus de la pierre, ce sont d'énormes éponges que le Gave roule avec lui et déplace en se jouant. Nous suivons son cours, nous longeons le hameau d'Héas ; l'aspect change encore, mais n'en devient pas pour cela beaucoup plus riant. Cette eau claire se déshonore en coulant au milieu d'une prairie marécageuse, véritable rareté, d'ailleurs, en cette région. Sans les pics qui nous enserrent, nous pourrions nous croire dans un bas pré du Berry.

On arrive à Héas par un petit pont traversant un Gave maigre, qui descend du ravin de l'Aguila. L'auberge est avenante ; entrons et déjeunons.

*
* *

La chapelle d'Héas est notre première station sur le chemin du cirque de Troumouse. En réalité, il y a deux chemins. L'un se fait à cheval ou à mulet ; l'autre, pédestrement et bien plus que péniblement; il est même dangereux. Consultez vos aptitudes. Avez-vous le cœur ferme et la tête solide, suivez le second. Sinon, prenez l'autre.

Le vallon d'Héas est dominé par un monolithe prodigieux : dix mille pieds de haut et plus. C'est *la Tour de Lieusaoube* qui garde l'accès de ces régions mystérieuses et colossales. Par exemple, vous chercherez vainement pourquoi ce nom de *Tour* lui a été donné. C'est un cône, — c'est même un « pain de sucre », dont la pointe se prolonge en aiguille. Il se détache de la crête du cirque, et il a été visiblement placé là comme une sentinelle ; derrière lui, la vallée se resserre brusquement.

L'étranglement de la vallée cesse ; nous nous trouvons dans une petite *oule* verte, où paissent de nombreux troupeaux de mules en liberté. Nous sommes au pied de deux autres blocs qui semblent détachés de la montagne, les deux *Sœurs de Troumouse*.

De grands monts nous entourent de tous côtés : la masse de Troumouse au fond, le pic de Serre-Mourenne, le pic de la Munia. La vallée se divise en deux branches, dont l'une marque la vraie route du cirque. Le Gave forme de nombreuses cascades, dans une nouvelle région de prairies, plus haute que la *Combe du Geret*, que nous venons de traverser. Nous atteindrions aisément le but de notre excursion, sans un énorme barrage de granit qui sert de contrefort à la muraille même du cirque, et qu'il faut escalader. Alors nous serons dans l'enceinte.

Embrassons d'abord ce magnifique ensemble. Devant nous se déroule l'immense croissant dont l'écartement est de plus de 8 kilomètres. L'une des extrémités est formée par le Mount-Herran et l'autre par la montagne d'Aguila, muraille formidable, lisse, tout unie, que domine une roche tronquée, la *Tour des Aiguillons*. Au centre de la courbe, le pic de Troumouse, avec ses glaciers crevassés, les déchirures profondes de ses flancs, et ses deux belles aiguilles, ces *Sœurs de Troumouse*, semblables à deux énormes bastions défendant l'entrée de la place.

Un petit lac berce son onde au milieu de cette aire immense. Le fond du cirque est l'ancien lit d'un grand lac, et a gardé la fraîcheur de son origine. Les pentes qui l'environnent sont vertes comme des falaises. Remarquez bien qu'elles n'ont nulle part moins de huit cents mètres d'élévation ; l'enceinte elle-même est située à une altitude de 1,800 mètres.

Si nous sommes arrivés par l'autre chemin, — qu'on appelle celui des *Cabanes de Lieusaoube,* — nous jouirons d'une vue plus belle et surtout plus complète. Nous ne verrons pas *plus*, mais nous comprendrons *mieux*.

Par cette autre voie nous sommes également partis de l'auberge d'Héas. Nous avons traversé le Gave sur un pont de bois, édifice fragile, enchaîné à une énorme roche ; suivant de terribles escarpements, nous atteignons une première terrasse, puis une seconde, superbement gazonnées toutes les deux, et toutes deux remplies d'une curieuse quantité de grands aconits dont les fleurs s'ouvrent comme des milliers d'yeux bleus dans le tapis vert ; la plus haute seulement est bien plus vaste et bien plus fraîche.

Nous quittons à regret ce plateau vert qui rappelle les herbages de Normandie, où l'herbe ondule par grandes vagues. Seulement, les prés normands n'ont point ce haut cadre rugueux et dentelé, ils n'ont pas ce dôme bleu du ciel.

Devant nous monte en demi-cercle une longue rampe formée de roches blanchâtres, dessinant de larges banquettes, escalier de géants qui se prolonge à une hauteur de 800 mètres et va rejoindre à droite le pic de la Munia, à gauche le pic de Mount-Herranmouse. Nous sommes arrivés aux Cabanes de Lieusaoube, le cirque est sous nos yeux.

D'abord nous ne distinguons rien ; c'est un heurt, un chaos, un fracas étourdissant de pointes, de blocs, de cimes ébréchées, de cassures énormes et de pyramides, une dentelure magique. Peu à peu les regards s'accoutument à cette bataille aérienne de pierres et s'attachent aux murailles mêmes de l'enceinte, conduits par une première envie instinctive de la mesurer.

La seule pensée claire qui se fasse jour dans l'esprit est toujours la même : Tout cela est trop grand pour l'homme.

C'est le suprême de la beauté ; mais quelle beauté écrasante ! Les amateurs académiques ou mondains de Gavarnie, ceux qui renoncent malaisément aux conventions établies, ont trouvé la formule de leur jugement sur les deux cirques. — Gavarnie, disent-ils, demeure plus « artistique », mais Troumouse est plus grandiose.

La vérité, c'est que lorsque, assis dans l'enceinte de Troumouse, on se rappelle par la pensée celle de Gavarnie, on ne peut s'empêcher de se dire : Mais auprès de Troumouse, Gavarnie est un « bijou d'étagère ».

Songez d'abord à cette immensité : un circuit de deux lieues ! Songez qu'ouvert à cette profondeur au-dessous de sa crête,— de huit à douze cents mètres, Troumouse, sans cette immensité même, serait un gouffre, et c'est l'une des plus grandes arènes du monde. La population de Londres ne la remplirait pas ; celles de Paris, de Londres et de Pékin réunies trouveraient place sur cet amphithéâtre. Certes Gavarnie a des airs de jouet à côté de sa rivale Troumouse. Quant à être plus « artistique », Gavarnie aurait tort d'y prétendre.

La beauté de Troumouse est bien plus variée, bien plus vivante. Ramon, le grand explorateur des Pyrénées, s'est écrié dans un élan d'admiration : Ici, l'air est libre, et le ciel ouvert. — Nous avons dit aussi que le sol était paré de verdure. Le décor n'est donc point unique, comme à Gavarnie ; nous ne voyons pas à Troumouse les draperies de neige et la clarté des eaux ; seulement, sur le sombre fond des murailles, les plus vives oppositions de couleurs jettent partout un charme inconnu à l'autre cirque, immobile et rigide. De grands troupeaux paissent au fond de l'enceinte, et des bergeries s'y élèvent. C'est la vie.

Le spectacle est sans pareil, au lever du jour surtout, quand le soleil commence de monter au levant. Tout le côté gauche du cirque est dans l'ombre ; les rayons ne frappent encore de l'autre côté que les cimes, puis tout à coup les baignent, et glissent au long de la muraille. A chaque instant, de nouveaux aspects se présentent, et la minute d'après, ils ont changé. Les saillies s'éclairent, les gradins se dessinent. Des reliefs qu'on ne soupçonnait point, des blocs immenses encore perdus dans ces demi-ténèbres se révèlent ; la lumière caresse ces mamelons verdoyants qui sont les vraies assises de l'enceinte. La couleur des roches, — du calcaire gris, — prend des teintes d'argent, les ombres ont une transparence surprenante.

Si le ciel est pur — ce qui est l'ordinaire, dans le grand été, — il a des fluidités qui trahissent les approches méridionales ; c'est déjà du ciel d'Espagne. Aussi, comme les crêtes se découpent franchement !

les belles taches blanches que font les glaciers ! Ce caractère de gaieté dans le colossal, ce sourire dans l'énorme, cette *immensité animée* forment un tableau unique.

Par exemple, tout change quand le ciel se couvre de vapeurs ; toute cette magie s'efface à l'instant où la pluie ruisselle. Ces hautes murailles que le soleil colore de tons chauds et légers, revêtent aussitôt des teintes choquantes ; on les voit noires et luisantes comme de l'ardoise mouillée. Les détails fuient, l'immensité même disparaît, ce n'est plus que l'*énormité:* — sensation bien différente. On n'a plus devant les yeux que la vaste enceinte, morne désormais, animée seulement par le jeu des cascades. Encore, en ce moment particulier d'étouffement et d'immobilité qui précède l'orage, quand aucune brise ne gonfle plus ces eaux alertes, elles tombent comme des flaques d'eau le long du roc sombre. Rapidement, les nuées s'amoncèlent, les cimes se coiffent de ce lourd bandeau, les vapeurs descendent grises, sales, hideuses, menaçantes.

L'orage débute ordinairement par une succession de rafales qui conseillent de chercher un abri. Il n'y en a point de meilleur qu'une des cabanes de pasteur qu'on trouve heureusement partout, au fond du cirque. Cependant, la pluie n'arrive pas encore ; mais le tonnerre gronde, le fracas augmente et bientôt devient si fort qu'on se prend la tête à deux mains, comme pour empêcher qu'elle n'éclate. On se croirait assis au milieu d'une batterie de canons tirant tous ensemble.

L'effroyable tumulte redouble encore, les éclairs se succèdent sans intervalle, tout le fond du cirque est en feu, de gigantesques langues de flamme lèchent les murailles noires, une odeur de soufre remplit l'air. C'est une fête infernale. La tourmente, d'ailleurs, est courte, terminée le plus souvent par un prodigieux déchaînement des cataractes du ciel. On n'a pas idée de pareils déluges dans les pays de plaine. La catastrophe d'Héas en 1650 est à l'instant expliquée. Puis de nouvelles rafales soufflent, mais d'une direction nouvelle. C'est le vent du nord qui l'a emporté dans la bataille de là-haut, il refoule l'orage vers l'Espagne. Toute cette fureur électrique va se briser aux cimes du Mont-Perdu. Alors on peut songer à regagner l'auberge d'Héas, les membres moulus, la tête brisée.

Nous devons cependant faire l'escalade du cirque, avant de rentrer à Héas. Il va donc nous falloir gravir ce grand escalier de calcaire blanchâtre qui monte au sommet de la *Munia*. Prenons courage. Notre première halte sera au col de la Cèdre (2,650 mètres).

Ici, l'arête à suivre est d'une belle largeur ; elle longe le rebord intérieur du cirque ; la vue est superbe ; nous cheminons, éblouis et sans méfiance. Cette heureuse tranquillité sera courte, les difficultés commencent. On pourrait bien dire l'épreuve. Cette escalade est dangereuse, très dangereuse. Le mieux est de l'éviter.

Point d'autre moyen ici de s'élever, que de s'aider des anfractuosités de la roche ; elles sont glissantes et malicieuses. — Imaginez une crête de cinquante à soixante centimètres de largeur, qui, sur un passage long de neuf ou dix mètres, se rétrécit encore. Quinze centimètres au plus vont nous rester pour poser le pied. A droite, nous plongeons sur le cirque, en ligne exactement verticale, d'une hauteur de plus de 3,000 pieds ; à gauche, sur la vallée, un autre abîme s'ouvre : celui-ci n'a que huit ou neuf cents mètres ; il n'est pas entièrement vertical. De ce côté, on pourrait encore se rattraper, se cramponner dans la chute. De l'autre, on irait tout droit, comme une pierre lancée d'en haut, avec la rigueur du fil à plomb, au fond du gouffre.

Ce terrible passage franchi, on respire. La crête a repris une largeur de quatre mètres environ ; on a cessé de craindre le vertige ; mais bientôt, à mesure qu'on grimpe vers le pic de Troumouse, les corniches se resserrent encore. Cependant l'imminence du péril est moins pressante, et bientôt on atteindra l'autre pic, celui de la Munia, le terme qu'on ne saurait pourtant bénir du fond du cœur, puisqu'enfin on songe qu'il faudra redescendre (3,150 mètres).

Ne faites pas l'ascension de la Munia. Si pourtant vous l'avez faite, vous serez payés par une vue nouvelle, plus merveilleuse que toutes les autres, sur les versants espagnols. C'est un des plus beaux panoramas des Pyrénées. A droite, vous découvrez les beaux glaciers de Baroude et la vallée de Bielsa ; à gauche, le Mont-Perdu, le Taillon, la Brèche, le Vignemale, l'orgueil des monts français. Plus loin, la crâne silhouette du Balaïtous, et au nord, le Néouvielle et l'Ardiden : à vos pieds, le cirque de Troumouse, avec ses tapis de verdure et ses étages de glace.

Le chalet de l'hôtel de l'Univers.

BARÈGES

De Luz à Barèges, il n'y a qu'une enjambée. Un trajet de moins de deux heures.

La route suit le Bastan, le plus rapide de tous les Gaves, sous des peupliers et des frênes, à travers des prés. Derrière nous, bientôt, nous avons laissé le château de Sainte-Marie, une vieille connaissance. Ses deux tours, d'un dessin différent, se découpent en silhouette sur un joli fond de montagnes bleues, dominées par la pointe du Viscos qui, de ce côté, paraît fine comme une aiguille. — Nous cheminons entre les soubassements du Nère, à gauche, — à droite, ceux du Bergons.

De riants hameaux sont assis dans des bocages : d'abord Esterre, puis Viella, au-devant d'un vaste rideau d'arbres disposés de façon à les garantir des avalanches. Après Viella, le village de Serts, puis Betpouey sur un mamelon dont tous les versants sont cultivés avec soin. A droite s'ouvre un vallon qui descend des premiers chaînons du Néouvielle.

De tous côtés les eaux filtrent des roches, et glissent dans de larges ruisseaux qui serpentent à travers les grandes herbes des pentes, joignent la route et la longent, quelquefois la coupent, et vont se perdre dans le Gave.

Pays très frais, très attachant. Le charme, seulement, est court. Nous approchons de Barèges, la végétation a cessé. Ce n'est pas la faute des habitants, qui poursuivent avec une opiniâtreté extraordinaire des ombres de culture, jusque dans le creux des rochers où se trouve encore un peu de terre végétale. Quand les pluies l'ont entraînée, ils en remettent.

Ils la *repêchent* dans les fondrières, la ramassent dans de grands paniers, qu'ils ont ensuite la patience de hisser à l'aide de cordes, la répandent et la disposent comme ils peuvent, et sèment un peu de blé, qui rend les plus maigres épis qu'on ait peut-être jamais vus. La ténacité de ces pauvres gens ne reçoit pas d'autre récompense.

Après Betpouey, la route devient donc bien plus raide et plus escarpée; des monts chauves la surplombent. A droite Ayré, à gauche le Poury, dont la base est pourtant semée de quelques petits bois de hêtres. Barèges est là. Aimez-vous les aspects désolés? C'est un goût moins rare qu'on ne pense, bien qu'il soit bizarre. Ici tout est réuni pour le satisfaire.

Qu'est-ce que Barèges? Une rue et un hôpital.

La bourgade n'est pas même une commune ; ce n'est qu'une dépendance de celle de Betpouey. Cependant, l'antiquité ne manque point aux thermes de ce lieu maussade. Les eaux de Barèges sont connues depuis mille ans et plus.

Barèges, c'est la ville des malades. Hélas! on ne saurait se figurer ce qu'on y voit d'éclopés et de béquilles ! Presque tous les visages portent les traces de la souffrance.

Barèges est en proie à deux fléaux périodiques : les avalanches et les inondations. Parlons d'abord des dernières. Le Bastan en quelques heures se gonfle, sort de son lit, emporte tout. En 1826, c'en était fait des villages, si les eaux n'avaient rencontré les restes d'un vieux « travail d'art », aux assises indestructibles, qu'on appelle « la Digue perdue », qui les rompit.

Quant aux avalanches, ces terribles visiteuses ont eu longtemps la coutume de glisser sur Barèges, du haut du Pène-Blanque qui le domine au nord, — par cinq ravins. Ces cinq aimables « couloirs »

La vallée du Bastan.

s'appellent le Midaou, le Bayet, Pontis, Sainte-Laure, enfin, le Rieulet ou Rioulet.

Le Pène-Blanque, qu'on nomme aussi le pic de Labas-Blanc, est fait de calcaire blanchâtre ; il a 2,630 mètres : c'est une des arêtes qui bordent la vallée du Bastan. L'avalanche en descendait avec les allures brutales qu'on lui connaît, et suivant de préférence le ravin du Midaou, franchissait le Gave, remontait à travers le village, écrasant, entraînant tout, les murailles, les animaux et les hommes.

Les Barégeois, longtemps, ne trouvèrent point de meilleur remède que de vivre en des maisons de bois, qu'ils démontaient à la fin de septembre, et remontaient vers la fin de mars. Quant à eux, ils s'en allaient passer l'hiver à Luz.

Dans l'époque moderne, qui est diablement scientifique, les ingénieurs sont venus. Ils ont fait beaucoup de bien ; il ne leur est même jamais arrivé, peut-être, d'en faire davantage. Cet enragé de Midaou, par exemple, versait ses avalanches d'une hauteur de 12 à 13 cents mètres, précisément en face de l'hôpital militaire, heureusement désert en cette saison, — mais qu'il fallait réparer, relever presque entièrement chaque année. Messieurs les ingénieurs ont imaginé de creuser des banquettes de plusieurs mètres de largeur sur les parois de ce Midaou stupide. Ils ne pouvaient empêcher l'avalanche ; on peut croire qu'ils l'ont reconnu, avec surprise et avec dépit ; mais, enfin, ils ne le pouvaient : ils ont ralenti sa course et brisé son effort.

Une énorme quantité de neige demeure désormais sur ces banquettes. Parfois, encore, elle glisse dans le ravin, et de là dans le Gave ; mais elle n'est plus épaisse que de quelques centaines de mètres cubes. Auparavant, elle faisait crouler sur Barèges des masses évaluées à cinquante mille mètres cubes, — et même davantage.

Le Rioulet a été combattu par le même moyen. Ce vilain avait des méchancetés égales à celles de son frère, le Midaou.

Au lieu de lancer des neiges, il vomissait des pierres et de la boue ; des quartiers de monts arrivaient à des décompositions menaçantes par l'action des pluies. Ces effets de destruction lente se voient plutôt dans les parties calcaires ; le flanc de ce Pène-Blanque, qui tombe en ruine, est pourtant de granit.

D'innombrables chemins d'érosion y sont ouverts, et des fissures énormes, dont le fond est disposé en vastes entonnoirs, se remplissent de ce flot boueux, qui s'élève toujours. Aussi, ne s'est-on point contenté, au Rioulet, de la construction des banquettes ; on a pratiqué de larges rigoles qui divisent l'inondation, et ce hideux Rioulet est dompté. Il en est de même pour un troisième rebelle et traître, le Pontis.

Au sud, les désastres ont toujours été moins à craindre. Une petite forêt de vieux hêtres tapisse le pied du Pène-Poury ; ces arbres arrêtent ou amortissent les chutes, quelquefois à leurs dépens, car ils tombent, comme des capucins de carte, en longues files, sous les assauts de l'avalanche, qui, pourtant de ce côté, est presque bénigne. Il faut ajouter que le Rioulet, le ruisseau fils du terrible ravin, traverse la hêtrée, et de temps en temps en emporte un autre morceau.

Barèges est au pied de ce bois de hêtres, à travers lequel on a tracé le maigre Eden de ce triste coin de montagne, — ce qu'on appelle la *promenade horizontale*.

Ici, pour les habitants du pays, la vie, l'été, est celle du loueur, du guide ou du chasseur ; l'hiver, ils émigrent. A 1,250 mètres d'altitude, à huit cents mètres seulement au-dessous de la limite où toute végétation cesse, dans un couloir d'avalanches, sous d'énormes tombées de neiges qui étendent pour six à sept mois, sur le sol, un linceul d'une épaisseur de douze pieds, la mort vaudrait mieux et serait plus franche !

Aussi la moitié des indigènes démontent leurs maisons de bois et s'en vont ; une cinquantaine de malheureux demeurent pour garder les maisons de pierre ; ils doivent être pourvus de vivres comme des assiégés ; c'est la nature qui fait le blocus.

Pour les baigneurs et buveurs, l'existence d'été n'est que morose. Ils sont nombreux, quelquefois tout près de deux mille ; une arrière-garde de tard-venus attend dans les villages voisins, surtout à Luz, que les premiers occupants délogent après avoir terminé leur saison. — Cette affluence prouve combien les misères de notre chétive nature humaine sont pressantes et impérieuses. A Barèges, nous l'avons déjà dit, rien que des malades, et les parents ou les amis ou serviteurs qui les accompagnent

L'établissement thermal est situé vers le milieu environ de cette rue unique et noire qui monte en échelle; c'est une grande bâtisse élevée vers 1862 ou 1863; elle est en marbre gris, avec l'aspect d'un immense tombeau. Un peu plus loin, et derrière cette construction funèbre, est la grande piscine. Cet établissement est vaste, et il a besoin de l'être, puisque la clientèle est nombreuse. Les eaux de Barèges sont incontestablement les plus puissantes que laissent couler les Pyrénées; il est même bon de se méfier de leur énergie curative, car, si elles ferment les vieilles plaies, et si elles guérissent beaucoup de maux, elles secouent vivement le système nerveux.

Un autre établissement moins important, le Barzun, se rencontre à quelques centaines de mètres en aval de la bourgade, à cheval ou à peu près sur le torrent, qui, chaque année, le mord et l'ébrèche. D'importantes réparations sont nécessaires tous les printemps.

L'hôpital militaire a été réédifié au bord du Gave, en face du premier établissement, et communique avec celui-ci par un tunnel. Qu'on se figure deux grandes casernes parallèles, mornes et muettes. L'hôpital peut loger quatre cents malades environ.

Une autre maison hospitalière, Sainte-Eugénie, s'élève sur les terrasses du mont, au-dessous du bois de hêtres; elle est réservée aux ecclésiastiques ; à l'arrière-saison, les pauvres reçoivent ici les soins que nécessite leur santé.

Hospices, casernes, tous ces grands murs percés de fenêtres banales, et la pensée des souffrances et des horreurs qu'ils abritent, ajoutent encore à la tristesse de ce lieu sombre. Dans cette rue, dont le parcours est moins une montée qu'une franche escalade, que rencontrent nos yeux ? Des visages hâves, de pauvres gens qui se traînent à peine, d'autres qui s'en vont sautillant sur leurs béquilles. Vite gagnons la promenade horizontale.

Elle contourne les bases de l'Ayré ; la hêtrée couvre le pied du Poury, qui en est un contrefort. Nous laissons derrière nous l'hospice Sainte-Eugénie, nous marchons vers le Rioulet, qui marque la limite de ce beau promenoir; car, enfin, il est uni, commode, et vraiment beau. La partie la plus riante en est l'*allée verte*, qui traverse la forêt de part en part ; au-dessus, des deux côtés, la ramure devient plus intense.

A l'extrémité de l'allée verte, une aimable vue nous attend ; ce n'est point trop de ce dédommagement, après une matinée passée dans Barèges. Nous apercevons d'abord les lieux d'excursions consacrés par l'usage pour les baigneurs valides : l'Héritage à Colas, la butte de Saint-Justin ; plus loin, tout le bassin vert de Luz, et les chaînons de l'Ardiden.

L'Héritage à Colas est une belle pelouse, coupée de bouquets de grands arbres, pourvue de sièges naturels. On la joint en traversant le Rioulet.

Après s'être réconforté du lait et du pain bis réclamé aux granges voisines, on reprendra la promenade et on la poursuivra jusqu'à l'autre grand ravin, le Pontis. Pour le plaisir des yeux, cela n'est point nécessaire, car ils ne rencontreront, après la verdure de la pelouse, que des roches en décomposition et des terres dénudées. Mais, pour peu qu'on aime les contrastes, on n'aura point perdu sa peine. Et puis cette promenade est courte et facile. Deux heures environ. On peut la faire à âne ou à mulet.

L'excursion au mamelon de Saint-Justin offre une vue plus étendue. Tandis que, de l'Héritage à Colas, on ne découvre que le massif de Saint-Sauveur et la vallée du Bastan, on embrasse de Saint-Justin presque tout le Bergons et la superbe crête du Barada. On se rend à Saint-Justin, qui fut un ermitage, par un sentier qui serpente dans un ravin, le Leydts; un autre sentier grimpe au versant de la montagne : l'ascension n'est ni longue ni rude.

La forêt de Barèges conduit au « Point de vue ». Au faîte du Rioulet, des pâturages s'étendent, et le chemin monte par des lacets très capricieux vers le col d'Ayré. Le guide nous signale, du côté de l'ouest, une sorte de plate-forme élevée sur des escarpements assez raides. Voilà le « Point de vue ». Nous avouons humblement n'avoir pas gravi le pic d'Ayré, entouré d'abîmes et dont la crête s'effrite et roule.

Le pic de Lienz est moins dangereux ; en revanche, il est plus perfide. On le joint, de Barèges, par la vallée du même nom. De riches prairies courent sur les pentes ; le chemin a été tracé par les troupeaux. Ces escarpements gazonnés sont la perfidie que nous dénoncions à l'instant ; ils justifient un proverbe suivant lequel il est plus aisé, quelquefois, de glisser sur le gazon que sur la glace.

Barèges.

Il vaut donc mieux monter en s'accrochant aux roches : c'est le conseil que vous donneront les guides ; ils donnent aussi l'exemple. Au demeurant, ce dernier chemin n'est point dangereux. Le pic n'est guère élevé que de 2,300 mètres environ. L'Ayré, qui le domine, cache le Bergons. La vue s'étend, non sans quelques obstacles, sur le bassin de Luz : on devine le Néouvielle au sud, plutôt qu'on ne le découvre, mais on distingue fort bien une région lacustre intéressante : ce sont les lacs d'Escoubous.

Le premier des lacs voisins de Barèges que l'on y reçoit le conseil de visiter est celui d'Escoubous. Il faut prendre le chemin du Tourmalet, le plus haut mont de ce canton sauvage, qui laisse couler sur son flanc, des chutes de l'Artigue, la source de l'Adour.

Nous longeons le Bastan, sur sa rive gauche, et les méandres du torrent qui court à une grande profondeur au-dessous de nos pieds, nous conduisent, après le hameau de Tourneboup, dans la vallée d'Escoubous. Franchissons le ruisseau qui l'arrose, traversons des pâturages. Un moment encore, et nous allons retrouver le petit Gave d'Escoubous à son confluent avec celui d'Aygues-Cluses. Devant nous, on a pris soin de jeter un pont, il est étroit, il présente un terrible dos d'âne ; mais il est de pierre, solide et rassurant, et il aboutit à un escarpement bizarrement déchiqueté, qui a des aspects de terrasses ruinées, portant sur des épaulements de roches.

C'est qu'en effet cet escarpement est une digue et le rebord colossal d'une cuvette. Il soutient et contient le lac.

Est-ce bien un lac, cette grande surface morne ? Huit hectares de circuit. On dirait plutôt une vaste flaque d'eau ; point de couleur ; quelques reflets à peine se jouant sur ce grand miroir d'étain. On nous assure que la profondeur de ce triste flot est prodigieuse, inconnue. La masse liquide descendrait jusqu'aux bases de la montagne. Elle les rompra quelque jour, et la catastrophe d'Héas sera dépassée. Les bors d'Escoubous sont aussi maussades que le lac même ; on y voit le plus parfait et le plus hideux tableau qu'on puisse souhaiter de la décrépitude des monts.

Contournons la « digue » d'Escoubous, élevons-nous de six cents pieds environ ; nous trouverons d'abord le petit lac de Tracens, qui porte un îlot verdoyant et fleuri. Quelle surprise ! Au commencement de l'été, c'est une corbeille de rhododendrons en plein épanouissement. Nous le parcourons et nous reconnaissons que c'est seulement une presqu'île. Des bergers y conduisent leurs troupeaux à la fin de mai. — La végétation, ici, a dépassé la limite ordinaire, car nous sommes à près de 2,200 mètres.

A l'est, avec une légère inflexion vers le nord, s'élève le pic de Madamette, qui nous apparaît profondément raviné de son sommet à sa base. C'est par ce ravin que se fera l'ascension, qui n'offre point de périls, mais impose une fatigue excessive. Près de 400 mètres encore à gravir à travers les éboulis ; le pic se dresse à 2,540 mètres. C'est un observatoire excellent ; nous voyons dans leur développement le lac d'Escoubous et celui d'Aygues-Cluses, ouvert au pied du mont ; nous embrassons tout le massif de Néouvielle.

Cette excursion, avec ses haltes nécessaires, le repas pris dans la jolie presqu'île de Tracens, n'exige pas, pour l'aller et le retour, moins de dix grandes heures. On peut se servir des mulets jusqu'à Escoubous. La nuit approche quand on rentre dans Barèges.

Nous pourrons demain faire une courte excursion vers un autre déploiement de lacs qui commence à l'extrémité supérieure de la vallée du Lienz. Le torrent qui en descend nous trace le chemin ; il ne s'agit que de le remonter à travers les éboulements de l'Ayré, puis de gravir la muraille qui lui sert de digue. Trois heures suffisent pour arriver au lac de la Glaire, qui se berce entre de nouvelles ruines.

L'aspect n'est guère moins sinistre que celui d'Escoubous ; mais ici, du moins, la grandeur et le caractère ne manquent point. D'abord, ces ruines sont de granit ; ce ne sont plus les effritements des calcaires rongés et l'affreuse décomposition des schistes. Cette digue que nous venons d'escalader assez péniblement continue de monter vers le ciel ; c'est un escalier gigantesque, formant des terrasses dont chacune porte un lac. Il n'a pas moins de six étages : — Glaire, Combe-Longue, Combescure, le Mail, la Mourelle, l'Estallar ; à droite, sur un contour légèrement incliné du prodigieux édifice, le lac de Louey-Nègre, le seul pittoresque, qui verse un torrent dans la vallée de la Justé. Plus haut d'autres bassins, d'ailleurs bien plus petits ; des glaciers plutôt que des lacs, car c'est seulement à la fin d'août qu'ils brisent leur croûte de glace et engloutissent leur manteau de neige, qui se reforment en octobre. Ils marquent le chemin qui pourrait nous conduire au faîte du Néouvielle ; mais, ayant assez grimpé, nous avons mérité de redescendre.

Une dernière visite nous reste à faire, celle de ce *Labas-Blanc* ou *Pène-Blanque* qui fut pendant tant de siècles le tyran de Barèges — tyran et bourreau ; — le monstre qui déversait ses avalanches par ses quatre ravins sur la pauvre villette, qui a recouvert tant de ruines, enseveli tant d'hommes et de femmes et d'enfants, et qui n'en élève pas moins tranquille, pas moins radieux, au-dessus de ce champ de victimes, sa crête de roches blanches qui lui a valu son nom

Le Pène-Blanque sépare la vallée de Bastan du bassin de l'Adour, qui descend du Tourmalet pour aller joindre, là-bas au-dessus de Bayonne, la mer de Biscaye.

Pour monter au Pène-Blanque, nous traverserons d'abord les ravins et les travaux des ingénieurs qui ont su dompter ses colères. De jolies cascades égayent le chemin, qui se poursuit par des pâturages circulaires, puis sur de terribles pentes vertes, fort glissantes, jusqu'à des escarpements qu'il faut gravir en retenant son haleine, de peur de la perdre trop tôt à ce jeu laborieux. En effet, ce n'est guère qu'un jeu, car le péril est absent.

Nous nous retrouvons bientôt en présence d'un de ces escaliers naturels formant des étages, avec des paliers qui adoucissent le chemin et la peine. Nous voilà sur la crête blanche (plus de 2,600 mètres).

La vue est belle sur le Néouvielle et l'Ardiden ; mais l'intérêt nouveau et saisissant en est le lac de Lhéou, situé sous nos pieds, à une distance de 700 mètres. Le lac Lhéou s'appelle également le lac Bleu. Un nom tiré de sa couleur qui le lui a bien mérité; les lacs de Suisse n'offrent pas un bleu plus intense. Ce qui le fait mieux ressortir ici, c'est la teinte claire, éclatante, presque dorée des roches encadrant la nappe d'eau, qui est superbe et d'une étendue considérable (près de 50 hectares).

Le lac de Lhéou est le plus renommé des Pyrénées. Il est digne de sa réputation. Malheureusement, aucun paysage ne l'entoure. Rien que ces roches si bizarrement revêtues de ces tons d'ocre et qui paraissent fort belles ; mais ce ne sont que des roches.

L'Observatoire du Pic du Midi.

LE PIC DU MIDI

A deux kilomètres au-dessus de Barèges, nous quitterons la route qui va joindre celle de Bagnères par le col du Tourmalet. Un chemin s'ouvre à gauche et traverse le Bastan sur un pont de bois. Chemin muletier sur les longues pentes, parfois herbeuses, de Pène-Taillade ; il s'élève vers le col d'Aouda. Une heure de marche. Mais quelle vue !

Au-devant de nous, la vallée d'Escoubous, du fond de laquelle paraît s'élancer le Néouvielle, semé de grandes taches blanches, qui s'irisent au soleil comme des nappes de cristal : ce sont ses glaciers. — A gauche, une envolée de hautes silhouettes, un emmêlement étrange de pics : l'Isé, la Campana, l'Espada, qui se heurtent La Campana renferme, suivant la légende, la cloche qui doit sonner au jugement dernier. L'Espada mérite son nom : on dirait une immense épée ébréchée.

La route gravit lentement les bases de ces montagnes, et disparaît sous une des déclivités du col de Tourmalet. A droite, nous revoyons Barèges, assis entre l'Ayré et le Pène de Poury, au-dessous de sa forêt de hêtres, la seule beauté de ce lieu morose. La vallée de Bastan s'enfonce au creux des monts, dominée par le vaste rideau des massifs plus lointains : le Viscos, l'Ardiden, Bergons, l'Aubiste.

Contournons le pic d'Aouste ; nous voici arrivés à un terre-plein qui forme une belle prairie où paissent de grands troupeaux de moutons et de vaches. Chaque troupeau est marqué en bleu, en rouge, en jaune, et ce peuple quadrupède bariolé se disperse dans les hautes herbes. Là sont les *cabanes de Toue*. Là est le véritable point de départ pour l'ascension.

Un rempart de roches domine ce plateau ; le ruisseau d'Oncet en descend à travers un vallon sauvage qu'il a creusé. Il faut escalader ce rempart. On y perd beaucoup de temps, mais on y gagne beaucoup de peine ; c'est une compensation passablement dérisoire.

L'opération n'exige pas moins d'une heure, et l'on arrive dans une sorte de petit cirque verdoyant, tout encadré de hautes cimes. La plus fière et la plus voisine du ciel est le pic du Midi, qui se détache vigoureusement du massif, et paraît isolé. Nous avons déjà dit que ce beau mont était la sentinelle avancée des Pyrénées vers la plaine.

On a vu que les abords n'en sont pas des plus aisés. Il nous reste à franchir le pas des *Cinq-Ours*. Aimons à croire que les parrains de ce lieu menaçant ne s'aviseront pas de nous y attendre, car ce ne seraient point des hôtes engageants.

Le pas ou la *Hourque* des Cinq-Ours est un col ou une gorge d'un aspect plus que sévère. La neige n'en disparaît jamais entièrement ; et, de fait, la Hourque est située à une altitude de près de 2,400 mètres ; de grandes flaques blanches bordent le chemin ; des miroirs de glace brillent au creux des rochers. Le sentier est étroit, la pente presque verticale ; il conduit à une petite crête d'où l'on découvre, au-dessous de soi, le lac d'Oncet (2,238 mètres), ouvert entre d'énormes éboulis : une cuvette au fond d'un entonnoir.

Pour y arriver, la pente est encore plus rapide, mais le chemin la tourne, et l'on s'aperçoit alors qu'il bifurque avec celui qui vient de Bagnères. C'est au point d'intersection qu'est située l'hôtellerie, ouverte du 1ᵉʳ juillet au 1ᵉʳ octobre, l'habitation la plus élevée de l'Europe, après l'hospice du mont Saint-Bernard. L'hôtellerie est à 2,472 mètres.

Si nous n'avions déjà fait l'excursion du lac Bleu ou de Lhéou, nous trouverions ici un autre chemin pour nous y rendre. Le col d'Oncet y conduit. Le lac, en effet, est exactement situé entre le mont Aigu et le pic du Midi, au faîte des chaînes qui séparent les deux vallées de Lesponne et de Barèges. De ce côté, nous aurions gagné la vue de la vallée de Lesponne, petit coin bien cultivé, et d'abord tout à fait champêtre. Les forêts de sapins bientôt succèdent aux prairies, la roche nue et les chaos aux forêts. Cependant le mont Aigu présente de nombreuses hachures, et chacune de ces larges fentes renferme un vallon, avec des pâturages et des bois.

Le danger de cette route, très pittoresque, consiste dans des brouillards soudains qui enveloppent toute la région. Mais le tableau est admirable quand on a franchi la Hourquette de Baran et le chaînon de Bizourtère. On se trouve au centre d'un cercle de glaciers, devant le flot azuré du lac ; et ce grand miroir horizontal fait mieux ressortir l'élévation de son cadre, qui paraît immense. Ce lac de Lhéou est vraiment beau, enveloppé de calme et de silence. Vers le soir, le bleu profond, d'où son nom lui est venu, prend une intensité extraordinaire. Ce n'est plus la couleur du ciel, c'est le ton sombre de ces fleurs d'aconit qui tapissent la montagne. Les étoiles doivent s'y piquer comme des pointes de diamant et les clartés de la lune y faire courir des effets magiques. Mais qui bravera la nuit, et qui attendra le lever de la lune au bord du lac Bleu ?

De l'hôtellerie des Cinq-Ours (il paraît que vraiment on doit dire Cinq-Cours), nous voyons descendre encore un chemin romantique, conduisant à la petite vallée d'Arize, et de là, à la célèbre vallée de Campan. La pente, très escarpée, suit le ravin de l'Arize, où l'on montre une curiosité peu rassurante : c'est un quartier de roche tombé de la montagne, il y a quelque trente ans. On dit au voyageur : « Regardez ! C'est plus gros qu'une maison. » — Il regarde, vraiment un peu effaré, au-dessus de sa tête... Si toute une armée de ces monolithes s'allait mettre en branle !... Si celui-ci n'était que l'avant-garde !...

Nous n'avons pas à suivre cette route ; nous n'allons pas à Bagnères.

L'hôtellerie où nous entrons nous paraît très pittoresque ; elle est bâtie sur un terre-plein et n'a qu'un étage, dont la plus grande partie est occupée par la cuisine. Voilà qui certainement est de bon augure. Cependant un peu de méfiance nous reste. On trouve à manger dans ce nid hospitalier, nous le savions ; mais aussi nous n'ignorions pas que la destination principale n'en était pas la réfection des corps. Avant tout, la maison sert à fournir des aliments à l'esprit ; l'astronomie et la météorologie doivent y avoir le pas sur la gastronomie : c'est un observatoire.

La bâtisse est assez neuve ; une autre l'a précédée ; mais une avalanche glissa d'en haut ; et l'hôtellerie, de rouler en bas avec elle.

Des savants du dernier siècle avaient signalé le pic du Midi de Bigorre comme un des postes les plus favorables aux observations scientifiques ; ils s'adressèrent au gouvernement royal ; mais à cette époque (1780 ou 1782), le gouvernement était engagé dans de grands travaux, tels que la construction de la digue de Cherbourg et du canal du Centre, et ses finances étaient fort bas ; le roi et ses ministres n'avaient rien à donner. Le duc d'Orléans, prodigieusement riche, qui s'était mis l'astronomie en tête, offrit une grosse somme ; seulement, il ne la versa point.

Cela se passait en 1785 ou 86. Le duc d'Orléans se logea bientôt dans l'esprit la politique, au lieu de l'astronomie, qui fut oubliée. Il eut tort de changer de passion ; la première ne lui aurait coûté qu'une centaine de mille livres ; la seconde lui coûta la tête.

Un long temps s'écoula ; il y eut, au sortir du défilé des Cinq-Ours, un premier campement, comme nous l'avons dit, et il dut être établi vers 1839. L'avalanche l'emporta. Vers 1854, un savant du pays, modeste, mais actif et passionné, le docteur Costallat, fonda la présente hôtellerie et reprit le projet d'observatoire.

L'hôtellerie des Cinq-Ours — ce n'est point son nom, mais sa situation permet de le lui donner — est d'un grand secours aux ascensionnistes, savants, artistes ou simples curieux. Le voyageur trouve également dans le campement installé par le docteur Costallat un refuge contre les tourmentes et les brumes qui coiffent souvent le

Le col de Tourmalet et la Campana.

pic du Midi. Le coucher est assez rudimentaire. Dans la vaste salle à manger attenant à la cuisine, se voient des planches relevées le long du mur ; on les baisse, et voilà des lits de camp dressés. La maison est pourvue de couvertures et de matelas. Il n'est pas mention de draps fins, et ce ne sont pas des lits de roses. Mais quand le vent mugit, que l'orage gronde ou que la pluie fouette les monts, comme on y dort, doucement bercé par la pensée de ce qu'on souffrirait au dehors !

Ces orages de montagne dénoncent leur méchanceté par leur fracas épouvantable. Nous l'avons déjà dit : c'est la mort qui passe, comme dans les batailles, au bruit de cinq cents canons.

Les provisions sont abondantes dans la maison, toujours très saines, et livrées au consommateur suivant un *tarif* modéré. Qu'on veuille bien retenir le mot : — il y a un *tarif*. On verra, tout à l'heure, comment nous sommes ici placés sous un *règlement militaire*. — Mais il est bon, d'abord, de reprendre l'histoire de l'hôtellerie.

M. le docteur Costallat, le fondateur, rencontra, vers 1867, de puissants auxiliaires de son idée, et d'ardents associés à son entreprise. Le projet d'observatoire fut adopté par la Société Ramond. Il ne faut pas oublier que ce personnage célèbre qu'elle a choisi pour patron, outre son *Voyage au Mont-Perdu* et ses *Observations* sur les Pyrénées, a laissé un ouvrage savantissime : un *Mémoire sur la formule barométrique de la mécanique céleste*. La Société consulta les maîtres de la science, particulièrement Babinet et M. Sainte-Claire Deville, et sur leur réponse favorable et leurs encouragements, nomma une commission spécialement chargée de recueillir des souscriptions et de procéder à une installation provisoire. Le président de cette commission était M. le général de Nansouty. M. Sainte-Claire Deville en accepta la présidence honoraire.

Les travaux commencèrent au mois de juin 1873, et l'aide principal et le plus autorisé du général commença, le 3 juillet, les observations à la station *Plantade* (1), disposée au nord de l'hôtellerie.

(1) Le géomètre Plantade, à l'âge de 70 ans, gravit le pic du Midi pour y faire des observations astronomiques ; le lieu était trop rude pour son grand âge, l'apoplexie le foudroya. Il respirait encore, et ses lèvres s'agitaient ; on crut entendre : Ah ! que cela est beau ! — Ces dernières paroles du vieil astronome ont été consignées avec le récit de ses guides dans les archives de la commune de Campan.

Une autre station, le pavillon d'*Arcet*, ainsi nommé en souvenir du premier savant qui, au xviii® siècle, avait signalé les chances d'une entreprise, fut construite au sommet du pic. La première campagne dura du 1er août au 10 octobre de cette année, — soixante-dix jours.

Le général de Nansouty dirigeait cette bataille contre la nature, et cela ne fut guère moins rude et moins vif que les célèbres charges de cavalerie conduites par le premier Nansouty, son père, à Friedland et à Wagram.

L'année suivante, les souscriptions avaient beaucoup donné. Qui croirait que l'amour de la science peut faire couler une pluie d'or? Indomptable autant que généreuse, la même passion conseilla au général et à M. Baylac, son fidèle compagnon, de passer l'hiver dans l'hôtellerie. Ils devaient pourtant savoir que ce vieil Hiver est un bonhomme féroce, et ils le virent bien, car tant de présomption le fâcha.

Vers la mi-décembre, il déchaîna une de ses bonnes tempêtes. Les portes et les fenêtres de l'hôtellerie volèrent, la maison tremblait sur ses bases. Il fallut redescendre. L'hôtelier Brau avait été de la partie, il fut du naufrage. Ces trois hommes intrépides errèrent plus de seize heures sur les neiges nouvelles avant d'atteindre Gripp, dans la vallée de l'Adour, à dix lieues de Bagnères.

Le rêve du général ne put être réalisé qu'en 1875. Il put passer l'hiver entier de 1875-1876 dans l'hôtellerie, sous une température qui n'est point descendue au-dessous de 20 degrés — petite froidure! Au pavillon d'Arcet, c'est-à-dire au sommet du pic, le thermomètre a marqué près de 38°. — Il faut monter haut pour trouver la Sibérie chez nous ; mais, enfin, vous voyez qu'on la trouve.

L'observatoire définitif et l'habitation des observateurs ont été construits par les soins de M. l'ingénieur Vaussenat. Construction coûteuse! Un mètre cube de sable à cette hauteur ne revient pas à moins de quatre-vingt-seize francs.

Le savant édifice est solidement assis, et a été prudemment encastré dans la roche. Il est entièrement voûté, à l'abri des secousses de l'ouragan qui se déchaîne autour de lui, et qui, s'il est accompagné d'orage, épuise ses fureurs sur les paratonnerres. Alors il arrive que les observateurs et les ouvriers, en pleines nuées électriques, se sentent tout à coup cloués au sol ; leurs poignets se contractent, l'outil ou l'instrument s'échappe de leurs doigts ; leurs cheveux crépitent, une forte odeur semblable à celle du chloroforme remplit le logis. Des bruits étranges viennent ajouter à l'émotion qui saisit alors les plus intrépides ; les nombreux paratonnerres se mettent à siffler.

Pour qui sont ces serpents qui sifflent sur ma tête ?

Il y aurait de longues pages à écrire sur cette vie héroïque et singulière que mènent là-haut nos savants et leurs aides. Ils acceptent avec une simplicité tout à fait inconnue de tant d'apôtres de la fausse science, ces conditions si rudes. La Société Ramond, qui a pour objet l'exploration scientifique et archéologique de toute la chaîne, est intimement associée aux travaux de l'observatoire.

M. Vaussenat, dans plusieurs écrits très éloquents, a surabondamment prouvé que cet observatoire « constitue une vigie incomparable ». Le plus souvent, le sommet du mont demeure au-dessus des nuages qui couvrent les grandes vallées du Gave, de l'Adour, de l'Arros, de la Neste, de la Garonne, et les rameaux innombrables qui s'y rattachent. Les lignes visuelles de la vigie s'étendent au niveau de la mer, sur un horizon de 185 kilomètres de rayon, et presque à l'infini sur les régions montagneuses, par exemple jusqu'au pic Carlitte, dans les Pyrénées orientales. « Cinq grandes échancrures permettent à l'œil de fouiller la terre espagnole » ; enfin, dans les belles journées d'août, lorsque le ciel est sans orage et sans voile, on distingue l'embouchure de l'Adour et « la ligne bleue de l'Océan ».

Rien n'est si émouvant que la simple histoire d'un nuage noir que vit un jour M. Vaussenat. C'était le 5 juin 1873, à 4 heures et demie du matin. L'infatigable savant était à son poste ; ce méchant petit nuage sortit d'une échancrure de la frontière, dans la direction de Pau, puis il monta, et tout à coup l'horizon, à l'ouest, s'illumina d'éclairs. Les nuées peu à peu se formaient en demi-cercle ; l'orage, à six heures, mitraillait la vallée d'Ossau, à sept heures les montagnes d'Azun et de Cauterets, à sept heures et demie le pays d'Aure et le massif de Luchon ; à 9 heures seulement il atteignait le pic du Midi, qui forme un îlot séparé de la chaîne.

La tourmente était à deux heures à Toulouse, à Montpellier dans la nuit suivante, et ravageait les vignobles de l'Aude et de l'Hérault ; elle remontait vers Lyon dans la journée du 10, traversait la Suisse et allait s'éteindre en Autriche, après avoir causé pour plusieurs millions de pertes sur son passage.

On n'avait pas alors au pic du Midi les moyens de transmettre des renseignements rapides aux régions que le fléau allait traverser ; ces moyens manquaient encore en 1875, lorsque les rivières du sud-ouest de la France débordèrent toutes à la fois. A l'aide du télégraphe, on eût pu avertir les villes situées sur les gaves, l'Adour et la Garonne, de l'immense crue qui les menaçait.

Le télégraphe fonctionne à cette heure, et relie le pic à Bagnères-de-Bigorre ; le fil est protégé par un câble souterrain dans les vallées, qu'aux Pyrénées on appelle « des couloirs d'avalanches ». — Au reste, pour toute cette curieuse histoire de la station du pic du Midi, je renvoie le lecteur à une notice puissamment intéressante de M. Vaussenat.

*
* *

Nous venons de traverser le drame et la féerie de la nature, nous allons arriver au dernier tableau. Nous serons tout à l'heure en face du plus merveilleux décor de toutes les Pyrénées. Cent lieues d'étendue, des forêts, des plaines et des landes, des coteaux, des montagnes et des glaciers, des torrents et des fleuves, là-bas la mer, tout ce panorama baigné d'ombre, noyé de vapeurs en quelques-unes de ses parties, en d'autres étincelant de lumière.

Voilà l'apothéose ménagée par le décorateur, à la fin du spectacle. Seulement, ici, le décorateur, c'est le grand ouvrier qui fit le monde.

Montons au pic.

Dans la salle à manger de l'hôtellerie, la table est prête. Le général sort de son appartement (1). Ce n'est pas logis de prince : trois pièces pour lui, son secrétaire et son domestique ; elles sont à peu près de la longueur d'un homme, basses comme des tombes,

---

(1) Le général de Nansouty est mort à Dax, le 14 mars 1895.

mais enfumées, et c'est tout ce qu'elles ont de vivant et d'humain. Le feu, c'est la vie, — surtout à 2,472 mètres de hauteur, au cœur des neiges. Sans le feu, le linceul serait tout prêt : on n'en fait point de cette blancheur.

Pour nous, en attendant le repas, nous avons pris place dans un petit couloir vitré placé au-devant de la maison, et qu'on appelle la Verandah. Quelle perspective ! Le couloir vitré s'ouvre sur une petite terrasse sans garde-fou, qui surplombe de trois cents pieds le lac d'Oncet. Il n'est pas mauvais de s'asseoir pour regarder l'eau. La « station droite », qui distingue l'homme du reste des animaux, peut engendrer le vertige.

Le général est à table, il préside. Jamais on ne vit convives si bigarrés : savants, touristes, ouvriers des travaux du pic. Le repas est copieux ; il est frugal : surtout du lard et des œufs, quelques truites. Le général, président de la table, est coiffé d'un bonnet rouge qui rappelle le fez oriental, sans le gland bleu dont ce couvre-chef est toujours orné. C'est un robuste sexagénaire, de haute taille, au visage accentué, encadré de longs cheveux blancs. La moustache est longue et pendante, l'œil luisant. Le type général a quelque chose d'oriental, comme le bonnet : on dirait un chef hongrois. Mais quand M. de Nansouty parle, on reconnaît le meilleur des Français.

Causeur fin et très vif, ayant au plus haut point la qualité nationale, le charme de la sociabilité. Ravi de se retrouver au milieu des hommes et de *voir du monde*, il le dit avec une entière simplicité. Il n'a pas moins hanté les salons que la montagne, et il les aime aussi ; mais ce sont des amours inégales, la montagne l'emporte. Au reste, il a été construit pour les terribles épreuves que sa passion lui a imposées. Quelle vigueur ! quel appétit ! Il mange du lard et il boit comme un reître, il fume comme un matelot.

Le déjeuner est fini. C'est dommage. Si le général n'est point fâché de trouver « à qui parler », les touristes ne se lassent pas de l'entendre conter ses aventures scientifiques et s'animer au tableau des mauvais jours. Cependant l'heure est venue. A l'escalade !

Une demi-heure va nous suffire pour atteindre le col du Laquet. Nous suivons d'innombrables lacets, qu'il faut tracer à nouveau tous les ans, à travers un champ de petites pierres plates et carrées, qui semblent avoir passé au feu. Nous gagnons le col ; nous n'avons parcouru que cent cinquante mètres environ ; la même distance nous reste à franchir pour joindre le sommet.

Déjà, nous embrassons l'horizon des plaines : à nos pieds, la vallée d'Aure, la grande vallée de Campan, avec ses milliers de peupliers qui se balancent comme d'énormes éventails, avec ses riches cultures et ses bouquets de bois. — Plus loin, les trois vallons du Gave de Pau, de l'Adour, de la Garonne ; le vaste plateau des Landes de Pontacq, des villes, des villages, des clochers, des ruines ; au loin, vers l'ouest, une grande lueur blanche et mobile : — c'est la mer. — Au milieu de cette dernière ondulation vague, à peine saisissable, un point fixe et brillant : ce sont les dunes de Bayonne.

Mais nous avons gagné le faîte sans trop de peine, car le pic du Midi, bien que s'élevant à près de 3,000 mètres, ne porte point de neige pendant l'été. Les gens du pays attribuent ce privilège unique à la raideur des pentes. Il n'est dû qu'à son isolement. Enfin, nous mettons le pied sur l'étroite plate-forme qui domine l'observatoire. Le tableau féerique a changé.

Du côté de l'Espagne, plus de villes, plus de hameaux, plus de forêts, plus de cultures. La neige, les glaciers, les murailles de calcaires, les assises de granit toutes nues, des centaines de pics ébréchés, tailladés ; les géants de la chaîne, la Maladetta, le Mont-Perdu, le Nethou, le Posets, dépassant toute cette mêlée sublime de pyramides et de pitons. Cependant la Maladetta se voit mal ; c'est la seule lacune à ce spectacle si complet. Mais que ce Mont-Perdu est beau sous son énorme manteau de glaces !

Devant nous s'étend tout le massif de Troumouse, qui le sépare du Vignemale, puis la chaîne de Gavarnie, le Cylindre, le Taillon, les deux Brèches, les tours du Marboré, et nous distinguons l'amphithéâtre. Tout près voici le cône ruiné du Balaïtous ; cette crête rougeâtre, d'où se détache le pic d'Enfer, ramène nos yeux en terre espagnole ; à droite, se profilent les montagnes de Luz, de Saint-Sauveur et de Barèges, le Bergons, le Soulom, l'Arbizon, les monts de Cauterets, et le Monné, leur plus haute cime ; le pic d'Ossau ; plus loin, les monts de Béarn, le pic du Midi de Pau ; à l'ouest, les basses chaînes qui courent vers l'Océan. A l'extrémité orientale, c'est le Montcalm, qui borne ce prodigieux horizon. La vue ne dépasse point les murailles de l'Ariège ; elle s'arrête aux monts de l'Andorre.

Nous avons voulu demeurer très sobre de détails dans l'exposition de ce panorama unique au monde, — ou du moins en Europe. Ce n'est pas une description que nous présentons ici ; la plume s'y refuse. Elle n'a que de petits moyens lorsqu'elle est résolue à ne point se départir de la simplicité, et qu'elle redoute de tomber dans les procédés de la rhétorique. Quant aux sentiments que peut éveiller, dans un esprit ouvert et bien fait, l'heure réglementaire de contemplation passée sur la plate-forme du pic, ils sont certainement multiples et divers.

L'admiration n'exclut point la réflexion ; l'immensité que les yeux embrassent doit ramener nos pensées sur la petitesse qui nous est échue, à nous autres « rois de la création ». Un roitelet au faîte du plus haut des chênes se trouve moins en disproportion avec cet énorme perchoir, que le plus grand des humains, sur le pic du Midi, ne l'est avec le cadre qui l'environne.

Et cependant, l'homme a raison de dire qu'il a vaincu cette gigantesque nature : il paye sa victoire, puisque la fin en est toujours la même, et que cette nature implacable le dévore ; mais, tant qu'il est debout, il peut se vanter d'avoir été quelquefois le plus fort. L'observatoire placé au sommet de ce mont est bien la preuve d'une de ses conquêtes. Celle-ci a été rude, et ce n'était pas trop que d'y employer la main d'un soldat.

Nous regardons au-dessous de nous ; ce beau pic du Midi vaut bien qu'on l'admire en soi. Nos yeux plongent jusqu'au fond du cône renversé occupé par le lac d'Oncet, et retrouvent l'hôtellerie. Une forte digue de rochers entassés a été construite un peu au-dessus du bâtiment, afin de recevoir l'assaut de l'avalanche et de l'en préserver. La neige roule du faîte par masses épaisses, dès le commencement du printemps. C'est l'époque où la station offre le plus de périls.

Quelle terrible vie, quand on y songe, que celle de ces vaillants « observateurs » ! Mais quelle sincérité, quelle grandeur de dévouement à une superbe cause, après tout, celle de la science, qui ne décourage point ses champions !

Mais il nous faut quitter le pic et redescendre à Barèges chercher le repos que nous avons bien mérité.

Nous reprendrons ensuite à petites journées une partie du chemin que nous avons déjà parcouru, et voulant aborder la chaîne par un autre côté, nous remonterons jusqu'à Tarbes, que nous ne ferons que traverser pour descendre vers Bagnères-de-Bigorre.

Bagnères-de-Bigorre — Place des Coustous.

BAGNÈRES-DE-BIGORRE

Les Anglais sont un grand peuple, composé de drôles de gens. Pourquoi font-ils une chose ? On n'en sait rien, ils le savent mal eux-mêmes ; mais ils la font avec une régularité d'habitude à rendre jalouses les horloges. C'est ainsi qu'on les voit arriver à Bagnères en mars, — pas en avril ! — Au reste, la ville les accueille alors comme des hôtes envoyés par la Providence ; ils la peuplent quand elle était déserte. En juillet, ils délogent. On les voit partir sans trop de regret, on n'a plus besoin d'eux, la foule des baigneurs arrive.

Après tout, ce n'est point si mal fait ; ils ont joui du printemps dans un pays vert. Dans cette belle vallée de l'Adour, que l'on suit pour arriver de Tarbes à Bagnères, l'été est d'une merveilleuse opulence ; le printemps a sûrement un charme unique de fraîcheur. Nous quittons Tarbes à une heure encore assez matinale. Le torrent qui va bientôt se mêler de devenir fleuve, coule profondément encaissé, bordé sur sa rive gauche de jolies montagnes. Les vignes grimpent à leurs flancs, la vallée est étroite, mais chaque mètre de terre y vaut de l'or. L'attrait principal de la vallée féconde, c'est la couleur du paysage : les tons les plus chauds et les plus tendres, cette parure verte de la terre, ces roches brunes ou d'un gris bleu, se fondent en une harmonie délicieuse. Je n'ai guère vu de pays plus doux à habiter que ces bords de l'Adour.

Les débris des vieux âges n'y manquent point. Là-bas, sur la rive droite, une tour se dresse : c'est celle de Barbazan-dessus. Arnaud-Guillaume de Barbazan fut le premier « chevalier sans reproche » ; il devança Bayard, et fut plus heureux : on ne l'a point mis dans les romances. Il eut son combat des Sept, comme Beaumanoir avait eu son combat des Trente. Barbazan et six chevaliers français, le chevalier de l'Escale et six Anglais ; l'Angleterre fut battue. Barbazan gagna bien d'autres batailles et finit par se faire tuer. Il fut enterré à Saint-Denis.

Ces rives de l'Adour sont extrêmement peuplées, et tous les riverains vous diront qu'elles ne le sont pas trop ; il n'y a pas de pauvres. Les villages se succèdent, de gros villages. Arcizan est planté sur les deux bords. Vielle-Adour et Hiis couronné d'un châtelet se présentent en avant de Montgaillard, assis sur la rive gauche, au pied d'un mamelon artificiel, comme s'il n'y avait point assez de hauteurs naturelles en ce pays-là. Ce sont les retranchements d'un oppidum ; les antiquaires le voient encore par les yeux de la pensée, qui ne sont jamais myopes. Montgaillard offre quelque chose de plus intéressant, dont on jouit avec ravissement par les yeux du corps : c'est une échappée subite sur les monts de Cauterets à l'ouest.

Désormais de petits bois tapissent des escarpements. Le mont s'entr'ouvre ; voici Ordizan, où nous rencontrons pour la première fois les traces de l'un des savants hommes qui ont doté la France de l'observatoire du pic du Midi. L'ingénieur Vaussenat a fait à Ordizan des fouilles intéressantes, et mis à jour des poteries de l'âge de la pierre.

Nous traversons Pouzac, dont l'église est entourée d'une enceinte fortifiée.

Si l'on arrive à Bagnères par le chemin de fer, on gravit d'abord une avenue bordée de villas ; les yeux de tous côtés sont arrêtés par de hautes murailles vertes ; le fond en est très resserré ; mais ce premier étage des monts s'enlève d'une poussée légère ; on n'éprouve aucune impression de malaise, on se sent libre comme en plaine. On monte, on traverse un coin de parc, dans lequel jouent des troupes d'enfants ; leurs cris ne causent pas de tumulte incommode ; le jardin est rempli de promeneurs qui vont riant et causant, et cela ne fait point de bruit. On joint le pavé ; des calèches passent, emportant des baigneurs en humeur d'excursions ; les fers et les grelots des chevaux ne dérangent qu'un moment ce calme extraordinaire ; on dirait que les ondes sonores se referment derrière ces voitures joyeuses. Nous passons devant l'église. Une nouvelle promenade, une large allée ombragée de grands arbres, s'ouvre devant nous ; deux rues la longent, bordées de cafés, de boutiques et d'hôtels. C'est bien ici le centre de la vie thermale, cette promenade des Coustous connue de toute l'Europe. Sur les terrasses de ces cafés, il y a beaucoup de monde et des gens de tout pays, des Égyptiens même coiffés du fez. Un murmure s'échappe de toutes les rues, et semble courir sous nos pieds ; c'est une cadence égale et caressante, une note en sourdine qui ne cesse jamais, la chanson des sources, la musique de l'eau, bien plus abondante encore qu'à Tarbes. Si maintenant l'on veut songer que Bagnères, à cette époque de l'année, contient des milliers d'étrangers, et que la ville elle-même compte dix mille âmes, on ne peut s'expliquer cette paix que par la nature des lieux, plus forte que tout ce qui la dérange. Vingt mille baigneurs à la fois dans Bagnères n'enlèveraient pas à la petite ville ce charme discret qui nous berce.

La nuit est venue, le gaz s'allume sous les grands arbres, les habitués des Coustous arrivent. Ce n'est pas seulement le beau monde, c'est un peu tout le monde, et si l'on aime le pittoresque, il ne faut pas s'en plaindre. Les Parisiennes sont en nombre, puis des élégantes de Toulouse ou de Bordeaux, de riches Basquaises, alertes, coiffées d'un petit foulard posé au sommet de la tête. Du côté des hommes, les pétulants de Toulouse, dont les cravates sont des pavillons de guerre ; les graves Béarnais, raides comme leur bâton de montagne ; puis le suprême et les « combles » du boulevard des Italiens, une troupe de tout petits bonshommes, au pantalon trop court et aux souliers trop longs, coiffés du casque indien. Imaginez, quand ils marchent, les deux branches d'un compas portant un énorme couvre-chef. Qui n'en rirait ?

Mais peu à peu la foule s'éclaircit. Il est neuf heures. Les plus brillants promeneurs ont donné le signal de la retraite. Ils s'en vont par troupes, d'abord traversant une grande place ; nous les suivons et descendons, dans la nuit, sous la seule clarté des lanternes, la plus étrange de toutes les rues. Elle est bordée d'arbres bien plus petits que ceux des Coustous et longe des hôtels et d'autres maisons qui portent des enseignes : ce sont des établissements thermaux. Il y en a une vingtaine à Bagnères, exploités par des particuliers, sans compter les Thermes de la ville. De chaque côté, au-dessus des toits, deux hautes lignes noires nous apparaissent : ce sont les monts, la double muraille nous suit. Tout à coup, à gauche, un torrent se précipite ; il se fait jour entre deux rangées de maisons, dont les fenêtres latérales le regardent : c'est une rue de Venise. Seulement là-bas l'eau est dormante, ici elle est furieuse ; le torrent s'engouffre sous le sol de l'avenue qu'il fait trembler. A droite, une allée transversale couverte de platanes s'enfonce dans la nuit noire. Un vaste bâtiment se dresse sur le même côté ; — l'hospice civil nous paraît encastré dans le mont Le dôme à campanile qui le surmonte se confond avec les arbres qui tapissent le haut rempart. L'ombre devient plus épaisse alors, se trouvant repoussée par une vive lumière arrivant d'une place irrégulière où nous venons de déboucher soudainement. Nous entendons les sons d'un orchestre.

C'est ici l'endroit de promenade entre neuf et onze heures, la place des Thermes. Les masses noires qui se profilent au-dessus de nous, par un ciel très pur semé d'étoiles, nous avertissent suffisamment que ce lieu doit avoir aussi sa beauté du plein midi, quand ces hauteurs boisées y jettent le souffle de leurs feuillages et les jeux de leurs ombres. Mais, à cette heure, l'amusement y est sans doute plus vif. D'un côté des cafés, avec des tables dressées en plein air, sous des acacias taillés en boule ; de l'autre les Thermes, grande bâtisse blanche, entourée de bruit, car un autre torrent en caresse le pied ; au fond, le Casino, édifice moderne, qui s'affuble de tous les styles, pour arriver à les contrarier et à les déshonorer tous. On y voit des colonnes d'ordre corinthien, on y voit des figures ailées qui doivent être des génies, des galeries, des balcons, des guirlandes, tous les ornements imaginables, tous les faux luxes et tous les faux décors. Et dans toute cette redondance, rien ne s'arrange, rien n'est harmonieux que ce qui a été formé par la nature : une terrasse conquise sur le mont et dominant le jardin.

A Bagnères, le premier matin est délicieux. Mon compagnon de voyage, diligent comme l'aurore, est parti pour la montagne. Je m'habille ; j'ai précisément en face de moi, dans ma chambre d'hôtel, le

Bagnères-de-Bigorre — Place des Thermes.

Casino et ce grand mont boisé qui le domine : c'est le Montaliouet ou Mont Olivet. J'ouvre mes croisées ; l'odeur vive des feuillages, le souffle et le murmure des eaux m'arrivent de toutes parts ; une source abondante roule son flot bavard dans un petit canal creusé au pied de l'hôtel. Je sors et parcours la ville : ces rues, ces places propres et coquettes, ces grands ombrages s'éployant partout m'enchantent. L'idée me vient de retourner vers cette rue que je n'ai pu, la veille, qu'entrevoir dans l'obscurité, et que bordent les établissements particuliers et les grands Thermes. Je dois trouver là des physionomies de baigneurs et de buveurs à observer. L'eau malheureusement assourdit un peu. On assure que les Romains connurent les sources de Bagnères ; il n'est même pas permis d'en douter, car ils ont laissé partout leurs vestiges. Mais eurent-ils tant de mérite à les découvrir ?

La découverte n'était point difficile ; plusieurs sont de véritables rivières.

Il y en a qui sont qualifiées « d'excitantes fortes », et d'autres « d'excitantes moyennes », d'autres encore appelées « sédatives ». Elles guérissent une infinité de maux, dont quelques-uns sont fort intéressants. Je retrouve l'avenue sombre de platanes qui monte vers le Bédat ; là, beaucoup de malades — qui ont l'air de se porter assez bien, — s'acheminent vers l'établissement du Salut. Sédative encore, la source du Salut. Qu'il y a donc d'agités en ce monde ! Enfin, j'atteins les Thermes, les vrais Thermes, bâtis sur l'emplacement de ceux des Romains (saluons) ! C'est une foule, tout simplement, qui entre. Là, on ne compte pas moins de six sources : quatre excitantes, deux sédatives ; il y en a pour tous les tempéraments.

Mais je voudrais mieux connaître la véritable situation des monts, au milieu desquels se creuse le bassin dont Bagnères et l'Adour occupent le fond ; il me tarde aussi d'apercevoir la seconde chaîne, qui enserre celle-ci dans ses plis. Je demande mon chemin. Il ne s'agit que d'atteindre la cime du Montaliouet, qui ne dépasse guère 800 mètres. Le Montaliouet n'est que le contrefort du Bédat, que je viens d'entrevoir.

On m'a prescrit de suivre les lacets qui montent derrière l'hospice. L'ascension est par trop aisée, sous de grands ombrages, par des sentiers entretenus comme ceux d'un parc. Je chemine à couvert, ne distinguant que les lignes bleues du haut horizon à travers les feuillages. Une première halte s'offre à ma paresse ; c'est la fontaine ferrugineuse. La vieille gardienne offre un verre de sa panacée ; c'est deux sous. Je me garde bien de boire ; je n'avais d'autre objet que de m'asseoir dans la buvette. La paix et la fraîcheur y sont exquises.

Continuant de monter, je joins un banc, fort heureusement disposé au bord de l'escarpement ; là, je me trouve placé directement au-dessus des Thermes, trop bas encore pour bien voir les monts, mais plongeant sur la ville, groupée au bord de sa rivière brillante. L'Adour décrit de jolis méandres à travers la vallée. Sur les hauteurs de l'autre rive s'élèvent, parmi les vergers et les cultures, de fort belles villas, qui prennent leur vue sur ces coteaux boisés, où je me prélasse à l'ombre — et sur la croupe nue du Bédat.

Au-dessus de moi, sur la gauche, descendent de belles pentes

Bagnères-de-Bigorre.

vertes. Au faîte, une petite ferme. Un vieillard et deux jeunes gars sont en train de faucher ce pré, qui est une glissoire. De l'autre côté, d'énormes châtaigniers s'élèvent des bords de la ravine. Je marche en rasant ces vieilles têtes encore si drues. Cinq minutes désormais vont me suffire pour atteindre le sommet du Montaliouet.

Ici, la vue n'est pas entièrement celle que je cherchais, mais elle est fort belle. Je n'embrasse point les hauts monts qui se dressent à l'ouest et au sud, je ne vois ni le Monné, ni le mont Aigu, ni le pic de Labassère, ni surtout la haute crête qui sépare la vallée de l'Adour de celle de la Garonne ; je devine à peine les derniers contre-forts du pic du Midi s'avançant sur la vallée de Campan ; mais à l'est, voici le Pène de Lhéris, avec la forme guerrière de son sommet en casque antique. C'est un mont d'avant-garde qui s'élance directement au-dessus de la plaine ; sa hauteur paraît donc considérable, bien qu'elle n'atteigne pas tout à fait seize cents mètres. A sa base serpente un vallon étroit, dont je distingue les plis estompés par l'ombre d'un bois. Là est le village d'Asté, enfoui sous ce grand couvert. Ce côté du paysage est rude et mélancolique ; mais au nord se déploie la riante ceinture de collines qui me charmait tout à l'heure, à mi-côte, quand je n'avais joint encore que le banc placé au-dessus de la fontaine ferrugineuse. Je me reprends à suivre, en rêvant, le cours de l'Adour. Je ne connais guère dans toutes les Pyrénées de site plus gracieux que Bagnères, vue de ce tranquille et frais Montaliouet.

Du milieu des toits de la ville, des clochers s'élèvent : une tour octogonale arrête les yeux. Elle est bizarrement coiffée d'un appareil de fer forgé, abritant un carillon. Cette tour est tout ce qui reste du couvent des Jacobins, qui fut pourtant rebâti au xve siècle. Ce couvent était fortifié, et ses remparts se confondaient, sur ce point, avec ceux de la ville, ce qui prouve qu'elle était alors bien moins étendue qu'à présent vers le midi.

Cette évidence me frappe et je m'évertue à refaire l'ancien dessin de Bagnères, tout en redescendant du mont. Comment se fait-il que je me retrouve sur la promenade des Coustous, à cette heure du jour, presque déserte ? on y voit seulement quelques personnes assises sous les arbres. Celles-ci sont de l'espèce indolente, je la connais, elle a ses représentants dans toutes les stations thermales. Regardant passer les troupes de baigneurs qui s'en vont en excursion, ils lèvent les épaules, et se disent : « Pour avoir un peu de plaisir, faut-il se donner tant de peine ? » — On est si bien sous ces ombrages, se berçant au bruit d'une fontaine située au bord de la promenade, et dont le bassin mouvant, bouillonnant sans cesse, se couronne d'un jet d'eau en panache tordu qui produit le plus singulier effet du monde ! Le danger, à Bagnères, c'est même de prendre des habitudes entre les Coustous et la place des Thermes.

Cependant la ville compte un troisième lieu plein de charme et de curiosité : c'est le vieux quartier industriel et le chemin de l'Adour. Il faut venir aux Pyrénées pour trouver l'industrie aimable ! Ajoutons que cette industrie est celle du marbre, lequel, au moins, est une matière d'art. Pour rencontrer les marbreries, on remonte vers le faubourg qui joint la route de Campan, et la rivière. L'Adour s'annonce de loin par le bruit qu'il fait ; il accourt par un canal ; la prise d'eau est au-dessus de la ville, les marbreries sont naturellement disposées sur ses bords. La longue rue est toute pleine de cette double rumeur du travail et du flot grondant. Un peu plus loin s'ouvre une petite place triangulaire, très pittoresque : de vieilles maisons à galeries de bois, un gros ruisseau qui passe sous le pavé, qui sort à l'angle de la place, et vient se mêler au canal ; au fond de ce petit décor si simple, presque rustique, la pointe du Bédat. Le chemin incline vers la gauche, et passe entre le Pouey, un monticule qui porte une promenade entièrement solitaire, les allées Maintenon, et l'une des branches du canal bordant un vaste terre-plein couvert de six rangées de grands arbres. On rencontre l'Adour à un nouveau coude de la route. Ici, des villas, des moulins, des blanchisseries.

Nous voilà au niveau de la plaine. Des oseraies bordent l'Adour. Les eaux sont basses, et de grands lits de cailloux roulés coupent le flot. Sur la rive droite, des prairies ; après les nappes vertes, des champs de maïs et des vignes, des villages assis au pied des coteaux. Asté, que je n'avais pu voir du Montaliouet, m'apparaît à l'entrée de la gorge qui s'entr'ouvre, à la base du Pène de Lhéris. Le premier contrefort du mont présente un grand bois à sa crête, des ruines à son flanc.

Au retour, remontant la route sur la rive gauche de l'Adour, nous longeons de belles villas, presque toutes nouvellement bâties, dont les jardins courent au pied du monticule qui porte les allées Maintenon.

Nous n'avons plus à explorer qu'un seul point de la ville. La journée est avancée ; elle a été rude. D'ailleurs, le matin est plus favorable pour une visite aux bains du Salut, nous la remettons donc au lendemain. Un soleil déjà cuisant fait glisser des flèches lumineuses à travers les grands feuillages de l'allée que nous joignons à l'angle d'une bâtisse superbe, décorée d'un péristyle à colonnes. Ceci est l'établissement thermal de la Santé. Sources « sédatives ». Le Salut aussi est sédatif ; nous entrons dans le quartier de l'apaisement. Êtes-vous en proie au mal consacré par la mode nouvelle, à cette fameuse névrose qui a servi de thème à tant de romans « physiologiques » ? Avez-vous éprouvé quelque grand ébranlement intellectuel ou moral ? Êtes-vous touchés au cerveau, blessés au cœur ? Le contre-coup se fait-il sentir dans vos estomacs ? Digérez-vous mal ? Ne digérez-vous point ? C'est la Santé ou le Salut qui vous guériront. Et, là, confessez que ces deux noms sont bien faits pour donner confiance !

Il est délicieux ce petit vallon du Salut, ouvert sous ses grands arbres, au bord du ruisseau qui lui a donné son nom, bordé d'habitations de plaisance, où l'on voudrait terminer sa vie, souhaitant, d'ailleurs, que cette heureuse terminaison dure cent ans. On traverse un petit pont, devant l'établissement du Grand-Pré ; le chemin ombreux monte : à gauche, une longue pente gazonnée, une autre maison de campagne, et les bâtiments d'une ferme ; à droite, de basses prairies au pied du Montaliouet. En arrivant à un dernier coude du chemin, on aperçoit l'établissement du Salut. La maison des bains, un vieux logis, est niché dans un repli du mont ; une haute crête de roches ferme ce joli coin vert.

Le Salut est un des établissements le plus suivis de Bagnères. Ses trois sources sont très sérieusement curatives ; elles le seraient moins, que le plaisir de cette promenade sans fatigue et sans soleil y amènerait encore beaucoup de monde. Un jardin court entre la maison et la base du mont ; les enfants y jouent, tandis que les mères les surveillent le verre en main. Au-devant de l'établissement s'allonge la bande de pré, agrémentée d'un joli bassin ; au-dessus de la prairie, au niveau de la route, on a pratiqué un berceau, en ployant de vive force des branches de tilleuls et de platanes, dont l'entrelacement donne une ombre épaisse. Cet abri est désert ; nous n'y rencontrons qu'un personnage à mine farouche, qui se lève et nous cède la place ; c'est évidemment un hypochondre. Il se dirige vers les bains pour y recevoir son traitement sédatif ; il en a besoin. Qu'on l'apaise !

Le chemin continue de monter ; d'un côté vient y expirer le versant des allées de Maintenon. Tout n'est que vastes ombrages autour de nous, sauf cette crête aride et festonnée qui nous fait face. Un sentier à lacets y monte, et a reçu le nom d'allées *Dramatiques*. Il y a quelque cinquante ans, des comédiens amateurs, ayant organisé des représentations à Bagnères, recueillirent de beaux profits ; ils les appliquèrent à la charité, et firent tracer ce chemin pour procurer du travail aux ouvriers de la ville qui en manquaient. Les allées Dramatiques vont serpentant sur les hauteurs qui dominent l'établissement du Salut, et montent au col qui sépare le Montaliouet du mont Bédat. Nous nous y engageons, et tout de suite, nous reconnaissons que, pour avoir été pratiqués par des comédiens, ces rudes lacets ne sont pas du tout de comédie.

La vue, en montant, est d'abord consolante et fraîche, si l'ascension est parfois décourageante. Nos yeux plongent dans les deux vallées du Salut et du Cot-de-Ger.

Ces allées Dramatiques ne sont qu'une promenade assez pénible, mais qui paie largement la peine, si l'on s'arrête en leur milieu ; c'est une excursion, si l'on pousse plus loin. Une branche du chemin vient tomber à l'est, sur le plateau du Pouey. Je conseille fort aux personnes qui redoutent la fatigue, de s'en tenir là ; le spectacle y est assez beau. On ne découvre pas le Monné dans la direction du sud, mais seulement le castel Mouly, roc isolé, s'enlevant à une hauteur de près de 1,200 mètres, et qui a la forme d'un donjon, flanqué de tours. C'est une surprise que la rencontre subite de cette forteresse aérienne ; à l'ouest, ondulent les coteaux de Pouzac et de Labassère, que domine un pic s'estompant dans une nuée. Le tableau inférieur n'a pas moins d'attrait : le double vallon du Cot-de-Ger et du Salut fuit sous des hêtres ; on voit se dérouler les vagues d'un océan de verdure à ses pieds. — Quant à nous, montons au sommet du Bédat.

Le Bédat est une pyramide creuse ; ce mont est percé de grottes qui s'ouvrent à peu près à la moitié de sa hauteur. On prête un développement de plus de trois mille mètres à ces galeries qui, dis-

Le Casque de Lhéris, route de Labassère.

posées en trois étages, communiquent entre elles par des fissures assez larges pour livrer passage au visiteur. Seulement le visiteur est récalcitrant, et se contente d'explorer les premières salles. Un récit qui se fait dans Bagnères attiédit les enthousiasmes. Il paraît que la municipalité eut autrefois l'idée originale d'organiser des bals et des concerts dans ces grottes illuminées ; le lendemain de l'une de ces fêtes, on constata un éboulement, et dès lors adieu sauteries et flonflons ; on ne trouva plus ni danseurs ni musiciens.

Quant aux promeneurs, c'est différent : cette petite ascension au Bédat est très courue. Nous rencontrons des cavalcades, une composée d'Anglais. Ce n'est pas leur saison, à Bagnères, je l'ai déjà dit ; mais il y a tant de ces insulaires hors de chez eux, que toujours on en rencontre partout ; même quand ils n'y sont plus, il y en a encore. La britanique chevauchée met pied à terre et entre avec nous dans la grotte supérieure, la seule qu'il faille voir ; celle-ci a son entrée au contour oriental du chemin ; sa sortie est au midi. Là est une terrasse ombragée, d'où les yeux descendent dans la plaine et courent aux arêtes des monts : au sud-est, le pic d'Asté, que dépasse le Casque de Lhéris ; au sud, le Monné, les hauts pâturages d'Esquiou, puis le pic du Midi, que nous saluons comme une vieille connaissance ; plus loin encore, un autre pic, dont la forme à peine distincte nous frappe surtout, parce qu'elle nous paraît la même que celle de notre beau mont de Bigorre. Le guide nous assure que c'est l'Arbizon. Ainsi, de ce point du Bédat, la vue porte jusqu'à l'entrée de la vallée d'Aure.

La descente du petit mont se fait par un sentier qui glisse toujours en serpentant, sur le versant méridional. C'est le chemin de la Poudrière, schisteux et rapide, quelquefois dangereux ; mais bientôt on a joint la base de la montagne, on se retrouve sous les ombrages, dans le vallon du Salut.

Le hasard me ramène sur la place des Thermes, par la voie que bordent les établissements particuliers. Je continue ma promenade errante ; je suis au cœur de la vieille ville ; je traverse une place octogonale, très marchande, puis une rue ; me voici revenu aux Coustous.

Les allées d'Étigny.

BAGNÈRES-DE-LUCHON

De Bagnères-de-Bigorre à Montréjeau, de là à Bagnères-de-Luchon. Première halte à Labroquère. Ici se rencontraient deux voies romaines, toutes deux partant de Lugdunum Convenarum. Devant nous, la Garonne ; Loure à droite ; à gauche Barbazan, ce dernier village encadré de riches prairies et de longues files de peupliers. A la base du coteau qui le domine, un petit lac ; à l'abri d'un bouquet de bois, l'établissement des bains, car Barbazan est station thermale. Le coteau projette en avant une sorte de promontoire rocheux qui porta le château. On l'a converti en maison de plaisance au XVIIe siècle, accommodé et raccommodé à la moderne au XIXe.

Le caractère de la vallée se dessine : c'est une verdure opulente, une fraîcheur profonde. Des prairies toujours ; beaucoup de vignes, dont l'aspect déroute absolument les gens du Nord ou de l'Ouest, accoutumés à voir les pampres s'élever maigrement sur l'échalas, ou traîner à terre en broussailles. La vigne, ici, croît en arbre.

Une double chaîne enserre le chemin ; par moments le mur s'entr'ouvre ; l'échappée sur les grands monts ne dure qu'un moment. Voici Luscan à gauche, Bertren à droite, de jolis villages : puis Galié, à l'ombre d'une montagne de mille mètres environ qui lui a donné son nom ; plus loin apparaissent, au sud, le Pales de Burat et le Bacanère, à l'est le Gar, avec ses sept pointes. Ce pic fut un dieu ; on lui avait élevé des autels : *Deo Garo*. Il est devenu le parrain de la Garonne, et la filleule à son tour est fêtée. C'est ici la rivière par excellence ; dans le patois du pays, tous les cours d'eau s'appellent des Garonnes ; les enfants qui font couler l'eau de la pluie en ruisseau dans le sable disent qu'ils font des « Garounes ».

Au delà de Bagiry, à droite du chemin de fer, voici Sainte-Marie, autre établissement de bains, et Siradan, encore une station thermale. La vallée se resserre, bordée de deux remparts, puis débouche dans une plaine où reparaissent les cultures grasses et les vignes. Brusquement les contreforts du Gar se rejettent en avant : sur l'un des derniers mamelons, les ruines du donjon du Fronsac et d'une église. Entre deux monts, les yeux courent tout droit au sud, vers un éblouissement : c'est la couronne blanche de la Glère, le premier glacier.

A deux pas de Chaum, le confluent de la Garonne et de la Pique. A gauche, le chemin de Saint-Béat. La Garonne remonte vers le pays d'Aran, à travers un large ruban de prairies couchées entre les escarpements du Gar et le mont Arrie. Ici tout est de marbre ; le Gar même est presque entièrement de marbre blanc.

Désormais, nous remontons la vallée de la Pique descendant des glaciers, que nous ne cessons plus d'apercevoir au midi ; elle reçoit les eaux de l'One et les conduit au fleuve que nous venons de quitter. *Gar* et *One* ont fait Garonne.

Le chemin de fer s'écarte de la Pique pour se rapprocher d'un chaînon dont les contreforts paraissent relier le mont Arrie au Pales de Burat. Ici le village de Marignac : une église du xiie siècle, un donjon. En face Cierp, du côté opposé de la vallée. Une autre longue courbe remonte la voie au bord de la Pique ; nous entrons dans le val de Luchon. A gauche, Burgalays, Baren, Artigue ; à droite, Guran, Cazaux, Montmajou et sa tour, Cier-de-Luchon, dominés par le pic d'Antenac. La vallée s'élargit ; c'est à présent un magnifique bassin, d'une fertilité prodigieuse ; seulement la vigne a disparu, la froidure des grands monts est prochaine. La crête blanche se déploie au sud. On ne laisse point passer un tel spectacle. Une halte à Antignac.

Le village est situé sur la rive gauche de la Pique, entre Sode et Artigues, suspendus de l'autre côté de la vallée, sur les escarpements de Cigalère, qui s'élèvent à 1,900 mètres. Sur la rive gauche, le cap (mont) de Bassias, et le cap de Laragouère (1,900 et 1,800 mètres). Au sud, par-dessus la tour de Castel-Blancat, la haute chaîne radieuse.

Les géants, coiffés de glace, se présentent en demi-cercle ; de droite à gauche, voici l'ordre du sublime défilé : le pic du Port d'Oô, le Seil de la Baque, le Perdighero, le pic Quairat, le Crabioules, le Maupas, le pic Boum, le Mail Barrat, cinq glaciers ; le Mail Plané, un mont nu ; au sommet de l'Aramouno, un nouveau glacier ; puis le pic d'Estaous, le pic Sacroux, les crêtes glacées de la Glère ; le pic de Sauvegarde, sentinelle avancée des monts Maudits, le pic de la Mine, le pic du Corbeau, la Dent du Chat.

Entre Estaous et Aramouno, le col du Port-Vieux ; entre la crête de la Glère et le mont Sacroux, le port de la Glère (2,321) ; entre Sauvegarde et le pic de la Mine, le *pas* de Vénasque (2,400). Quel pas !

Voilà ce qui se voit d'Antignac, avant d'entrer dans Luchon. Même le Luchon mondain commence tout près de ce joli village. Le champ de courses s'ouvre entre le chemin de fer et la grande route de Toulouse. Du 15 juillet au 31 août, chaque année, il y a ici deux ou trois fêtes hippiques, données par la ville au profit de son hôpital : courses de haies, courses d'ânes, qui sont la partie comique de la journée. Le touriste peut y suivre la foule élégante ou s'en aller à Moustajou, sur le même bord de la Pique.

A Antignac, mon ami et moi nous reprenons le train montant ; c'est celui qui a dû quitter Paris, la veille, vers 8 heures du soir ; il est trois heures de l'après-midi environ. Les voitures sont presque toutes remplies de voyageurs : cependant, un employé nous conduit vers un compartiment loué pour une famille qui vient de descendre à Barbazan ;

un monsieur nous suit, et nous le voyons monter derrière nous sans méfiance. Nous partons. Le monsieur met son chapeau à la main, des caresses dans sa voix, — caresses un peu saccadées ; c'est un Gascon : Messieurs, vous allez à Luchon. J'espère de tout mon cœur que vous n'avez point fait choix d'un hôtel. — Peste ! quelle bouche d'or ! Il espère de *tout son cœur*. — Messieurs, c'est que je suis hôtelier ! Venez chez moi, je vous traiterai comme des fils.

Je crois bien que, de nous trois, ce drôle de compagnon était le plus jeune ; mais bast ! le Gascon s'en souciait bien. Cet industriel s'était promis qu'il nous cueillerait au passage. Nous arrivons. Dans la gare, une cohue ; des monceaux de caisses et de malles qui roulent et vous écrasent les pieds ; des Anglaises qui courent, chargées de valises aux coins de cuivre, qu'elles vous enfoncent au défaut des côtes ; des enfants effrayés criant ; des facteurs qui passent bousculant tout ; des employés sourds, quand on les appelle, mais pas muets, puisqu'ils jurent et sacrent comme des pandours ; au-devant de la gare, un charivari infernal ; des calèches, des omnibus rangés au bord du quai ; de grands pendards, gascons, comme notre hôtelier, coiffés de chapeaux ornés de rubans tricolores, agitant frénétiquement de longs bâtons, au bout desquels une sorte d'appareil en forme de tambour de basque porte, inscrit en lettres rouges, le nom de l'hôtel qu'ils servent ; il faut les entendre hurlant leur boniment : Monsieur, venez par ici, à l'hôtel d'Angleterre. — Monsieur, par ici, à l'hôtel de France. — Monsieur, il n'y a que l'hôtel Saccaron, tenu par lui-même ! — Ils vous empoignent, vous enlèvent, vous portent à leur omnibus. — Quant à nous, déjà nous avions cessé de nous appartenir ; nous étions *cueillis*.

Les calèches et les omnibus s'ébranlent. Tout ce bruit et toute cette ferraille s'engouffrent sous les magnifiques platanes, ombrageant l'unique rue du faubourg de Barcugnas qui, de la gare, conduit à la ville.

Les maisons basses du faubourg sont enveloppées de l'humidité que dégagent ces arbres énormes. Nous franchissons un pont jeté sur l'One, torrent des hauts monts, qui descend du lac d'Oô, et qui a la mine sauvage ; nous traversons le vieux Luchon, et nous voici dans ces fameuses allées d'Etigny, connues de l'Europe entière. L'intendant Maigret d'Etigny les traça et les fit planter de quatre rangées de tilleuls ; elles sont d'une réelle beauté. La première impression que je reçois en entrant dans Luchon n'en est pas moins un peu mélan-

Les allées de la Pique.

colique. Je la dirai, dussé-je me faire des ennemis : ici, il y a trop d'arbres.

Il faut bien observer la situation de la ville, nichée dans un angle de la vallée, abritée par une haute ceinture de monts cultivés à leur base, presque tous boisés à leur sommet, abritée, par conséquent, des souffles glacés qui lui arriveraient des crêtes du sud et des bises enragées qui sortent à l'ouest d'une gorge conduisant aux vallées supérieures de l'Arboust et de l'Oueil. La brillante station balnéaire jouit donc d'un climat assez doux — si on s'en réfère au thermomètre. — Aujourd'hui un soleil clair rit à travers ces feuillages serrés. Je remonte ces belles allées d'Etigny, régulièrement bâties de maisons de marbre, bordées d'hôtels, de cafés, de boutiques toutes parisiennes, médiocrement animées encore à cette heure du jour, où tout le monde est en excursions ou en promenades ; j'arrive à l'établissement thermal construit au pied de la montagne de Superbagnères, toute semée de paquets blancs ; bien que nous soyons au 2 août, deux jours auparavant, il y a eu tempête de neige. Je m'arrête un moment sous un quinconce de vieux ormeaux, et je reprends mon chemin par une nouvelle avenue : à droite, de belles maisons propres, d'allure cossue ; à gauche, des boutiques foraines. J'arrive à la grille du vaste jardin qui enveloppe le Casino ; je me trouve au centre du quadrilatère que forment les allées d'Etigny, la double allée de la Pique, et au nord de la ville, l'avenue du Piqué ; bientôt je suis au bord du torrent, devant une chute.

L'endroit est délicieux. La Pique arrive sous un couvert d'arbres ; on ne la voit qu'au moment où elle s'épand en cette large chute, formant, au premier étage, une belle nappe d'eau qui glisse, se déchire et bondit sur des roches. Au-dessus des arbres, deux monts entre-croisés ; par-dessus, encore une crête neigeuse ; une dépression entre deux pics : c'est le col de Vénasque. Le torrent descend entre des parcs entourant des chalets, et cette belle allée bordant des maisons de plaisance et versant une ombre tranquille. Ce couvert est admirable ; mais qu'il est déjà sombre, à six heures, au commencement d'août, quand le soleil brille encore ! Et que cette pleine fraîcheur doit aisément devenir maussade, quand il pleut !

Je suis la deuxième allée de la Pique jusqu'au point — marqué par une croix de fer, qu'ombragent des saules pleureurs, — où elle se croise avec l'avenue du Piqué, qui rejoint le cours d'Etigny. — On dit indifféremment : le *cours* ou les *allées*.

C'est l'heure précisément où il faut aborder la célèbre promenade. Il paraît que ce Maigret d'Etigny se proposait, lorsqu'il travaillait à l'embellissement de Bagnères-de-Luchon, d'y attirer Paris et Versailles, la cour et la ville. La cour y vint, la ville y vient de plus belle.

Bagnères-de-Luchon, vu de Castel-Vieil.

Ce qu'il y a, dans cette station de Luchon, de singulier, d'amusant et d'insupportable à la fois, c'est d'y rencontrer le « tout Paris ». — Tiens, c'est vous ! Oh ! cela ne m'étonne pas ; tout le monde est ici.

Ceux qu'on ne connaît point, on les connaît encore ; on a vu cette moustache et ce binocle à quelque première représentation, et cette autre personne dans un salon. On va donnant des coups de chapeau, saluant de la main ; c'est le boulevard. Seulement les côtés de l'allée qui représentent les trottoirs sont abrités sous ces arbres superbes ; on a pour tableau de fond le Superbagnères, au lieu du nuage de poussière rougeâtre qui monte, l'été, à Paris, du boulevard de la Madeleine, et le spectacle de la chaussée est autrement pittoresque. Au lieu des fiacres et des coupés de remise, des calèches à quatre chevaux munis de harnais à sonnettes, et, dans ces véhicules, des gens hilares rapportant des excursions à la montagne, la provision d'air pur qui fait couler le sang plus vite, et l'animation que donne l'exercice.

Les voitures se succèdent, ramenant les excursionnistes de la vallée du Lys ou de la vallée d'Oô ; puis viennent les cavalcades. Chevaux, mulets, ânes : il y a huit cents de ces quadrupèdes à Luchon ; la foule des baigneurs et le goût des promenades n'exigent pas moins ; toute cette prodigieuse cavalerie n'a pas un instant de repos pendant deux mois, et ce tumulte est le plus vif attrait de Luchon, pour la plupart des visiteurs. On a passé le printemps à Paris, on vient à Luchon en été ; pour peu qu'on aille en septembre et octobre à Biarritz, et, l'hiver arrivé, qu'on se rende à Nice ou à Monaco, on ne sortira pas du tourbillon d'un bout à l'autre de l'année.

Six heures et demie. Le cours d'Etigny a retrouvé quelque paix ; on dîne. Huit heures. Les hôtels, les maisons meublées, ou « maisons de famille », rendent le flot qu'ils avaient engouffré. Les cafés en un moment sont remplis ; la moitié des consommateurs reste debout, attendant que l'autre moitié veuille bien faire place ; il faudrait prendre des cachets. Les allées sont noires de promeneurs. Neuf heures arrivent, changement à vue. Le cours est désert, tout le monde s'est porté vers l'allée de la Pique et monte au Casino.

L'édifice est somptueux : du grec, du roman, de l'égyptien,

de l'assyrien, de l'*Haussmanien*, un mariage extraordinaire. L'énorme bâtisse est illuminée très brillamment ; de superbes jardins l'encadrent, illuminés aussi. Au milieu, un kiosque, et un orchestre. On se promène par groupes, on se coudoie à plaisir, ou bien l'on s'assied sur les bancs et les chaises. Le gaz répand sur toute cette foule très parée sa lumière violente ; l'illusion est complète : c'est le concert des Champs-Elysées. Il est vrai que de ce jardin, on voit les monts et le col de Vénasque ; cette admirable vue en est même le charme principal. Seulement, il fait nuit. A l'intérieur du Casino, il n'y a pas de représentation dramatique, ce soir. L'heure s'avance, une fraîcheur perfide descend dans les jardins. La foule va se mettre à couvert, et le flot, en entrant sous le large vestibule, se divise en deux branches, l'une s'engouffrant à droite dans les salons de jeux, l'autre se dirigeant à gauche, vers les salons de lecture, de conversation et de danse.

La matinée, à Luchon, est l'heure charmante. Tout un peuple de jeunes filles, de jeunes mères et de babys remonte vers l'établissement des bains ; le soleil, tamisé par les feuillages, argente le chemin que suivent ces troupes gazouillantes. Les enfants s'arrêtent avec les servantes sous les ormeaux du quinconce, les mamans sous le péristyle à colonnes de marbre blanc qui conduit aux bains.

Le *palais* actuel des bains a été achevé en 1856. Je préfère beaucoup à son péristyle somptueux la ceinture de verdure fraîche dont on a su l'entourer ; je m'enfonce dans ces bosquets de tulipiers et de catalpas ; j'arrive à un petit lac tout enveloppé de feuillage, où tombe une cascade, et par de nombreux lacets, je joins un sentier pour monter à la *Chaumière*. Les pentes qui le bordent sont gazonnées ; il paraît que, jadis, couvertes seulement des effritements des roches supérieures, elles servaient de lit ensoleillé à un fourmillement de serpentaux qui faisaient reculer les personnes nerveuses.

Arrivé à cette chaumière, j'ai mérité le bol de lait fumeux que m'offre une servante. Luchon est à mes pieds avec le quadrilatère d'ombrages qui l'enveloppe et la route d'Espagne, à laquelle un chemin s'embranche ; sur l'autre bord de la Pique, un village pittoresque dont je demande le nom : c'est Saint-Mamet. Un autre ruban de chemin glisse à travers des prairies plantées de peupliers :

entre les flèches verdoyantes voici la pointe grise du clocher de Montauban ; au-dessus de ce nouveau village, une montagne en ruine ; plus loin, dans les fonds vaporeux de la vallée, Juzet, plus loin encore. Salles. Le ruban, ayant ainsi tracé un demi-cercle, se replie vers Barcugnas. On a d'un coup d'œil embrassé tout ce qui à Luchon s'appelle « les promenades », que l'on distingue des excursions dans le vocabulaire des guides. Les médecins brochent sur l'expression,

La place des Thermes.

et disent : « promenades hygiéniques ». Ils n'ont point tort, je le vois au libre jeu de mes poumons et aux sollicitations de mon appétit. On ne sert pas que du lait à la *Chaumière*. Pourquoi ne ferais-je point préparer mon déjeuner, tandis que je monterai à une roche que je vois là-haut, surplombant mon kiosque rustique ? Pourtant il paraît que cette ascension n'est pas toute simple. Il faut redescendre d'abord ; c'est quelquefois en pays de montagne, — mais là seulement, — le moyen de s'élever.

Après la descente, un chemin tout droit, tout uni ; au bout la Fontaine d'Amour. C'est aussi un amour de fontaine. Le chemin se relève, on grimpe sans beaucoup de peine à travers des pâturages parfois boisés ; un petit pré tout encadré d'arbres couronne le Mail de Soulan. Ce Mail de Soulan qui, vu d'en bas, présente un escarpement rocheux, porte à son sommet un tapis vert.

J'ai maintenant tout le panorama de Luchon sous les yeux ; aucune topographie n'est si simple. Le cercle des monts est si nettement dessiné qu'on ne peut guère se tromper sur la situation de chacun d'eux. C'est bien le pic de Portillon, que je vois devant moi, au sud, derrière la crête de glaces qui va du pic d'Oô aux monts Maudits. Ces vapeurs violettes s'élèvent bien au-dessus du pays d'Aran ; à gauche et à droite, cet entassement de roches, c'est bien le Céciré, s'élevant en étages jusqu'à 2,500 mètres au-dessus de Superbagnères, qui n'en a que 1,800. Tout cet amphithéâtre de pics, de crêtes noires, de dentelures blanches, de forêts, de glaciers, est un spectacle dont on se lasse d'autant moins qu'on le voit plus souvent. J'ai failli oublier mon déjeuner qui mijotait à la *Chaumière*.

L'établissement thermal est désert lorsque j'y arrive à plus de midi ; cet établissement est vaste et richement installé : 12 salles de bain, 120 baignoires, en marbre naturellement. La plus curieuse de ces 12 salles est la dixième, qui contient la grande piscine, dite « gymnastique et natatoire ». Ce qu'on y doit craindre, ce n'est ni les requins ni les caïmans. Deux autres piscines sont réservées à chacun des deux sexes, et dans chacune il y a place pour douze baigneurs ou baigneuses. Des étuves permettent de prendre des douches de vapeur humide ou sèche. Tout cela est d'un confort irréprochable. Je visite encore la salle d'inhalation, les 18 buvettes, les chauffoirs, les salles de consultation — ces dernières, je l'avoue, avec un sentiment superstitieux qui me fait bien vite revenir en arrière. On a le bonheur de n'avoir jamais été condamné à aucun traitement thermal ; mais dans une de ces salles de consultations, on a vu un fort bel homme, de mine courtoise et souriante, qui salue. On rend le salut, comme on le doit. N'était-ce pas là un des médecins de la maison ? C'en était un. Il a eu l'air de vous dire, avec toute la bonne grâce imaginable : Vous ne perdrez rien pour avoir attendu, vous nous viendrez quelque jour...

A Luchon, tout rappelle le bienfaisant intendant Maigret d'Etigny ; il est au commencement de tout. On ne peut l'oublier que si l'on sort du quadrilatère ombreux qui enveloppe la ville moderne, et que les habitants du pays appellent *Lane* — la plaine — pour se hasarder dans la vieille ville. Là, en partant des allées d'Etigny, on rencontre des rues tortueuses, et l'on arrive bientôt à de nouveaux ombrages. On ne connaîtrait guère cette allée des Soupirs, longue de six ou sept cents mètres, plantée d'énormes sycomores et de sorbiers, si elle ne se trouvait sur le chemin qui va par la montagne, de Luchon à Bagnères-de-Bigorre. — Cependant ces grands feuillages et ces belles eaux ont bien de l'attrait ; car on est au bord de l'One, qui fait mouvoir la meule d'une marbrerie ; ces arbres magnifiques, au sud de la ville, abritent un refuge toujours ouvert à ceux qui ont quelquefois la curiosité de la solitude. On est à deux pas de l'élégante mêlée ; un petit temps de marche, et l'on se retrouvera sur le « cours », à l'angle précisément de l'hôtel de France, l'un des plus brillamment peuplés. On recommencera la lente promenade des quatre allées, toujours si pleine d'agrément, à moins que le ciel au-dessus du dôme vert ne vienne à se tendre de filets gris, quand la bruine descend des monts. — Mais peut-être voudra-t-on faire halte dans la première allée de la Pique et entrer aux jardins du Casino.

Si l'on aime les tableaux achevés, en voici un ; le plus habile décorateur n'aurait pas imaginé cette toile de fond. La vue est la même à peu près qu'on découvre du banc placé un peu plus loin, dans l'avenue, au bord de la chute du torrent ; mais ici, avec plus d'étendue, plus d'écartement du rideau des monts, et surtout un premier plan, un mamelon à la croupe ronde, portant une ruine, que cachent là-bas les feuillages. Derrière, deux montagnes boisées profilent à angle droit leur chevelure de pins ; au-dessus, l'entassement des neiges, les monts Maudits, le port de Vénasque.

L'envie de se rendre à Castel-Vieil est assez naturelle. On s'informe ; la course (aller et retour) est de deux heures au pas montagnard ; — trois heures et demie au pas de touriste. L'heure est déjà trop avancée ; d'ailleurs, des nuées de mauvais air accourent du sud. Deux lourdes écharpes de vapeurs retombent au flanc des deux monts, qui dominent la croupe ronde de Castel-Vieil ; le sommet de la ruine est déjà caché, on ne voit plus que la base de la tour.

Je redescends dans le jardin du Casino. Parbleu, oui! c'est bien la pluie, serrée et froide. Je suis l'allée de la Pique, au bord du torrent, je chemine sous des ténèbres ruisselantes ; je rejoins l'avenue d'Étigny. Quel changement de tableau depuis le matin ! — Les plis du linceul gris écrasent le dôme vert ; les façades coquettes des maisons de marbre sont devenues moroses, la belle allée déserte n'est plus qu'un cloaque. Je l'avais bien deviné, lorsque le soleil riait sur ces tilleuls : Luchon, quand il pleut, est funèbre. Trop d'arbres! trop d'arbres !

La rue d'Enfer.

AUTOUR DE LUCHON
LA VALLÉE DU LYS

On suit l'allée de la Pique au bord du torrent, on traverse l'allée du Piqué, au point marqué par la croix de fer, où elle se soude à l'avenue de Montauban, et pour peu que l'on soit guidé par un habitant notable de Luchon qui passe en franchise, on pénètre alors dans un de ces bocages dont l'exquise fraîcheur ne se rencontre qu'en ce pays d'ombres profondes. L'île Soulerat, propriété privée, décrit une sorte de triangle très imparfait, formé par la division en deux branches du torrent de l'Oueil, ou rivière d'One.

Si l'on aime la vue des monts à travers les feuillages, le souffle et la rumeur des eaux claires, ce double confluent des deux rivières paraîtra délicieux. Ce coin de Luchon est entièrement inconnu des baigneurs; un Cerbère jardinier le garde avec un soin que l'attrait du lieu suffit à expliquer.

En quittant ce nid de verdure, il faut rejoindre la croix et remonter l'avenue de Montauban. C'est la suite de l'allée du Piqué. On gravit la rue du village, et l'on arrive au jardin du curé, où nous trouvons une cascade formée par un ruisseau qui bondit à travers des roches éboulées ; une belle gerbe d'eau bouillonnante tombe dans un bassin, autour duquel on a disposé des sièges. On peut s'y asseoir sans qu'il en coûte rien, sauf les honoraires du médecin peut-être, car, au bord de cette eau glaciale, l'atmosphère est perfide.

De Montauban, une route, dont le ruban se déroule à droite, conduit au pied du hameau de Juzet. Trois quarts d'heure de petite marche. Pour grimper à ce joli perchoir, un sentier rapide s'ouvre à l'angle d'un pont. On a sous les yeux le torrent qui, plus haut, a formé la cascade ; un moulin pittoresque est assis à cheval sur les deux rives.

La cascade de Juzet est bien supérieure à celle de Montauban; le fond du tableau, tapissé de grands feuillages, a plus de grâce, le cadre est plus large ; la nappe d'eau, plus abondante, au lieu de retomber dans un bassin artificiel, vient expirer dans le torrent, dont le lit est hérissé de roches ; enfin la hauteur est de plus de cent vingt pieds. Juzet est un des points les plus agréables de cette lente promenade circulaire autour de Luchon, qu'on appelle « le tour de la vallée ».

Chacun peut la prendre différemment, suivant son caprice. La marche ordinaire va d'une allée qui part des jardins de l'établissement thermal, près de la buvette du Pré, et joint Saint-Mamet ; de là on se rend à Montauban par une route qui court au pied des monts, puis à Juzet, puis à Salles, Antignac, Moustajou, et l'on rentre à Luchon par l'avenue de Barcugnas.

Mais on peut aussi ne voir que Montauban et Juzet, et remettre au lendemain la visite à Saint-Mamet. Rien dans le village n'est d'ailleurs curieux que sa situation sur la rive droite de la Pique, et l'animation qu'y apportent les promeneurs. Les calèches passent, puis ce sont les troupes d'ânes chargés d'enfants, qui accourent sous la conduite des gouvernantes et de l'ânier. Partout on croise ces petites bandes joyeuses, les ânes trottinant, les enfants criant de plaisir, tant qu'ils travaillent à mettre leurs montures au galop, et, quand ils y ont réussi pour un moment, criant de peur.

Castel-Vieil fait partie du « tour de la vallée » ; c'est aussi une pro-

Cascade de Juzet.

menade à part et qui se présente d'elle-même ; on doit suivre la route d'Espagne, qui court dérrière le quinconce des Thermes. Le chemin, d'abord plat, se relève ; on n'arrive point sans fatigue. Castel-Vieil n'était-il bien qu'un poste de vigie ? Si la tour surveillait le défilé de Vénasque, elle commandait aussi la vallée de Burbe, au sud-ouest,

— c'est-à-dire le chemin qui descend du col de Portillon. Pendant la guerre de la succession d'Espagne, Castel-Vieil avait été armé. On avait hérissé de canons ces vieilles pierres Quant à la vue, elle s'étend sur la vallée entière de Luchon, sur la base des monts, sur la gorge de la Pique, sur le beau vallon de Burbe, recouvert d'un énorme manteau de verdure, dont les plis ondulent comme des vagues.

On a vu désormais Juzet, Montauban, Castel-Vieil, Antignac, et l'on n'a pas épuisé les promenades autour de Luchon. Celle qui conduira le visiteur à la cascade de Sourrouille, est en dehors du « tour » classique. On gagne l'allée des Soupirs, en remontant la rive droite de l'One jusqu'au pont de Mousquères; un chemin s'ouvre à gauche du pont, et longe de belles prairies ; c'est celui des granges de Gouron qu'il faut suivre quand on veut faire à pied l'ascension du Superbagnères. Bientôt on rencontre un ruisseau dont le nom — Ricou-Caout — est moins harmonieux que sa chanson, puis la Source. On est alors dans le vallon de Gouron, pittoresque et souriant. La cascade est l'une des plus jolies de tout le pays luchonnais, fertile en chutes d'eau ; on ne la connaît presque point, elle ne figure pas même dans les guides.

Il est bien gracieux pourtant ce léger panache flottant à travers les hauts branchages d'une hêtrée. C'est d'abord une fumée d'eau sous les feuilles. La chute rencontre successivement deux ressauts creusés dans de belles roches de fer teintées d'un jaune de rouille ; sur ces deux gradins, le flot s'arrête un moment, se condense, glisse en écharpe brillante jusqu'à une plate-forme, et de là retombe furieux dans le lit hérissé du ruisseau. Accoudé sur le garde-fou d'une passerelle rustique, on peut examiner à loisir cette bataille inégale des roches et de l'eau.

Après cette visite à Sourrouille, c'en est bien fini des « promenades » ; l'heure des « excursions » a sonné, celle des ascensions est prochaine. Cependant il est inutile de ceindre ses reins et de se munir du bâton de montagne, s'il ne s'agit que de visiter la célèbre et romantique vallée du Lys ; car on la parcourt commodément en voiture, du moins jusqu'à la cascade d'Enfer, au pied des glaciers. La nature, ayant ici dépensé toutes ses harmonies, n'a point voulu que l'abord en pût décourager les dames.

Vallée du Lys.

La vallée du Lys est le bijou des Pyrénées : le joli dans le sublime ; des fleurs dans des gorges sauvages ; le beau lys des Pyrénées ouvrant sa corolle rose tachetée de sang dans l'horreur de la « rue d'Enfer », au-dessus d'un gouffre ; des bois sombres, des eaux éblouissantes ; des cirques de verdure couronnés de glaciers.

La route d'abord est la même qui conduit à Castel-Vieil ; on repasse au pied de la tour. Le vieux soldat qui la garde y a planté son drapeau. C'est sa coutume par le beau temps ; quand le soleil luit, le bonhomme se pavoise. On court au-dessus de la vallée profonde, d'où cette petite montagne de Castel-Vieil émerge comme un îlot escarpé ; le chemin couvert de feuillages rasant les pentes du Superbagnères, à droite, passe bientôt sur la rive gauche de la Pique par le pont Lapadié, puis, franchissant de nouveau le torrent par le pont Ravi, pénètre dans la vallée du Lys. On laisse le chemin de l'Hospice à gauche, on a devant soi, au sud, de hautes rampes inaccessibles : ce sont les escarpements du Mail Arroué, tapissés des plis serrés d'une sapinière. Le Mail Arroué n'est pas un petit mont : 2, 065 mètres. Entre la route et la forêt se creuse une ravine qui paraît sans fond ; le Lys y roule sous une chevelure d'aulnes.

Au sud, une gorge verte entre deux murailles boisées : c'est le val Bouneou, qui sépare le Mail du pic de Bouneou et monte tout droit vers le mont Sacroux, à travers les bois et les pâturages. Une cascade s'épanche entre les branchages des sapins ; le torrent mugit dans la combe profonde ; le bruit remplit la hêtrée qui, maintenant, borde la route. Il faut mettre pied à terre pour visiter le gouffre de Bouneou. Les abords en sont glissants ; mais on aperçoit tout de suite un objet parlant qui commande la prudence : c'est une croix funéraire de marbre blanc. Ici, un touriste a voulu voir de trop près le bouillonnement de l'eau ; — la roche effritée a manqué sous son pied, le tourbillon l'a saisi.

Le Lys arrive sous un couvert impénétrable, formé de toutes les essences d'arbres que l'on peut imaginer : des hêtres, des aliziers, des merisiers, des érables, des tilleuls, des sorbiers, accolés aux sapins, si bien que leurs bouquets de graines pourpres ont l'air de pendre à ces rameaux noirs. Le torrent s'abîme dans ce trou de Bouneou, appelé aussi l'Estrangouillé, jette de grands remous d'écume, puis reprend son cours furieux, encaissé entre deux formidables rebords de roches. Une passerelle, reliant les deux rives, est le meilleur poste pour examiner le jet de l'eau sortant du gouffre. Malheureusement une demi-douzaine d'enfants vous y enveloppera bientôt, pour vous proposer de vous conduire à l'endroit précisément où le malheureux touriste fut pris du vertige, et roula dans le flot tournoyant ; pour deux sous que vous leur donnerez, ils vous fourniront la chance d'être mis en morceaux.

Après le trou de l'Estrangouillé, la vallée se resserre encore ; on est en pleine forêt, au cœur de cette végétation luxuriante et folle ; un deuxième ressaut du torrent tombant dans un autre gouffre remplit le fourré d'un bruit assourdissant. Le bois, après cette cascade Richard, prend un aspect différent : plus de halliers, une hêtrée superbe. Sur l'autre rive du Lys, des pâturages. Tout à coup la gorge s'ouvre, et le cirque se déploie. C'est un prodige et un ravissement ; et toujours ce mélange extraordinaire de grâce et de grandeur, de sauvagerie et de mondanité, qui fait le caractère de cette vallée adorable. Sur la route qui va serpentant en lacets, tantôt s'éloignant du Lys, tantôt à fleur du torrent, se croisent les voitures et les cavalcades. Cette foule bigarrée dérange un peu ; on voudrait n'avoir d'yeux que pour le cadre sans rival de ce cirque merveilleux, pour ces cascades qui roulent des premiers étages boisés des monts, pour ces pics entassés, et pour l'éblouissement de ces plaines blanches couchées, là-haut, entre les crêtes.

On revient pourtant malgré soi aux choses de la terre, et l'on s'amuse de ce tumulte mondain de la route. La plupart de ces promeneurs et promeneuses paraissent un peu plus occupés d'examiner la correction de M. X. et la nouveauté du chapeau de Mme Z., que de déterminer la situation du glacier. Le grand miroir étincelle sous un soleil ardent ; les champs de neige, vus à la lorgnette, présentent de longs bourrelets qui ressemblent aux sillons des champs de blé, dans le monde d'en bas. Ces deux monts, qui les dominent, sont, au sud-est, le pic Crabioulé, à l'ouest, le pic Quairat. Ce dernier a deux pointes, deux tours aiguës de granit qui regardent le vrai désert aérien, les glaciers et les escarpements déchiquetés de son voisin, le Crabioule, pic des *crabes* (chèvres ou isards, tous animaux

Cascade d'Enfer.

grimpants). Ces terribles passages sont en effet hantés par de grandes hardes d'isards qui vont franchissant les crevasses, glissant sur les moraines, se reposant et ruminant dans la neige, tandis que, sur l'aiguille d'un rocher, veille la sentinelle du troupeau. Toute cette région est remplie de ces grimpeurs intéressants ; la chasse y est difficile, même pour les plus intrépides montagnards.

Trois auberges sont assises au bord du torrent ; l'aubergiste de droite a trouvé le moyen de retenir les eaux par un barrage, et de fabriquer un petit lac. Sur ce laquet on a mis une nacelle. J'ai vu cela, l'an passé ; le torrent pourrait bien avoir emporté le barrage pendant l'hiver. De novembre en avril, toute cette combe et, plus haut, la sapinière sont ensevelies sous des monceaux de neige ; quand l'énorme linceul se fond aux premiers soleils, le Lys, gonflé, emporte tout. C'est à la fin du printemps, en ce radieux mois de juin, où les nuits sont encore glaciales à la montagne, qu'il faudrait visiter le cirque, quand les hêtres portent leurs feuilles neuves, et les sapins, leurs aiguilles d'un vert tendre, que des sillons de neige couvrent encore les pentes, avant que l'été ait diminué le volume des cascades et que la foule des promeneurs afflue au bord du torrent.

En août, c'est différent. Ce n'est point que cette foule parée et très animée n'offre de l'amusement. Il se donne chaque après-midi une « première » dans les trois auberges ; le « tout Luchon » est là. A l'instar du « tout Paris », il est assez mélangé d'éléments cosmopolites : des Espagnols venant ici en voisins, des Anglais qui partout se croient chez eux. Je monte à l'hôtellerie, située au-dessus du petit lac artificiel ; c'est la plus proche aussi de la cascade. On y a construit une galerie couverte, où l'on vient s'asseoir pour prendre des rafraîchissements. Dans l'auberge même, de joyeuses compagnies se font servir le « lunch » ; la cour est remplie de voitures et de chevaux qu'on ne sait où loger ; les querelles des cochers achèvent le tapage. Il faut oublier tout cela pour regarder le tableau du mont, et se faire violence pour ne point rire en voyant près de soi un jeune touriste venu de la poétique Angleterre qui s'occupe gravement à se confectionner un grog, et pour cette besogne importante s'est assis tournant le dos à la chute du torrent.

Il est aussi bien difficile de ne pas se laisser distraire par le spectacle qu'on a sous les pieds. Le Lys se précipite en bouillonnant au fond du cirque et s'y divise en plusieurs branches, formant des îlots ; l'amusement pour cette fourmilière humaine, qui s'y presse, c'est de sauter d'un bord à l'autre sur les cailloux roulés. Le malheur, c'est que les enfants se mêlent au jeu ; leurs pieds glissent au beau milieu du chemin, l'eau n'est guère profonde, mais elle est glacée ; les babys piaillent, les mères courent affolées, n'ayant point d'habit de rechange ; on apporte une jolie fillette toute blonde, toute rose, toute ruisselante, qu'il faudra mettre dans une couverture. Le jeune Anglais boit son grog et dit en levant les épaules : Ahoh ! les enfants.

J'ai déjà dit qu'une grande muraille boisée ferme le cirque. A gauche, deux cascades roulent dans la forêt ; mais l'une n'offre plus qu'une nappe assez maigre, l'autre, à peine un filet d'eau. La grande chute, la cascade d'Enfer, est située à gauche. De notre auberge, on ne la découvre point, mais on l'entend ; c'est un grondement de tonnerre qui ébranle les planches sur lesquelles nous sommes assis. Je m'achemine ; le jeune Anglais me suit, il a fini de boire son grog. Le sentier au-dessus du torrent devient bientôt assez glissant, le bruit est formidable. Encore un pas, au tournant d'une roche qui surplombe, et l'on a devant soi cette « rue d'Enfer ». Le Lys, dont le nom est si doux et l'action si brutale, s'est creusé un passage, une « rue » entre deux énormes blocs. La cascade tombe d'une hauteur de soixante mètres environ. La nappe est large et écumeuse, mais c'est la force diabolique et le caractère sinistre de ces roches, qui en font la beauté saisissante. Au-dessous s'enfonce un couloir obscur ; c'est bien l'accès d'un lieu infernal ; puis, la fissure s'élargit au sommet, et dans la lumière qui reparaît brusquement se découpent des feuillages. Au point où le flot glisse, un débris subsiste encore de l'ancien barrage emporté ; c'est un quartier de roche effilé en aiguille ; les vieux du pays ont toujours vu ce piton vaciller sur sa base, et croient fermement que, lorsqu'une dernière convulsion du torrent l'arrachera enfin, ce sera un signe. Le Lys a de mauvaises colères ; ce jour-là, il fera des siennes dans la vallée !

Au pied de la gorge, en présence de ces roches toutes droites, et de la longue fente verticale qui les sépare, aveuglé, d'ailleurs, par l'éblouissement de l'eau, assourdi par sa chute, on se demande comment on gravira cette formidable rampe ; pourtant rien n'est si simple. Seulement, l'heure est trop avancée. Si l'on veut épargner sa peine, et ne faire qu'une ascension en s'élevant vers la rue d'Enfer, pour gagner le cirque du même nom, les étages de cascades, la région des lacs et le pied des glaciers, ce sera la tâche du lendemain.

A six heures, le fond de la vallée est encore plongé dans des demi-ténèbres ; il fait à peine jour sous les roches et les grands noisetiers qui recouvrent le chemin. Ce n'est d'abord qu'un sentier ; bientôt il s'élargit et monte à travers des bruyères. Vingt minutes de marche suffisent pour gagner le pont d'Enfer, jeté au-dessus de la chute. La poussière humide vous enveloppe, le souffle de l'eau glacée vous cingle le visage. Le spectacle, d'ailleurs, n'est pas encore celui qu'on a souhaité ; on cherche le gouffre. Il faut monter encore, vingt autres minutes environ. Désormais, on chemine à travers une pelouse ; un autre pont conduit sur la rive droite du torrent, et l'on atteint enfin une terrasse, à laquelle est suspendu l'escalier du vertige : quelques degrés dans le roc glissant, puis une saillie qui, heureusement, a été environnée d'un petit mur.

Rassuré par ce mur salutaire qui n'est, bien entendu, qu'à hauteur d'appui, on regarde, tout à son aise, le noir conduit qui mène au gouffre d'Enfer. C'est une magnifique horreur. L'eau furieuse, l'eau satanique, tombe d'un seul jet entre ces deux murailles lisses et tranchantes. On ne la voit presque plus au fond ; d'énormes roches la surplombent, couvertes de sinistres panaches de pins.

On quitte avec quelque soulagement le bord du gouffre. Ecoutez le guide : un nouveau trajet s'impose ; il faut monter au pont Nadée, en suivant toujours la rive droite du torrent, roulant dans la longue entaille qu'il s'est creusée. Ce couloir mérite son nom comme le gouffre ; c'est bien « la rue d'Enfer ». Dans les profondeurs « de la rue », l'eau a des bonds prodigieux. Les cascades, qui se précipitent des glaciers, la poussent, et des remous effrayants la refoulent. On n'approche point du bord sans péril ; il faut bien s'assurer que la roche est solide, et il n'est pas prudent de s'arcbouter sur le bâton de montagne. A regarder les blancheurs de l'écume dans cette coulée noire, le vertige est prompt.

Une cascade en appelle une autre, et les chutes, ici, partout se suivent et ne se ressemblent presque jamais. Je rappelle que nous allons à pied ; si nous avions fait la route à cheval, il nous faudrait redescendre à la cabane du Lys, vers le nord, pour y retrouver nos montures. Libres de toute entrave, nous nous laissons guider vers une passerelle jetée sur le torrent ; un sentier, hérissé de débris de roches, où l'on va trébuchant, nous conduit à une forêt de sapins, bientôt mêlés de hêtres et de bouleaux ; cette dernière essence est assez rare dans les Pyrénées. Des filets d'eau descendent de toutes parts pour le charme des yeux, point pour la commodité de la marche, car, à chaque pas, ils traversent le chemin. Plus haut, un grondement nous avertit que nous approchons d'une grande chute. Tout à coup, la cascade du Cœur apparaît.

La chute est puissante, mais ce n'est point là son charme particulier ; il est surtout dans le merveilleux ruissellement de l'eau à travers les aiguilles et les feuillages. Cette haute et large pluie s'irise de couleurs brillantes. On passerait des heures à contempler ces jeux de lumière ; mais le tableau se prolonge, et il faut le suivre dans ses détails infinis. Le nom de cascade du Cœur n'est point approprié, il faudrait dire *les cascades*, car il y en a trois au moins qui roulent à des étages différents. La principale, que nous venons de voir, est formée de deux torrents : l'un bondit et tombe d'un jet, comme la cascade d'Enfer, mais dans un cadre bien différent. Celui-ci descend des glaciers du Port-Vieux et du mail Barrat ; cette gerbe soudaine a la pureté de la neige, qui l'a formée. L'autre torrent glisse en longs replis bouillonnants entre des roches. Tous deux contournent un mamelon gazonné, auquel les poètes du pays ont trouvé la forme d'un cœur : de là le nom de la cascade ; puis, réunis au pied de la roche verte, ils forment la deuxième chute, la première, si l'on veut, puisqu'on la rencontre d'abord en montant. Une deuxième halte est nécessaire devant le *Cœur*. On suit des yeux ces longs ondoiements de cristal et ces rebondissements d'écume ; on se berce à l'harmonie pénétrante de cette solitude magnifique, et, comme toujours, on soupire un peu en se remettant sur ses pieds, déjà las, pour continuer le chemin.

Nous continuons de gravir les chemins de la sapinière... Et quand je dis des chemins !... Voici maintenant des pelouses. A la cabane d'Artigue, une courte halte.

Cascade du Cœur.

Nouvelles cascades. La première n'a de beauté vraie que sa hauteur... Le sentier, de nouveau, s'infléchit à droite vers le torrent. Une autre chute bondit du faîte d'un escarpement qui porte quelques sapins clairsemés : c'est le barrage du lac Vert.

Plus de chemin tracé. Des rochers couverts de lichens dorés, parfois un tapis de hautes herbes, de petits coins de savanes aériennes, puis des débris, un champ d'éboulis. On monte vers une crête ; l'escalade est aisée, la descente l'est moins. Il s'agit d'atteindre le fond d'un ancien lac, un cirque aujourd'hui, un lieu gris et désolé ; on marche sur l'ancien lit qui berçait le miroir de l'eau, parmi d'énormes graviers, — des « graouès » ; ils ont donné leur nom à cette combe creusée au milieu d'escarpements qui formaient les bords de la cuvette. Désormais, il reste à franchir ces rampes mornes. Le caractère du tableau n'a que trop changé devant nous : plus de forêts, plus de chutes. La montée de ces roches habillées d'une maigre végétation parasite est laborieuse; enfin, nous atteignons le premier lac. Chaque étage des monts porte un de ces bassins flottants. Celui-ci, c'est le lac Vert. Approchant de l'altitude de 2,000 mètres, nous nous trouvons au milieu de pâturages déroulant leur nappe jaunâtre à perte de vue, du côté de l'ouest. A l'est, un haut chaînon de rochers ; au sud, une cascade. Elle tombe du bassin supérieur. Tout ce premier plan n'offre point de beauté saisissante ; mais là-bas, de l'est à l'ouest, voici la haute ceinture des glaciers.

Nous attaquons les épaulements rocheux de la terrasse qui porte le deuxième lac. Rude travail, qui ne prend guère moins d'une heure ; nous sommes au bord du lac Bleu. Pourquoi ce nom qu'il ne mérite guère ? Il a la couleur de l'étain, — gris avec des reflets métalliques. Au demeurant, ce n'est qu'une méchante nappe d'eau ; mais quel fond de décor ! La longue arête blanche qui relie le Mail Barrat à la Tusse de Maupat.

Nous touchons la base de ce dernier mont. Par-dessus le Mail Barrat, un autre pic montre sa pointe aiguë : c'est l'Estaouès. A l'ouest, une double pyramide : c'est le Quairat.

Mais il nous faut redescendre à Luchon, où nous attendent un bon dîner et le lit confortable que réclame notre corps brisé de fatigue.

Castel-Vieil.

LE PORT DE VENASQUE
LA MALADETTA

A Castel-Vieil, le gardien du fort a planté son drapeau ; bon présage. Nous retrouvons le chemin feuillu sillonné d'équipages et de cavalcades qui se rendent à la cascade d'Enfer. Voici le pont Lapadé, puis le pont Ravi ; la vallée du Lys s'enfonce au sud-ouest. De petits nuages se balancent au faîte des grandes rampes du mail Arroué. Le drapeau de Castel-Vieil aurait-il menti ? Nos guides répondent du temps. Nous remontons, vers le sud-est, la rive de la Pique, par la route d'Espagne, et laissons à droite les granges de Labach. De nouveau le chemin se bifurque, et si l'on a la curiosité de visiter la cascade des Demoiselles, il faut obliquer à droite, jusqu'à un petit pont de bois curieusement caché sous la chevelure luisante d'un bouquet d'aunes.

On traverse un coin de forêt et l'on gagne la pelouse de Jouéou ;

les savants du pays font dériver ce nom de celui de Jupiter (Jovis). Quant à moi, je le veux bien ! Au milieu de la prairie est un monceau de ruines. Ici fut un hospice fondé par les Templiers, sur le bord du chemin qui conduit au port de la Glère, le seul passage fréquenté dans les vieux temps. Peut-être un comte de Comminges (on ne dit pas lequel) n'avait-il pas encore ouvert dans les flancs du mont, là-bas, la rude tranchée qui est devenue le port de Vénasque.

A droite de la pelouse, un torrent descend de ce col mal famé de la Glère ; en le remontant, on arrive à une gorge très sombre, au fond de laquelle on voit rouler une cascade sur des roches verticales entièrement recouvertes de verdure. Une forêt enveloppait autrefois ce couloir. Une avalanche l'a emportée, effacé jusqu'à ses traces. On n'a point conservé la date de la terrible chute : c'est qu'elle n'avait pas enseveli des êtres vivants. Ces avalanches qu'on redoute dans toutes les vallées de la haute chaîne, se multiplient autour du massif des monts Maudits, dont ce quartier est proche. Au pied du Néthou, le jour des Rois, il y a une trentaine d'années, un village entier disparut. Un seul de ses habitants était absent ; il revint au printemps : la neige avait fondu, les débris des morts avaient été mis en terre ; il trouva ce qui reste de l'hospice des Templiers dans la prairie de Jouéou, — un monceau de débris.

Nous rejoignons la route, qui monte rapidement à travers des hêtres et des sapins. Si l'on est à pied, on peut jouir de l'agréable surprise que cause un long tapis de fraisiers courant sur le talus. Qui n'a point savouré ces petites fraises des montagnes, ne soupçonne pas leur parfum délicieux. A travers cette superbe forêt de Charuga suivant les flancs de la Glère, qui plongent leur pied dans le torrent, on joint sans fatigue le plateau qui porte l'hospice. La situation en est exactement déterminée dans tous les guides : l'hospice s'élève à 1,360 mètres, à l'embranchement de trois rudes sentiers conduisant, le premier, au sud, tout droit vers le port de Vénasque ; le deuxième, à gauche, au port de la Picade ; le troisième, à droite, au port de la Glère.

Au sud également, l'aiguille de la Pique le domine d'une hauteur de plus de seize cents mètres ; dans la maison de l'hospice, nous trouvons un Anglais qui a résolu d'en faire l'ascension. On ne la fait

L'hospice de France. — Port de Vénasque.

pas ordinairement : c'est un motif anglais, ou je ne m'y connais pas. Il y a un passage dangereux, et le plaisir ne paie pas la peine, car la pointe de la Pique est dépassée de toute part, vers le sud, c'est-à-dire vers les glaciers, par des cimes plus hautes. On a dit tout cela à l'Anglais, il n'en tient compte ; d'ailleurs, il se flatte de pouvoir atteindre l'arête qui joint le mont de la Pique à celui de la Mine. Ce dernier pic a été gravi pour la première fois, il y a moins de trente ans.

Si l'on aime la Montagne close, il n'est pas besoin de ce rude effort. Le plateau qui porte l'hospice, bien que l'altitude en soit assez faible, donne cette sensation si pénible à quelques voyageurs, et que d'autres recherchent comme un plaisir âpre et puissant. Le lieu est enveloppé de toute part de grandes murailles et des plis sombres et infinis de la forêt. L'hospitalier n'y passe point l'hiver ; il y laisse des provisions pour ceux qui veulent alors tenter le passage et peuvent s'y trouver de longs jours prisonniers de la neige. Au cœur même de la saison plus douce, quel séjour! Point de soleil, pas d'autre lumière que celle des eaux ; c'est le désert morne ; ce n'est pourtant plus la solitude. La ville de Bagnères-de-Luchon a fondé une *fruitière* à l'hospice. Le modèle choisi est celui qu'on rencontre dans les vallées de la Suisse et sur les hautes pelouses du Jura. Il y a maintenant des troupeaux et des pâtres dans le voisinage.

A l'hospice, on déjeune ou l'on dîne. Si l'on veut remettre l'ascension du port au lendemain, on y dort tant bien que mal ; les touristes n'y demeurent jamais que par force. Une nombreuse caravane vient d'achever un joyeux repas et s'apprête, avant le retour à Luchon, à visiter les torrents et les cascades.

Les deux torrents bondissent à grand bruit au-dessous de l'hospice. On descend, on prend à droite un chemin sauvage qui traverse un pont, et glisse bientôt sous une hêtrée — la forêt de Sajuste — et dévale brusquement dans un ravin. La *cascade du Parisien* a l'air d'un jet d'eau de Versailles. Encore un contraste amusant avec l'âpreté du site. La chute d'eau forme cinq étages, le flot retombe sur des quartiers de roches brisées par les avalanches, mais avec une régularité tout artificielle. Est-ce par sa belle ordonnance que la cascade a mérité son nom ironique ? car il est bon de remarquer que d'un bout à l'autre de la province française, de la pointe du Finistère aux cimes du Jura qui regardent l'Oberland de Berne, du fond des cuisines flamandes à la batterie reluisante, aux lits de neige et de glace des monts Maudits, ce mot de *Parisien* se prend en demi mauvaise part. Le Parisien, c'est d'abord celui qui ne connaît rien à rien, qui confond un hêtre avec un noisetier et le sud avec le nord ; le Parisien, c'est celui qui arrive, riant doucement au nez du montagnard, et pourtant celui qu'on exploite et qui ne sait point se défendre ; celui qui paie cher et s'en va content ; celui qui se croit plus « malin » que tout le monde et qui, finalement, est le seul berné.

De l'hospice du Port, nous avons onze cents mètres encore à gravir. Nous rencontrons d'abord un nouvel embranchement de deux chemins, l'un qui paraît se diriger vers l'orient ; et, en effet, il doit atteindre le col de la Frèche, une montagne, ou plutôt une fortification étrange, hérissée de tourelles aiguës. L'autre chemin contourne la base de la Pique. Nous traversons le Pesson, qui descend de la Frèche ; plusieurs sentiers grimpent à l'assaut d'une pente verte, puis se réunissent, et l'on franchit le torrent de Vénasque. Les parois de la montagne dessinent une conque renversée ; nous sommes au fond, entre des murs sombres, dont les rebords creusés sont remplis de neige. Deux cascades s'échappant des fissures de la muraille font onduler leur ruban lumineux, qui se perd dans d'autres crevasses neigeuses. La marche devient pénible, le sol est jonché de débris de roches striées, émiettées par les avalanches, qui roulent souvent jusqu'au milieu de juin sur ces pentes lisses.

Les gens heureux qui pénètrent en Espagne par les deux larges portes ouvertes aux deux seuils de la chaîne sur la Bidassoa à l'ouest, à l'est sur la Méditerranée, croient que l'accès est toujours facile. Commodément assis dans de bonnes voitures de chemin de fer, ils ne songent guère à ce pauvre monde de muletiers, d'ouvriers et de colporteurs, qui suivent le rude chemin des monts ; ceux-ci la balle au dos, gravissant nos versants français, dont l'escalade est déjà si laborieuse, trouvant à la descente les versants espagnols plus hérissés. Le péril, pendant de longs mois, est de toutes les minutes en certains passages, le but du voyage est incertain ; si l'on ne rencontre point les avalanches qui glissent, on se heurte aux masses de neige qui barrent le chemin; souvent il faut revenir en arrière. Il y a de ces pauvres diables qui ne reviennent pas. Le point où nous arrivons est le plus menaçant : un énorme éboulement de roches, des morceaux de cônes fendus, des fragments de parois tranchantes, voilà le rail du Culet.

Rail, comme Raillère, veut dire champ de destruction, couloir de neiges qui roulent. Rien de plus sinistre que ce Culet, situé à huit cents mètres environ au-dessus de l'hospice (plus de 2,000 mètres d'altitude). Un ressouvenir de la méchanceté humaine vient s'y ajouter au tableau des horreurs et des malfaisances de la nature. On a dressé parmi les débris un singulier monument : une pierre posée en pyramide et soutenue par d'autres blocs doit perpétuer le souvenir d'un crime. Ici, un douanier français fut tué par un contre-bandier espagnol; mais celui-ci ne défendait point son ballot : c'étaient deux rivaux d'amour. Je recommande ce décor des monts à nos dramaturges qui voudraient mettre en scène une vengeance amoureuse : ces escarpements formidables, ces débris gigantesques, ce lieu mort, quel tableau ! — La pierre dressée a un nom; on l'appelle *l'Homme*.

Nous montons encore. Un peu de verdure reparaît dans les ravinements, entre les roches. Voici même un lit de rhododendrons, dont les fleurs rouges éclatent entre ces noires parois comme une large tache de sang. Les saxifrages et les mousses s'attaquent à la pierre. Mais à l'instant, pour que la couleur sinistre ne cesse point, une ravine s'ouvre sur la gauche du chemin : c'est le Trou des chaudronniers. Là, neuf ouvriers qui se rendaient au port furent engloutis dans la neige. Le sentier continue et passe au-dessus de trois ou quatre petits étangs qui balancent en étage leur maigre flot obscur; d'étroits barrages de rochers les retiennent, laissant un passage à l'eau qui glisse, molle et chétive, sans bondissements, sans écume, d'un étage à l'autre, et se perd ensuite dans un bassin marécageux. Du bord de l'étang supérieur qui se berce dans un épais encaissement de neige, on ne voit rien encore qu'un horizon morne, des escarpements inaccessibles, et les glaciers à l'occident du massif. Le guide nous dit : Le passage est là ! — Il faut un effort des yeux pour distinguer une fente entre ces parois formidables. Pourtant nous touchons au but, nous gravissons une sorte d'escalier creusé dans le roc, en zigzags meurtriers pour les pieds — sans parler des chaussures. Nous avons atteint le port de Vénasque.

Est-ce la main du Créateur de toutes choses qui creusa cette tranchée entre les deux terribles murs — d'un côté, à gauche, le pic de la Mine, — à droite le pic de Sauvegarde ? Est-ce la volonté d'un comte de Comminges, aidée de la rude patience de ses vassaux ? — On peut croire, en regardant la coupure, que la nature a fait le gros œuvre et que l'effort de l'homme a pu l'achever. D'ailleurs, qu'importe ? En présence du spectacle qui s'offre aux yeux, dès qu'on a mis le pied sur le seuil du Port, on oublie les comtes, les puissants et les esclaves de ce monde, on ne songe qu'au grand ouvrier.

Le groupe colossal des monts Maudits est là devant nous, au sud avec ses trois promontoires avancés à l'ouest : le Paderne, le pic d'Albe, la Pique Blanche, puis la Maladetta, le Néthou, qui domine toute la masse entièrement revêtue de glaces et de neige ; en arrière, vers l'est, les trois cimes de Salenque, des Moulières et de Fourcanade. L'énorme édifice aérien est soutenu par des contreforts qui, partout ailleurs, seraient de hauts monts, mais qui ne dépassent pas ici la zone des glaciers. Il n'y a point de pareil tableau, les Alpes n'en ont pas de plus grandiose. Cônes éclatants, croupes festonnées, où des rocs noirs déchirent les plis du linceul ; trois lieues de neige, interrompues seulement par l'arête qui sépare les deux glaciers de la Maladetta et du Néthou.

La neige, presque partout, étend ses plis profonds ; ce n'est que de distance en distance qu'on aperçoit la croûte nue et bleuâtre des deux mers de glace. Ces épaisseurs du névé sont le danger principal des ascensions. Naturellement elles sont rares. C'est une chose frappante que la curiosité de ces lieux sublimes, avec le courage et la patience qu'elles commandent, soit née seulement dans notre siècle. Ce fut le célèbre Ramond, en 1787, qui tenta le premier l'entreprise ; mais il ne dépassa point l'arête jetée comme un rempart aigu entre les deux champs de glace. D'autres le suivirent, qui n'eurent pas un meilleur succès. Le nom du guide Pierre Barrau n'est pas oublié à Luchon ; il périt en 1824, dans une des crevasses du glacier. En 1842, seulement, MM. de Franqueville et de Tchihatcheff, attaquant

Le Port de Vénasque.

le massif par un autre côté, atteignirent la cime du Néthou. Depuis, d'autres ascensions ont été faites. Dans une des plus célèbres, l'ingénieur Lezat, bien connu dans toutes les Pyrénées centrales, l'auteur du beau plan qui se voit au casino de Luchon, a laissé un thermomètre au sommet du mont géant (le plus élevé de toute la chaîne).

Quant à nous, il ne nous est point permis d'aborder le redoutable massif. Ces monts espagnols ne sont pour nous que la Terre promise ; peut-être y reviendrons-nous dans un autre voyage ; nous devons seulement gravir le pic Sauvegarde, qui s'élève sur nos têtes, à moins de 400 mètres au-dessus du port.

Cette escalade, bien facile, même à cheval, n'en est pas moins mal famée. Un Anglais y glissa et se tua. Un Anglais mort, sur le grand nombre d'insulaires automatiquement vivants qui parcourent les Pyrénées dans tous les sens, ce n'est pas de quoi effrayer deux bons Français. Nous atteignons le sommet en moins d'une heure. En eussions-nous employé trois, que nous serions récompensés. De cette cime, la vue est autrement étendue que de la tranchée de Vénasque. On n'embrasse pas seulement le relief des Monts-Maudits et leur froide parure éternelle ; on découvre les dépressions effrayantes qui se creusent entre les flancs des colosses et les lacs suspendus au-dessous des crêtes. La vue s'étend sur les vallées de l'Essera et de la Pique, au sud et au nord ; sur les groupes des monts qui enveloppent les vallées d'Oô et du Lys, sur la chaîne d'Aran presque tout entière. Mais c'est toujours à la puissante et sombre majesté des Monts-Maudits que reviennent les yeux. La fascination des deux mers de glace est irrésistible. Qui sait quand nous nous y serions arrachés ? Tout à coup un voile se répand dans l'air : ce n'est d'abord qu'une légère fumée, comme un tamis flottant entre la lumière solaire et le lit du glacier ; l'instant d'après, c'est un flot de vapeurs pesantes qui retombent sur les pics ; la cime du Néthou en est coiffée, les neiges ne présentent plus qu'une morne surface grise. Notre guide nous apprend que ces brumes subites sont fréquentes au-dessus de la superbe masse ; quelquefois elles se dissipent aussi rapidement qu'elles se sont formées ; plus souvent elles durent tout le jour. Ces longs plis humides s'avancent vers l'ouest avec des ondulations régulières, et notre pic de Sauvegarde est enveloppé. Pourtant, il faut redescendre. Ne pensons pas trop à l'Anglais.

En bas, sur le versant espagnol, est un petit refuge, baptisé du nom d'hôtel. On y trouve quelques vivres et un gîte, si le temps est soudainement devenu menaçant ou si l'on est las. L'hôtelier est Espagnol. Sa vie ne ressemble guère à cette existence de rendez-vous et de sérénades qui se mène par toute l'Espagne, si l'on doit en croire les poètes ; le bruit sourd de l'avalanche et le sifflement de l'ouragan, voilà ses guitares. Le pauvre homme, quand la bise bat sa mesure, se console peut-être en songeant qu'il regagnera ses vallées dorées de Catalogne aux clairs soleils, dès que sa fortune sera faite. Hélas ! j'ai peur qu'elle ne soit lente à faire : les rares caravanes de Luchon ne montent au port de Vénasque que pendant deux mois chaque année.

Une après-dînée et une soirée sont courtes lorsqu'on a sans cesse de nombreuses notes à mettre en ordre. La nuit est remplie par un bon sommeil. Le matin, la brume est dissipée devant nous ; au pied du col, nous avons le plateau gazonné de Pena Blanca, large et brusque saillie, portée sur des escarpements blanchâtres qui lui ont donné son nom, et servant elle-même de piédestal au Port de Vénasque. La vallée de l'Essera se creuse entre la « Roche Blanche » et la base de la Maladetta. Au sud, d'énormes rampes plongent sur un val profond, qui jadis fut un lac. A l'est nous voyons distinctement une nouvelle tranchée, faisant face à celle de Vénasque : c'est le port de la Picade, que nous devons franchir pour retourner à Luchon.

Nous n'apercevons plus de neiges que sur les pentes ; les glaciers s'étendent au-dessus de nos têtes ; mais nous en voyons le reflet sur la pelouse qui couronne la Pena Blanca. Le voisinage de ces blancheurs éclatantes décolore ce gazon court, qui n'offre plus qu'une teinte jaunâtre. Tout le pied du groupe colossal est affreusement morne. Eh bien ! il vaut mieux que ce tableau n'ait plus rien des sublimes beautés dont nous avons rempli nos yeux pendant la précédente journée : nous le quitterons avec moins de regret.

Nous marchons vers le port de la Picade, suivant le val de l'Essera. Au-dessus du ravin descendent de longues croupes, qui sont les assises portant ce gouffre merveilleux de Toro, — rue infernale ouverte dans les flancs de la Maladetta, — où les eaux sorties du glacier se précipitent pour rouler ensuite jusqu'au versant opposé de la chaîne, sous la longue suite des monts.

Notre chemin n'est point pénible : de courtes pentes bossuant le sol, à gauche une sorte d'étang marécageux, à droite la haute muraille et les lits de neige que nous commençons à revoir.

Une demi-heure de marche ; nous touchons au col. A gauche, les escarpements se redressent. Ce port de la Picade a une importance géographique chez nos voisins d'Espagne ; il sépare l'Aragon de la Catalogne.

La vue en est pour le moins aussi belle que du port de Vénasque, son voisin. Moins étendue sur la Maladetta proprement dite, qui ne montre plus qu'une haute frange brillante dépassant l'arête de son glacier, elle l'est bien davantage sur le versant septentrional du Néthou, et sur les trois pyramides orientales du massif, la Salenque, les Moulières et la Fourcanade, qu'elle embrasse sans obstacle. Ce dernier pic laisse voir ses quatre fourches ; plus loin le Barrau montre sa tête neigeuse ; plus loin encore, au sud-est, mais bien plus près de nous, le Pomero ferme le défilé des géants.

Nous saluons une dernière fois le roi des glaciers pyrénéens : on ne doit pas moins à ces froides et sublimes majestés, et nous nous engageons dans un passage difficile, qui nous ramène aux versants français. C'est le pas de l'Echelle ou de l'Escalette, à un kilomètre et demi environ au-dessous de la Picade. Le chemin bifurque bientôt après à travers des forêts et des pâturages. Nous regagnons l'hospice, puis Luchon.

Nous remonterons à nouveau demain vers Argelès pour nous diriger par Laruns sur les Eaux-Chaudes et le pic d'Ossau.

Les Eaux-Chaudes.

LES EAUX-CHAUDES
ET LE PIC D'OSSAU

Si beau qu'un trou puisse être, on n'en a pas moins, tout le temps qu'on chemine au fond, un désir impérieux de revenir à l'air libre, à la *chose ouverte*. Voilà quelle est la sensation que je n'ai cessé d'éprouver de l'entrée de la gorge des Eaux-Chaudes au pied du pic d'Ossau ; je ne sais si je l'exprime clairement.

Le mot de *trou* n'est point forcé, c'est celui dont on se sert dans le pays pour désigner ce lieu sombre et magnifique, le Hourat. A notre gauche fuit la route des Eaux-Bonnes, bifurquant avec celle que nous allons suivre. Les deux montagnes se resserrent tout à coup, ne laissant à nos pieds qu'un étroit passage au Gave, au-dessus de nos têtes qu'une bande bleue. Quand le ciel est chargé de vapeurs, c'est presque la noire nuit. Elles montent toutes droites, ces deux murailles implacables. Leurs parois sont absolument verticales et paraissent nues. Cependant quelques saxifrages et quelques variétés de mufliers tapissent les anfractuosités des roches ; au printemps, quand les premiers allongent leurs grappes blanches, et que la gueule-de-loup est en fleur, ces monts arides revêtent deci, delà quelques vives couleurs ; mais, à la fin des étés, ils n'ont plus que la blancheur des ossements. Le torrent roule à plus de cent mètres de profondeur, avec des mugissements diaboliques.

Des cascatelles s'épanchent pendant huit mois de l'année de ces deux remparts. Décembre, janvier et février les retiennent sous leurs glaces ; en cette fin d'été où nous sommes, elles sont taries. Rien de vivant dans ce défilé sinistre ; et pourtant tout à coup, à gauche, le sommet arrondi d'un mont vert se profile au-dessus de nos montagnes pelées. En ce moment, le chemin décrit au ras du rocher une courbe très brusque ; nous passons sur un pont de deux arches dont les pieds baignent dans le Gave, mais elles ne le traversent point, elles n'ont été jetées que sur le vide. C'est le pont de Hourat.

Il faut avouer qu'au siècle dernier, quand il n'y avait pas encore de route construite entre Laruns et les Eaux-Chaudes, le seuil de cette station thermale très renommée était singulièrement rude aux voyageurs malades. On gravissait ces escarpements à dos de mulet, par une effroyable rampe pratiquée dans le roc ; puis il fallait descendre par des degrés taillés de même, et sans parapets, la gorge du Hourat. Cet escalier primitif domine d'une hauteur vertigineuse le cours du Gave ; de l'autre côté, on retrouvait des mulets.

Vers 1780, on mit en exploitation les grandes sapinières qui dominent les Eaux-Chaudes, et les ingénieurs de la marine taillèrent, sur la rive gauche du Gave, une première route de voiture à travers ces énormes rochers. En 1849, on en a construit une nouvelle sur la rive droite, et il faut bien convenir que jamais route mieux entretenue n'a couru au fond d'un entonnoir. Elle est même relativement très douce, car, grâce à de nombreux lacets, la pente n'est que médiocrement inclinée. Ce pont de Hourat que nous venons de traverser est une merveille.

L'avertissement que reçoivent du conducteur à cet endroit tous les voyageurs arrivant en voiture est inutile ; une poussière humide qui leur fouette le visage a déjà éveillé leur curiosité. Le Gave en bas fait un bruit de tonnerre, et c'est lui qui, dans sa rage, vient de vous envoyer son écume aux yeux. On descend par un petit sentier d'abord, puis par un escalier de pierre jusqu'au bord du torrent. — Aimez-vous les belles horreurs ? — Si vous n'avez point vu ce tableau, vous n'aurez jamais une idée juste de la méchanceté d'un si petit ruisseau. Le Gave, en effet, n'a pas dix mètres de largeur moyenne ; mais il a la force d'un fleuve. Il bat les roches avec des fureurs qui ne sont point si plaisantes, car il les ébranle et les désagrège ; la violence de son courant est telle qu'il emporte d'énormes pierres ; il se brise à ces déchirures qu'il a faites ; l'eau monte en colonnes blanches qui s'abattent lourdement et rebondissent en une pluie de gouttelettes brillantes. On regarde ces petits prismes humides retomber dans les ténèbres ; on demeurerait des heures entières au pied de ce beau pont du Hourat.

Au-dessous du pont, la végétation reparaît enfin, à droite, au tournant de la route ; quelques maigres bouleaux laissent pendre leurs longues chevelures et, plus haut, quelques sapins étendent leurs bras noirs sur les rochers. Nous arrivons à un deuxième pont ruiné. Les deux routes se confondent ; l'ancienne passait ici brusquement sur la rive droite.

A mesure que nous avançons vers les Eaux-Chaudes, la végétation renaît plus vigoureuse. Le mont qui s'élève au-dessus de la rive gauche du torrent est tapissé de hêtres presque de sa base à son faîte ; quelques clairières s'ouvrent au milieu du bois. La rive droite est également très ombragée ; mais ici on a aidé et corrigé la nature. La disposition des arbres est celle d'un parc au bord de la route ; on y a placé des bancs, et nous rencontrons, en effet, des baigneurs qui font leur promenade de l'après-midi dans leur *couloir*. C'est que, de la station au pied du défilé du Hourat, ce chemin n'est que cela, vraiment : un couloir, d'abord affreux, puis aussi riant que peut l'être ce ruban étroit qui n'a point les chatoiements du soleil. Il paraît qu'en revanche, la gorge connaît les indiscrétions de certaine bise qui vous met la main à la poche. Allons ! ce conducteur est une mauvaise langue ! Il prétend qu'au lever du soleil le vent qui remplit le défilé est glacial en toute saison. Vers neuf heures il souffle encore, mais attiédi, et jusqu'à trois heures environ ne cesse point. Il tempère donc la chaleur du milieu du jour, et il tombe quand le soleil va baisser. La soirée est calme, et jusqu'au milieu de l'automne elle est presque chaude, mais souvent humide.

A l'entrée de la célèbre bourgade, vous ne trouverez qu'une ligne de maisons ; elles sont disposées comme sur un quai, d'ailleurs planté de beaux arbres au-dessus du Gave, et le dominant encore de cent mètres au moins. L'étroit espace où l'on a pu creuser les cours a été pris sur le pied du Gourzy, qui dresse sa grande ombre noire, verticale. De ce côté, c'est le chemin des hauts monts qui s'ouvre, celui de la région que le Ger domine à l'est, comme le pic d'Ossau la couronne au midi. — Sur le Gourzy, au-dessus des Eaux-Bonnes s'étendent les deux forêts d'Assous et d'Aas. — Cependant notre *coulou* s'élargit en une sorte de carrefour qui renferme une rue à deux rangées de maisons, comme toutes les rues, puis, en contrebas, une sorte de promenoir à l'entrée duquel est assis l'établissement thermal. Imaginez un grand bâtiment carré, flanqué de trois autres qui forment le demi-cercle, et renferment la piscine et ses réservoirs, les buvettes, les cabinets de bains et de douches. Le logis central, construit en marbre, contient des appartements pour les baigneurs, des salons, et au-devant, sur la façade méridionale, regardant la montagne de Goust, une grande salle ou galerie remplie de boutiques.

Le jardin de l'établissement est bien entretenu ; on y rencontre les groupes les plus disparates, dont le voisinage fait bien voir que les Eaux-Bonnes ne sont pas une station de mode ou de plaisir.

Au delà du jardin est un petit promenoir large de huit à dix mètres, bordé d'un côté de grands hêtres au-dessus du Gave, de l'autre de cafés. — De là, se voit le pont au delà duquel commence la route de Gabas. C'est le pont d'Enfer. Le torrent, à cet endroit, a la mine si farouche qu'il donne bien l'idée des méchantes rivières furieuses qui s'engouffraient dans le défunt Tartare. Une cascade s'épanche des flancs du *Coust*. Nous nous asseyons. Le jour baisse ; dans cette ravine profonde, l'ombre ne tombe point si rapidement qu'on se l'imagine. Le ruban brillant du Gave fait encore monter une lueur. Sur le bord opposé, d'autres promeneurs assez nombreux, qui ont franchi le torrent sur l'un des ponts rustiques jetés en aval de l'établissement, gagnent le pont d'Enfer.

Les Eaux-Chaudes.

Cette promenade de la rive gauche s'appelle la promenade d'Argoult. Une autre a été pratiquée au-dessus, et suit, sur un parcours de deux kilomètres environ, le flanc de la montagne ; c'est la Promenade Horizontale, bornée au sud et au nord par deux pavillons de repos. Sur la rive droite, au-dessus de la ville, est une autre promenade horizontale, qui aboutit à une montée presque douce, conduisant à la buvette Minvielle, sur un petit plateau. De là coule, en effet, la source de ce nom, et cet endroit est le seul aux environs de la station thermale où l'on respire un peu largement. C'est un lieu pittoresque, parfois jusqu'à la vraie beauté sauvage, que les Eaux-Chaudes ; mais, encore une fois, ce n'en est pas moins une prison.

Et de même que dans une prison il y a quelquefois beaucoup de monde, et que, pourtant, il ne se fait aucun bruit, le soir, quand, après le dîner, je sors de l'hôtel, je n'entends rien que le mugissement du Gave. Quelques promeneurs encore glissent sous les arbres ; je vois briller des lumières aux croisées et dans la rue à la vitrine de quelques boutiques. Point de flonflons : les malades, ici, sont de vrais malades qui se couchent de bonne heure. Point de ces conversations tapageuses qui animent ordinairement les villages béarnais ; dans la haute montagne, les habitants de ces lieux fermés sont naturellement graves et silencieux. J'ai l'esprit frappé par l'épaisse obscurité qui m'enveloppe, je marche, regardant la clarté vague du ciel, ce soir-là très pur, dessinant un V gigantesque au-dessus de ma tête, dans l'échancrement des monts. J'en laisse la pointe en arrière, elle semble s'avancer en même temps que moi ; les deux branches, heureusement, vont s'ouvrant devant mes yeux.

Le jour n'est jamais que tremblant aux Eaux-Chaudes, — mais la nuit y est pesante. Le matin, pourtant, a des jeux légers et charmants sur les cimes du mont boisé qui fait face au village. Les premiers rayons glissent obliquement, comme des flèches tordues, sur la cascade du pont d'Enfer et sur le flanc oriental du Goust.
— C'est là que se place naturellement la première excursion des touristes. Le hameau de Goust occupe un plateau situé à cinq cents mètres au-dessus des Eaux-Chaudes. Il n'a que douze maisons, et depuis trois siècles, n'en a jamais eu ni plus ni moins, car ce nombre

est relaté dans un historien de la Navarre, qui écrivait vers 1590. Ces douze maisons sont habitées par soixante-dix personnes qui ne forment qu'une famille. Les gens de Goust ne se marient qu'entre eux. C'est leur loi. Qui l'a faite ? Eux-mêmes. Il y en a d'autres dans le bas pays et dans toute la France que celle-ci pourrait contrarier ; mais à cette hauteur, on vit au-dessus des Codes. Goust forme une petite république que les préfets de la grande et des gouvernements antérieurs ont eu jusqu'à présent le rare esprit de ne pas déranger. Cela viendra bien quelque jour, quand il y aura, à Pau, un préfet en humeur de zèle. La république de Goust est gouvernée par un conseil des anciens, qui prononce sur toutes les contestations, et celui qui voudrait en appeler à d'autres juges devrait émigrer. Les anciens sont aussi les arbitres souverains de la convenance des mariages : ils tranchent *sans appel* la question de savoir si tel garçon convient à telle fille.

A Goust, c'est la pure vie pastorale ; on élève les troupeaux, on fabrique des fromages. Le père est comme une sorte de prêtre dans la famille, et l'assemblée des pères — ou anciens — est une réunion de patriarches. L'existence est tranquille, sans maux et sans misères. La mort seule — ou plutôt les morts — embarrassent un peu les gens de Goust ; car enfin, pour arriver chez eux, il n'y a qu'un sentier en zigzag dans le mont, et il ne leur est pas aisé de le descendre, chargés du poids d'un cercueil. Mais la difficulté se présente rarement ; on ne meurt presque pas à Goust, où la longévité est miraculeuse.

Nous passons la fin de cette journée aux Eaux-Chaudes. J'avoue que ce lieu noir m'obsède. Cependant nous allons continuer de le gravir, cet éternel défilé qui monte de Laruns au pic d'Ossau. Le matin, nous partons dans un *landau* attelé de deux chevaux vigoureux, conduit par un Béarnais aux grands traits réguliers, à l'allure grave et rude. Ces montagnards sont beaux, mais d'une beauté qui ne satisfait point ; il manque quelque chose, comme le fini, à cette ossature puissante ; leur démarche est vive, et pourtant elle est raide. S'ils ne sont point de haute taille, exception, d'ailleurs, assez rare, leur tête n'a plus de proportion avec le corps ; l'angle de leur visage paraît démesuré. Notre conducteur ressemble au roi Henri, mais il est plus âpre au gain que le fut jamais cet auguste modèle. Carrosse, bêtes et homme, nous avons payé tout cela au poids de l'or. — Là, vraiment, ne vous récriez point ; ce n'est presque pas une hyperbole.

Seulement, je confesse que les chevaux sont bons, et que l'homme est complaisant. Il donne sa bonne grâce par-dessus le marché ; mais le marché lui-même a été si serré ! — Enfin il fait le cicérone en même temps que le cocher, et tout à l'heure, sur le mont, là-bas, il fera le guide. — Nous remontons la rive gauche du Gave, et l'on nous a dit que nous allions cheminer sous une sapinière. Au-dessus et au-dessous de nous, le sapin est la seule essence qui ne figure point dans ce cadre sévère mais très varié. Je vois des hêtres ordinaires, puis une grande hêtrée rouge, des bouleaux, des merisiers, des buis énormes.

A notre droite, nous suivons le bois au flanc du Bouerzy. Nous traversons le petit torrent du Gée, descendant à droite du col qui porte le même nom. Là s'ouvre un sentier de mulets qui nous conduirait à Accous, dans la vallée d'Aspe. A quelques centaines de mètres plus loin, voici un nouvel affluent du Gave ; celui-ci vient du pic de Gaziès. La route s'écarte du torrent ; la forêt s'étend au fond d'une immense combe. Sur l'autre bord, le bois a cessé, pour faire place à de grandes rampes de roches, toutes nues, toutes blanches, aux déclivités régulières, que domine le pic de Lurdé. Une de ces roches, cependant, se couvre d'un manteau bien maigre de courtes plantes herbacées.

En ce moment, à droite, la sapinière commence. Ces sapins sont les plus beaux que j'aie encore rencontrés dans les Pyrénées. Ils ont une vieille gloire, puisque, enfin, c'est à eux que les Eaux-Chaudes ont dû, au siècle passé, d'être mis en communication avec le monde des vivants d'en bas. Sans les ingénieurs de la marine qui sont venus pour exploiter les géants de Gabas, la station thermale n'aurait pas eu de sitôt sa première route. La superbe forêt s'enfonce dans un nouveau défilé plus étroit. Les sapins descendant du sommet étendent leurs bras au-dessus de la route ; ils couvrent la pente du précipice, au fond duquel gronde le Gave, que nous avons cessé de voir. Des sapins sur nos têtes, des sapins à nos pieds. L'instant est de ceux qu'on n'oublie point : tout à coup, par-dessus cette prodigieuse ramure, le pic du Midi apparaît. Les deux dents de sa fourche s'avancent sur nous et nous menacent.

Nous franchissons les deux torrents de Broussette et de Bious, sortant des deux vallées du même nom, dont il faut bien reconnaître le dessin très particulier. Elles enveloppent le mont et l isolent de la chaîne. Il est là, justement comme le pic du Midi de Bigorre, son rival, en sentinelle avancée de l'armée des géants. Cependant, grâce à un effet de perspective, lorsque nous sommes entrés dans Gabas, il nous paraît plus éloigné que tout à l'heure, lorsque nous le voyions du milieu des sapins. En avant de l'ouverture des deux vallées, des montagnes plus basses se déploient en demi-cercle et le repoussent : c'est le Biscaout, le pic Lavigne et le Chérue. Mais le grand mont qu se recule ne s'en montre pas moins à nos yeux dans tous les détails de sa bizarre et fière structure. Quel cataclysme a fendu dans toute sa partie supérieure ce rude cône de granit ? Une large fissure sépare maintenant les deux pyramides tronquées. La plus haute et la plus large à sa base présente du côté de l'ouest des dentelures profondes ; la plus petite et la moins élevée est sensiblement inclinée — mais d'une inclinaison si raide que personne, jusqu'en 1857, n'en avait tenté l'ascension.

Quant à Gabas, cet heureux village-là est fait pour être décrit et loué en deux mots : il a simplement tous les charmes. De deux côtés la forêt l'enveloppe, — de deux autres côtés les grands monts. Assis entre les deux Gaves, dans un large espace ouvert, il est riant et ensoleillé. Il faut même avouer que le soleil y a plus de morsures en ce moment que de caresses. Vingt-huit degrés à l'ombre d'un porche qui précède son étrange et vieille église, et il n'est que dix heures ! Devant nous, dans un bas repli du pic Lavigne, dont le pied est tapissé de prairies, des faneuses, en jupes bariolées, corsage rouge et large chapeau de paille, mettent en petites meules l'herbe sèche. Un vieux chasseur s'achemine vers l'église ; il a le fusil au dos, un long bâton à la main, et porte sur ses épaules son butin du jour, un isard, dont les pattes se rejoignent sur sa poitrine. C'est Simon Bergès. Le vieux est depuis plus de soixante ans un redoutable ennemi pour ces pauvres isards et pour les chevreuils du Biscaout. Simon Bergès dépose sa proie sous le porche, sur un banc, et va entrer dans l'église. Nous le suivons.

Lutte de Bergès avec un ours.

Pour pénétrer dans l'église il faut descendre d'abord plusieurs degrés ; ce sanctuaire est une cave. Une autre singularité, c'est qu'elle est peinte toute en rouge. D'ailleurs, point de mauvais style ; c'est du xve siècle assez correct.

Revenus sous le porche, nous nous arrêtons surpris devant un spectable nouveau. Un escadron de légères nuées vient passer sur le soleil, et le pic du Midi à l'instant se coiffe d'une brume lumineuse. Le vieux chasseur, qui nous a rejoints, nous apprend que ce phénomène se voit sans cesse, au printemps surtout, quand l'atmosphère est encore chargée de vapeurs ; alors il se produit chaque jour plusieurs fois. Mais déjà voilà ce tamis d'argent qui se déchire, les deux pointes du mont s'élancent de nouveau dans l'espace.

Nous tenons Simon Bergès et nous l'invitons à *causer* sur le pays. Le vieux hoche la tête ; il veut bien ce que nous voulons, mais il ne sait rien. Son pays à lui, c'est le bois et la montagne, ce n'est pas le village. Eh parbleu ! qu'il nous parle de la montagne, de ses chasses, de ses isards et de ses chevreuils, même des ours, s'il y en a ! Et malgré nous, voilà que nous sourions. Cela ne l'étonne pas. Le bonhomme a remarqué que les « Messieurs de France » ne veulent pas croire aux ours, et qu'ils n'en peuvent pas parler sans rire. Pourtant, il n'en manque point là-haut sur le Biscaout ; c'est leur endroit favori, à ces bêtes. Cette année, le printemps était venu de bonne heure ; tout à coup la neige revient. Là-bas, de l'autre côté de la sapinière, dans le vallon du Gée, en une seule nuit, les bergers ont perdu six moutons. L'étable, qui n'est là que de précaution, et qui ne sert point à l'ordinaire, ne fermait seulement pas. Deux ours bruns — et il faut se méfier de ceux-là, parce qu'ils aiment la chair — ne trouvant plus de nourriture là-haut sous le manteau blanc, étaient descendus. On a tué l'un de ces deux voleurs, mais l'autre, la femelle, est toujours par là, et l'on croit qu'elle a trois petits.

Même, ils ont causé, le mois passé, une belle affaire ! Les filles des Eaux-Bonnes étaient venues dans la forêt de Gabas pour y cueillir des fraises, qui sont excellentes sous les sapins. Tout d'un coup, voilà qu'elles redescendent en criant comme des pies borgnes ; il y en avait qui étaient plus mortes que vives. Elles ont dit qu'elles avaient rencontré toute la famille. Dame ! c'est bien connu, l'ours c'est gourmand de fraises, pour le moins au tant que le chrétien. D'ailleurs, il n'aurait pas fait de mal à ces filles. Pourtant, c'est un brun. Faut avoir l'œil. Après ça, le noir est rare. Il n'est pas

Le Pic du Midi d'Ossau.

méchant. Seulement, on l'a bien plus chassé dans les temps, parce qu'il en valait mieux la peine; sa peau se vend plus cher.

Le vieux Bergès était sur sa voie, et il nous raconte une aventure absolument authentique dont il fut le héros.

Il avait découvert des traces d'ours sur le Biscaout et s'y rendait avec deux amis. Il les poste non loin de l'anfractuosité où il supposait que l'ours s'était réfugié, et lui-même, s'approchant du rocher, tire un coup de pistolet. A peine avait-il fait feu que l'ours, poussant un grognement terrible, se précipite sur lui, le terrasse, et d'un coup de griffe lui ouvre la cuisse jusqu'à l'os. Vainement les camarades de Bergès logent, presque à bout portant, deux balles dans l'épaule de l'ours; l'animal furieux ne veut pas lâcher sa proie; d'un autre coup de griffe il fend le front du chasseur, engueule un de ses bras et cherche à l'étouffer dans ses pattes énormes. L'homme et la bête, dans ce terrible corps à corps, roulent ainsi pendant une cinquantaine de mètres, jusqu'à ce qu'ils rencontrent une saillie de rocher qui les arrête. L'ours, que les balles avaient mortellement blessé, expirait en ce moment, rendant la liberté au pauvre Bergès en piteux état, mais qui se remit assez promptement.

— Eh bien! mon vieux Bergès, lui dis-je, vous avez passé là un mauvais moment, quand vous rouliez bec à bec avec ce coquin d'ours.

— Ah! je crois bien, Monsieur, me répondit-il: le gredin puait de la bouche que c'était une infection!...

La réflexion était bien bonne.

Ces récits du vieux chasseur ont la couleur de la montagne; nous l'invitons à se rafraîchir dans la *fonda* voisine de l'église. Aussi bien, il s'y rendait pour y vendre son isard. Jusqu'à la fin du mois de septembre, les trois hôtelleries de Gabas doivent être approvisionnées, car des parties y viennent sans cesse des Eaux-Chaudes, où la saison est moins courte qu'aux Eaux-Bonnes. Du perron qui précède la *fonda*, nous découvrons tout le village. Au fond est un petit castel, demeure délicieuse, à l'ombre des premiers contreforts du grand pic : c'est le château d'Espalure. En avant, au bord du Gave de Bious, une autre *fonda* sous les bosquets. Nous y faisons un repas sommaire, mais nous l'arrosons de rancis.

Au pied de l'hôtellerie, les chevaux nous attendent; notre cocher béarnais s'est transformé en guide. Rapidement nous montons la vallée, ou plutôt la gorge de Bious. Au-dessus de nous des sapins, au-dessous le Gave, qui, sans cesse se heurtant à des barrages de rochers, épanche des cascades furieuses, parfois des cascatelles plus lentes et d'une grâce infinie.

Les roches grandissent, la sapinière est plus serrée, le lit du torrent se creuse encore ; la forêt est interrompue par une haute muraille de granit, puis elle recommence et maintenant, coupée seulement par le sentier, occupe le versant jusqu'au Gave. Nous marchons au-dessus de cet énorme dôme sombre, que percent de distance en distance des sapins plus élevés, les uns en pleine vigueur, dressant leur pointe d'un vert tendre, les autres dépouillés et tout pelés, enlevant en gris lumineux leurs grands bras morts sur la masse noire. Ces cadavres d'arbres sont énormes ; tous ont été frappés de la foudre ; ce défilé superbe est un couloir d'orages.

Ce spectacle nous ravirait en pleine jouissance de la beauté pittoresque et sauvage, si la crainte du plus méchant accident ne venait nous troubler : le chemin est littéralement rempli de vipères. Ces hideuses bêtes sont là, paresseusement couchées sous le soleil cuisant, car il est midi ; les rayons tombent verticalement sur nos têtes et, malgré la fraîcheur voisine des sapins, l'air flamboie. Il semble qu'elles vont s'enrouler au pied de nos chevaux. Mais non, elles nous font place et s'écartent assez lestement, traînant leurs anneaux pour aller reprendre leur posture inquiétante un peu plus loin, sur des roches que nous allons raser au passage. La pensée de recevoir un reptile venimeux en manière de fouet au visage n'a rien de rassurant. Notre guide pourtant lève les épaules ; il jure « par le Dieu vivant » que jamais il n'est arrivé d'accident sur cette route. Les roches s'accumulent, montent comme des escaliers gigantesques ; et nous voyons encore sortir des têtes plates de leurs fissures. Ces degrés taillés dans la croûte granitique portent les sapins les plus grands que nous ayons encore vus, et parfois de longs frênes à la feuille claire et déliée. J'ai déjà observé que cette essence prospère à des altitudes considérables, mais elle indique presque constamment le voisinage de l'eau.

Aussi le chemin, décrivant un coude très brusque, nous met en présence d'une cascade. Le bruit en est violent et pourtant, intercepté par l'épais rideau des sapins, n'arrivait pas à nos oreilles ; nous com-

Dans l'Escala d'Aule.

mençons d'entendre cette belle cascade au moment où nous la voyons. La nappe étincelante roule de chute en chute. Jusqu'ici nous avons eu constamment le Gave à notre droite ; il semble que nous devions nous en écarter désormais, car une roche colossale se dresse, et nous voilà forcés de contourner sa base. C'est là qu'une nouvelle surprise nous attend. La vallée entière se déploie sous nos yeux, et rien ne nous cache plus le développement du mont.

Le Gave traverse un bassin dont le fond et les bords ont comme une étonnante fraîcheur de jeunesse : des prairies, de gigantesques hêtrées sur les premiers mamelons, les sapins sur les flancs du pic, et le pic lui-même, émergeant de cette ceinture verte, avec ses deux pyramides inégales blanches de neige, grises ou jaunes suivant les jeux de la lumière, partout où la pierre est nue. De tous les côtés de ce vaste amphithéâtre se dressent d'autres monts ; ces colosses de granit ont le même caractère que leur maître à tous, ce fier pic d'Ossau qui les domine. Ils sont pourtant bien plus ruinés. Voici l'Estremère, le Peyreget, Canaourouye, le Mahourat au sud, à l'ouest Hourquete, le pic de Bious, le pic de Lorry, au nord Ayous, et le mont d'Aule. A l'endroit que l'on nomme l'Escala d'Aule se voit un très bon poste, bien connu des chasseurs qui vont tuer l'ours à l'affût. Notre gravure représente un ours qui, dérangé pendant qu'il dévorait une brebis, se met en défense contre un vautour qui vient lui disputer sa proie.

Nous sommes ici au milieu d'entassements de prodigieux débris, car de longues convulsions secouèrent toute cette partie de la chaîne. Il y en a des témoins parlants : ce sont ces aiguilles qui s'élancent d'un chaos d'écroulement, ces dentelures profondes qui ont des dessins d'éclairs, ces ébrèchements et ces masses fendues de leur pied à leur faîte ; ces montagnes sont peut-être bien les plus déchiquetées du monde. Là-bas, du côté de l'Espagne, s'ouvre la pleine région de la désolation et des abîmes ; plus de végétation, plus de traces de forêts ; les derniers pâturages verts apparaissent dans cette direction du sud, aux versants de Canaourouye, dont la cime est hérissée de grands blocs de schiste couleur de sang. Au nord, il est vrai que la vue se repose sur la vallée d'Ossau, riante et verte, et, par les beaux temps, peut courir même jusqu'à Pau ; mais, à l'est, elle se heurte aux glaciers du Vignemale et du mont Perdu. A l'ouest, elle embrasse toute la chaîne, jusqu'à la pyramide blanche d'Anie.

Un accident nous a forcés de demeurer deux jours à Gabas. Nous revenions, mon ami B*** et moi, d'une excursion et nous voulions descendre avant la nuit ce que l'on nomme la *sagette braque de Bigné*, lorsque nous fûmes enveloppés par un brouillard impénétrable. Le

B .. tombant du haut de la terrasse du Bigné.

guide nous précédait, mais mon ami fit un faux pas et disparut tout à coup en jetant un cri. Il était tombé comme une masse du haut de la terrasse du Bigné. Fort heureusement le fusil qu'il portait en bandoulière et le sac qu'il avait sur le dos, l'empêchèrent de se briser les reins. Il en était quitte pour quelques égratignures. Malgré l'obscurité, nous parvînmes à rejoindre B. et à garder le bon chemin ; mais nous n'arrivâmes qu'assez tard à Gabas. Nous n'avions pas volé quelque repos.

Avant de quitter Gabas, nous avons repris la route de Bious-Artigues ; laissant nos montures à la garde d'un pâtre, nous gravissons les bords du petit gavelet de Magnebaït, puis des escarpements glissants et difficiles entre les pics Lavigne et Chérue, et les murailles septentrionales de notre mont d'Ossau. Deux heures suffisent pour atteindre le plateau de Magnebaït, une heure pour s'élever au col de Pombie. Le pic nous domine encore d'une hauteur de huit à neuf cents mètres ; le vrai chemin de l'escalade est là.

C'est aussi le champ des ruines. La base du mont, que nous contournons en marchant vers l'orient, est couverte de formidables éboulis ; les cassures du colosse de granit apparaissent profondes et menaçantes. Nous changeons de direction, inclinant, cette fois, vers l'ouest, glissant avec beaucoup de peine sur une étroite arête qui relie le pic d'Ossau au pic le plus immédiatement voisin, le Peyreget. Enfin nous pouvons atteindre le col de ce nom et nous descendons à un plateau disposé là comme pour recevoir les débris qui roulent de la haute pyramide d'Ossau. Partout des blocs effondrés, et c'est au milieu de ce chaos que nous arrivons au bord du lac de Peyreget.

Ici était le but de notre excursion ; nous avions voulu voir un des lacs de cette région si peu connue. Celui-ci est l'exemple de ce qu'on pourrait appeler l'aridité de l'eau. Nappe immobile d'un bleu sombre, sans la plus petite trace de végétation sur ses rives, dominée au nord par la muraille absolument nue du pic qui se dresse à une hauteur de 3,000 pieds. La sensation que nous en éprouvons est lourde et maussade ; c'est comme la fin de l'écrasement. — Nous reprenons notre rude chemin, redescendant vers le bassin de Bious-Artigues, ayant devant les yeux les pics d'Ayous et de Lorry, et les premières masses de l'Aule.

Les Eaux-Bonnes et le jardin Darralde.

LES EAUX-BONNES

Des Eaux Chaudes on redescend à Laruns, et de Laruns on remonte aux Eaux-Bonnes. Il y a un autre chemin ; ce n'est pas celui des ingénieurs. On le prend à gauche de la route de Gabas, on laisse de côté la buvette Minvielle. Alors, ce n'est plus monter, c'est grimper. La riche commune de Laruns ferait dessiner ici quelques lacets sans s'appauvrir ; les touristes lui paieraient un tribut encore bien essoufflé, mais un tribut enfin de reconnaissance. Ce sentier rude entre les rudes passe au bord d'une petite grotte d'où jaillit un filet d'eau bouillonnante, et arrive bientôt à une autre cavité très célèbre. La grotte des Eaux-Chaudes, s'il vous plaît !

Je ne voudrais point en médire ; je ne parle que par humanité, quand je demande que l'entrée en soit interdite, sous des peines sévères et positives, aux malades de la station. Un froid mortel me saisit à la gorge ; je ne suis point en traitement, moi, mais voilà de quoi m'y mettre.

Cette grotte s'ouvre à mille mètres d'altitude, elle en a cinq cents de profondeur. Je ne suis pas un bon juge de la beauté de ces lieux noirs, et je me borne à dire que celui-ci est étrange. On n'y trouve point que de l'eau ; on y reste surpris, devant une végétation souterraine, et l'on pense à ce roman de Jules Verne qui nous transporte dans un monde vivant sous notre croûte terraquée. Une grande roche dans la grotte des Eaux-Chaudes est couverte jusqu'à son pied baignant dans un torrent, de broussailles et d'arbustes. Sur ce torrent formé, me dit-on, des larmes du Ger, descendant par le plateau d'Anouillas, à l'ouest du mont, un pont a été jeté. On marche au-dessus des ténèbres de l'abîme. Un long souterrain fait suite à la grotte ; le torrent s'y engouffre ; on l'entend hurler sous les roches. Il paraît pourtant qu'au printemps il roule par-dessus et par-dessous, et son cours supérieur, alors très accidenté, puisqu'il descend d'étage en étage, ne forme plus qu'une série de cascades jusqu'au Gave d'Ossau, qui reçoit ce bruyant petit cousin.

Nous montons à travers une forêt de buis. La couleur en est charmante ; *semper virens*, dit le latin. Ces arbustes atteignent ici des dimensions d'arbres, et leurs troncs bossués sont énormes.

Longuement, lentement, nous gravissons un sentier qui conduit à des pâturages ; on y voit des bouquets de bois et des arbres isolés, en avant d'une forêt, — une vraie forêt celle-là, qui s'étend sur les pentes. La hêtrée déploie ses ondes d'un vert brillant puis, comme toujours dans cette partie des monts, la sapinière s'y mêle, et bientôt il n'y a plus qu'elle. Ces bataillons sombres se rangent en longues files jusqu'à une haute muraille de roches blanches que nous devons longer en nous dirigeant vers l'est. — Nous sommes sur le plateau du Gourzy.

Ouvrez les guides, écoutez les gens du pays ; tous vous diront que la vue n'en est pas moins intéressante que de la plaine de Bious-Artigues enserrant le pic du Midi ; quant à moi, je la trouve plus belle. Nous sommes aussi bien placés dans la région des sommets puisque nous touchons à 1,830 mètres. Au sud, nous avons la même perspective sur les monts ébréchés, dont l'autre versant descend en terre espagnole. Mais à l'est nous embrassons dans son développement presque tout entier le beau pic du Ger ; à l'ouest, la chaîne qui environne Laruns ; au nord, les campagnes du Béarn, traversées par les rubans argentés des Gaves.

A cette hauteur, après une ascension relativement aisée et douce, les yeux, perdus dans ce grand moutonnement de cimes, de neiges, de forêts, j'éprouve une heureuse sensation de liberté profonde, de repos infini. J'ai retrouvé la même émotion tranquille dans les pâturages de Gourette, au-dessus du col d'Aubisque, avec une pointe plus vive d'admiration qui dérangeait un peu ma béatitude, car à Gourette le spectacle est plus large encore. Mais là comme ici, j'ai opposé la même résistance passive aux adjurations de mon compagnon qui voulait me remettre en route. — Pourquoi partir ? Pourquoi redescendre ? Y a-t-il rien de plus beau, tout le temps que le soleil brille ? Et ne verrons-nous point d'autres beautés, quand la nuit étendra ses voiles — pour parler comme les poètes de profession ?

La profession est jolie. Elle ouvre quelquefois les portes de l'Académie, on assure qu'elle ne mène plus à l'hôpital ; — apparemment parce que ceux qui l'exercent tournent à temps le dos à la muse, — laquelle n'a jamais fait de mal qu'à ceux qui la regardent par devant.

La descente du plateau du Gourzy est de celles dont on ne parle point. Elle offre justement les mêmes accidents que la montée. C'est d'une précision presque mathématique. D'abord un bois, de grands buis, d'autres pâturages plus petits, parsemés d'autres arbres isolés, une autre forêt de hêtres. Cependant une étroite et sauvage petite vallée s'ouvre à droite ; c'est là que monte le sentier que doivent suivre les ascensionnistes du Ger. Nous joignons un autre plateau d'où la vue s'étend sur toute la vallée d'Ossau, puis nous retrouvons une sapinière, puis une nouvelle hêtrée. Nous touchons aux Eaux-Bonnes.

Nos valises, pendant ce temps, ont suivi la route carrossable. La diligence de Pau aux Eaux-Bonnes, qui monte par ces lacets ingénieux, a laissé derrière elle, à l'embranchement, le chemin qui conduit aux Eaux-Chaudes ; les voyageurs ne se doutent point qu'ils ont perdu l'occasion de voir le défilé de Hourat. Peut-être y reviendront-ils pourtant en excursion ; on est très « excursionniste » aux Eaux-Bonnes, — bien plus qu'à Cauterets, presque autant qu'à Luchon Ces méandres nombreux qu'il faut décrire pour y arriver adoucissent infiniment la pente. C'est un bel ouvrage d'ingénieur que cette route presque partout creusée dans le roc. A droite, elle longe les versants du Gourzy ; à gauche, elle court au-dessus du bassin de Laruns. Le

Gourzy et le massif des Eaux-Bonnes ferment le val d'Ossau, au midi, sauf l'ouverture, ou la fissure plutôt, qui forme la branche montant vers les Eaux-Chaudes, par la gorge noire de Hourat.

Dans la vallée, les villages se blottissent aux plis des monts ; le plus curieux est celui qui apparaît collé au flanc de la Montagne-Verte, qu'on ne perd pas un instant des yeux en montant ; plus haut perchés, voici Aas et Assouste. Le torrent du Valentin descend avec une rapidité furieuse, et, plus loin, se mêle au Gave d'Ossau. En ce moment, on va joindre les Eaux-Bonnes, et l'on voit d'abord se présenter une belle promenade et un énorme bâtiment de briques, avec des figures de tours et des manières de bastions. Qu'est-ce que cette forteresse étrange ? Rassurez-vous, voyageurs timides : c'est un casino.

L'entrée de la célèbre station thermale ne procure point la même sensation d'étouffement que l'arrivée aux Eaux-Chaudes. Le lieu pourtant est resserré. A droite, le sempiternel Gourzy, dont le versant boisé fait pencher son ombre ; à gauche, la Montagne-Verte. Au fond, au milieu d'autres hauts feuillages, une pointe de montagne, d'une hauteur prodigieuse, qui paraît glisser vers vous avec une ferme résolution de vous écraser sur l'heure : c'est le pic du Ger. Mais, au-devant, dans la direction du nord, l'espace est ouvert, la vue est libre.

Les Eaux-Bonnes n'ont en réalité qu'une rue, montant du seuil de la ville à l'établissement thermal, et d'abord s'élargissant pour former une place assez vaste, avec une promenade au centre. Là, il y avait autrefois un torrent, la Sourde. On l'a canalisé et recouvert ; on l'entend gronder sous cette promenade, nommée le jardin Darralde, en mémoire d'un médecin qui fit naguère beaucoup de bien aux Eaux-Bonnes. Il est trois heures de l'après-midi ; sous les arbres de ce jardin, dans un kiosque assez élégant, un orchestre se fait entendre. Le côté droit, le fond du jardin, la rue qui le longe, sont bordés d'hôtels ou de maisons meublés. Sur une bande étroite de terrain pris sur les roches et dessinant une sorte de croissant, dont l'une des pointes expire près du Casino, sont établies des boutiques où se vend de tout un peu, comme dans la galerie couverte des Eaux-Chaudes. Au sud de la promenade se tiennent des guides auprès de leurs mulets. Magnifiques gaillards, portant le costume du val d'Ossau, légèrement approprié au goût moderne : chemise rouge, guêtres de laine blanche, culotte de velours brun, le fouet en ban-

Le val de la Sourde.

doulière. L'un d'eux, qui est presque un vieillard, a vraiment une superbe allure ; c'est le plus beau type béarnais.

Des landaus attelés de quatre chevaux débouchent en ce moment ; ils ramènent à grand bruit des excursionnistes qui ont visité le col d'Aubisque, suivant une route aérienne qui conduit des Eaux-Bonnes à Argelès, la route la plus élevée de l'Europe après celle du Saint Bernard. Une troupe élégante descend de ces voitures et rentre au plus luxueux de tous les hôtels ; des valets cravatés de blanc viennent recevoir les voyageurs. On a grand ton aux Eaux-Bonnes.

Il paraît qu'au commencement de ce siècle, on n'y voyait que des maisons de bois. A la place où s'élève maintenant ce kiosque d'où s'échappent des flonflons, la Sourde coulait entre des arbres qui ont servi à ombrager la promenade. Si ces arbres parlaient, ils vous diraient sans doute qu'ils aimaient bien mieux se mirer dans l'eau. On ne les a point consultés. Au fond, où se carre à présent le plus vaste de ces hôtels, il y avait des roches moussues qu'on a fait sauter pour construire. La poudre sert décidément à toutes sortes d'usages contradictoires. C'est sur la nature que l'on a conquis l'emplacement de ces bâtiments somptueux. Pauvre nature !

Il est à remarquer que ce besoin de retrouver partout où l'on va les élégances parisiennes et la vie dépensière est tout à fait moderne. Les grandes gens des deux siècles civilisés qui précédèrent le nôtre n'avaient point de ces coûteuses et vaniteuses envies ; ils venaient aux Eaux comme en un lieu de cure, et aussi comme en un lieu champêtre, cherchant à la fois le remède et le repos. Même, comme ils étaient avisés, ils n'auraient pas volontiers prêté les mains à des embellissements et amusements qui devaient avoir l'inconvénient d'amener les *valides* en quête de locomotion et de plaisir. Il est vrai que l'état des routes, alors, les garantissait assez bien contre ces invasions parasites.

La méthode actuelle est excellente pour la prospérité des villes thermales. Aux Eaux-Bonnes, où passent annuellement de six à dix mille étrangers, cherchez dans la foule les visages souffreteux. Vous en trouverez surtout de gras et de fleuris, quelques-uns de roses Ce n'est point à ceux-ci qu'on en veut ! Une troupe d'Anglais descend d'un lac au pied du pic de Louesque ; ils sont plus raides encore, plus gourmés qu'à l'ordinaire, car ils viennent de se retrouver en face de leur élément. Chamfort parle d'un Anglais qui, toutes les fois qu'il rencontrait un trou d'eau, s'écriait : Ceci est à nous ! — Malades, ces gens-là ! Mais ils iraient à pied au bout de l'Espagne. Une famille française se prélasse sur la promenade, le gros papa et la forte maman conduisant leurs filles. On me dit que ce sont de riches marchands parisiens ; je ne sais quelle marchandise ils débitent ; sûrement ils auraient aussi de la santé à revendre. Le beau monde traverse la foule en la regardant d'un peu haut. Ces heureux hôteliers s'enrichissent ; les habitants de la ville, qui louent leurs logis pendant la saison, s'arrondissent. Tout le monde est content, les uns pour avoir empoché, les autres pour avoir dépensé. Se sont-ils amusés ? Si oui, tout est bien. Il n'y a d'incommodés que les malades, peut-être.

Il y a bien aussi ceux qui, comme nous, cherchent à la montagne les aspects et la vie de la montagne, et ne sont point satisfaits d'y trouver un coin du boulevard Haussmann. M. Taine, dans son *Voyage aux Pyrénées*, a lancé une boutade amusante contre les riches bâtisses des Eaux-Bonnes ; encore le Casino n'était-il pas debout au temps où il voyageait, et ce Casino est tout simplement une horreur qu'on a implantée au seuil d'une des plus belles promenades qui soient au monde.

La Promenade Horizontale contourne le flanc du Gourzy, et son nom dit assez qu'elle reste toujours au même niveau sur tout son parcours, qui n'est pas de moins de cinq kilomètres ; elle joint la route neuve des Eaux-Chaudes. Nous l'avons suivie, d'abord le soir. Les masses noires formées par les hêtrées du mont se bercent au-dessus de nos têtes ; au-devant de nous, des demi-ténèbres, car la nuit est très claire, enveloppent la vallée ; des lumières brillent dans les villages, un ruban lumineux court au fond de la plaine : c'est le Gave. La vue est la même que l'on embrasse en montant à la ville par la route à lacets.

Nous avons, le lendemain, par une matinée assez sombre, refait cette lente et gracieuse promenade ; le Gave malheureusement, sous le ciel orageux, n'avait point son éclat accoutumé ; ce n'était plus qu'un miroir d'étain où les chutes d'eau jetaient leur écume blanche ; les monts déchiquetés qui enserrent Laruns étaient coiffés de nuées.

Le soir aux Eaux-Bonnes, sur la promenade Darralde, les flonflons recommencent, l'orchestre nous régale d'une nouvelle harmonie. Après l'aubade, la sérénade. Afin que ce soit tout à fait espagnol, un vent brûlant se met à souffler ; il arrive d'Aragon, il vous prend aux nerfs et à la gorge, il vous met la sueur aux tempes, il vous étouffe. Des colonnes d'air, sans air, — un simoun. Les gens du Nord, qui ne savent d'où leur vient cette angoisse, disent tout simplement : C'est l'orage, la pluie va s'en mêler. — Ils lèvent les yeux au ciel et demeurent stupéfaits de le voir d'un bleu intense. La pluie tombera, mais plus tard, pendant la nuit. Dans notre promenade du lendemain matin nous avons trouvé les nuées prêtes à s'ouvrir. L'orage n'a duré que deux heures. L'hôtelier triomphant nous annonce la hausse du baromètre, que le vent d'Espagne fait toujours baisser.

Notre hôtel est sur le côté gauche de la rue ; les fenêtres de la façade postérieure s'ouvrent sur le Valentin, roulant en cascade au pied de la Montagne-Verte. La Sourde vient y tomber. Du haut d'une galerie de bois, pendant la pluie, nous avons examiné cette chute d'eau, qui est sauvage et assez belle. Nous regardions les hameaux incrustés dans la montagne. Assouste a eu sa maison seigneuriale. Ce qu'on en voit aujourd'hui, c'est plutôt des restes que des ruines.

L'ondée est passée, nous sortons. La température a singulièrement baissé ; le jardin Darralde est désert, les arbres frissonnent. C'est que la neige a voulu se mêler à ce trouble atmosphérique de la nuit et du matin ; les sommets en sont couverts. La cime du Ger, qui ne l'a point gardée à cause de la rapidité de ses pentes, se détache comme une pyramide d'or pâle sur ce fond blanc. C'est une étonnante et riche harmonie de couleurs. Nous montons la rue ; les guides sont là, les mulets attendent avec un air d'indifférence qui trahit leur secrète pensée. Les animaux sont presque tous capables de mémoire et de cet acte d'intelligence qui s'appelle la comparaison. Cependant il faut, pour l'éveiller, des images sensibles. Et bien, ces images les voilà : c'est l'orage et la neige. Ces mulets savent bien ce qu'ils gagnent au mauvais temps et ce que leur coûte la sérénité du ciel. Aujourd'hui, on ne les mènera pas à l'ascension du Ger.

L'établissement thermal est situé au-dessous de la butte du Trésor, un rocher bien nommé, puisque c'est de sa base que jaillissent les sources ; il s'agit ici d'un trésor humide, qui n'en est pas moins solide. Je crois avoir fait un jeu de mots ! La partie qui m'y plaît surtout, c'est un promenoir couvert donnant sur un petit espace ombragé qu'on appelle la place des Termes. — L'église catholique, grand édifice tout neuf, s'élève à droite ; plus loin, au pied même de la butte, est une chapelle protestante, puis à gauche du promeneur qui monte, l'hôtel de ville, bâtisse surprenante. Le rez-de-

Cascade sous la route d'Arrens.

chaussée a l'air d'une prison, le premier étage d'une orangerie ; sur le tout des greniers. Là, pourtant, est un musée botanique rassemblé par les soins du savant M. Gaston Sacaze. En face de l'hôtel de ville on voit un petit kiosque, au-dessus d'une source d'eau froide. Le kiosque sert de buvette.

La promenade de l'Impératrice commence ici ; elle est célèbre et n'a point usurpé sa réputation ; elle court à travers la gorge du Ger, tourne la butte du Trésor, et dessine une pointe profonde dans la vallée du Valentin. Elle se prolonge sur la route d'Argelès, passant sur un pont très élevé qui traverse le Valentin. C'est le chemin des cascades ; la visite aux chutes de Discoo, du gros Hêtre et du Serpent est le complément naturel d'une excursion si courte et si douce, qui ne demande que deux heures, à petits pas, sur un parcours de trois kilomètres, avec de fréquentes stations.

La cascade du Serpent est très pittoresque. Entre deux pointes grises, une sorte de petit plateau s'avance ; l'eau écumeuse y glisse, et va suivre jusqu'au fond de la ravine les reliefs et les dépressions des roches. Ce filet d'eau, car la chute n'a pas une largeur de plus de deux mètres, tantôt se renfle à l'angle de la pierre, tantôt se replie dans les fissures, et donne assez bien l'idée des ondulations d'un énorme serpent. Les bords sont tapissés d'arbres nains que le flot courbe au passage ; en beaucoup d'endroits la roche est nue. Cependant un grand hêtre encore s'élance, en haut, d'une fissure plus large. L'hiver, la cascade se gonfle et recouvre presque toute cette grande paroi abrupte ; c'est pourquoi la végétation ne s'y développe point. On peut descendre au pied de la chute ; la fraîcheur qu'on y trouve est encore redoutable.

La vie aux Eaux-Bonnes veut un apprentissage ; j'avoue qu'elle a des charmes très pénétrants ; mais il faut apprendre à les connaître, et, quant à moi, j'ai dû vaincre surtout l'irritation que me causait l'aspect de ces grandes « bâtisses » du jardin Darralde. Le lieu pourtant est très doux. On se laisse aller sous ces arbres à la nonchalance du repos, après les excursions du jour, et même à la cadence de ces flonflons. On songe à la course du lendemain.

Et le lendemain, il se trouve que la matinée est calme, que le ciel est pur ; en suivant lentement une autre promenade qui court sur les pentes boisées descendant au Valentin, en face de la Montagne-Verte, l'envie prend de passer l'eau. Ce bloc verdoyant sollicite une curiosité vague, qu'il est, heureusement, bien aisé de satisfaire. Des sentiers bordés d'arbres le gravissent en zigzag. Ce n'est point une géante, cette Montagne-Verte, comme le Ger, l'Arcizette, et même le Gourzy, qu'elle regarde. Onze à douze cents cents mètres, pas davantage, et l'on peut dire que, grâce à ces chemins frayés et à ces ombrages, la montée en est agréable.

Montaigne, ce grand sceptique, qui avait l'horreur des médecins et ne croyait qu'aux « remèdes de nature », connaissait les Eaux-Bonnes, qu'on appelait aussi, en ce temps-là, les Eaux d'Arquebusades, parce qu'elles paraissaient propres à la guérison des blessures ; il avait, d'ailleurs, visité toutes les stations thermales des Pyrénées, celles de Plombières en Lorraine, celles de Lucques en Italie ; il a parlé longuement des « bains de Banières » ; mais il admettait l'efficacité de toutes les sources sans être enthousiaste d'aucune.

« Quant à leur boisson, la fortune a faict premièrement qu'elle ne
« soit aulcunement ennemie de mon goust ; secondement, elle est
« naturelle et simple, qui, au moins, n'est pas dangereuse si elle est
« vaine, de quoy je prends pour respondant cette infinité de peuples
« de toutes sortes et complexions qui s'y assemble... Aussy, je n'ay
« veu guère de personnes que ces eaux ayent empiré, et ne leur
« peult-on sans malice refuser cela qu'elles esveillent l'appétit, faci-
« litent la digestion et nous prestent quelque nouvelle alaigresse, si
« on n'y va pas par trop abattu de forces, ce que je desconseille de
« faire : elles ne sont pas pour relever une poisante ruyne ; elles
« peuvent appuyer une inclination légère ou prouveoir à la menace
« de quelque altération. Qui n'y apporte assez d'alaigresse pour pou-
« voir jouir le plaisir des compaignies qui s'y trouvent, et des pro-
« menades et exercices à quoy nous convie la beauté des lieux où
« sont communément assises ces Eaux, il perd sans doute la meil-
« leure pièce et la plus asseurée de leur effet. A cette cause, j'ay
« choisi jusques à ceste heure à m'arrester et à me servir de celles
« où il y avoit le plus d'amœnité de lieu, commodité de vivres, de
« logis et de compaignies. » — On voit que Montaigne n'était pas ennemi des récréations pendant les cures ; seulement, il ne les entendait peut-être pas telles qu'on les recherche aujourd'hui. Son plaisir à lui, c'était la conversation. En son temps, on ne connaissait guère de la musique que la viole et le hautbois ; nous étions loin de l'orchestre du kiosque dans le jardin Darralde. Au reste, je ne jurerais pas que Montaigne ait trouvé en ce XVIe siècle, aux Eaux-

Bonnes (*Aigues-Bounes* alors), « l'amœnité de logis » qui lui plaisait. La bourgade était très rustique ; elle ne l'est peut-être plus assez.

De ce jardin Darralde au sommet de la Montagne-Verte, il ne faut qu'une heure ; nous montons jusqu'au village d'Aas, que le chemin laisse à droite, en décrivant un nouveau méandre pour gagner le faîte. Là, nous nous arrêtons longtemps, car c'est le meilleur des observatoires sur la vallée de Laruns. Nos lorgnettes sont assez puissantes pour nous permettre de plonger au fond des villages ; nous suivons les troupeaux conduits par les pâtres dans les prairies, au bord des eaux ; nous avons sous les yeux le tableau mouvant de la vie rurale à la montagne. Dans le gros bourg de Laruns, les enfants sortent de l'école ; la classe du matin est terminée. Un convoi funèbre descend du hameau de Bagès, situé au-dessus de Béost. Nos regards courent au loin jusqu'au seuil de la belle vallée, déroulant sa verdure et ses eaux claires dans son cadre de montagnes malheureusement nues. L'orage est tout à fait dissipé ; cependant, à l'ouest, les montagnes sont encore coiffées de vapeurs ; mais peu à peu elles se dispersent ; ce ne sont plus que de longues écharpes qui s'envolent, et dont chaque coup de vent arrache un lambeau.

C'est par Béost que nous redescendons ; nous traversons Laruns, nous remontons aux Eaux-Bonnes par la route neuve, passant bientôt au-dessous des escarpements qui portent la longue terrasse de la Promenade Horizontale, et nous piquons sur la promenade Gramont. Cette promenade s'ouvre au fond du jardin Darralde et monte sous les hêtrées ; elle n'a point de beauté particulière, et tout son mérite est dans une branche supérieure, qu'elle forme à mi-côte et qui prend le nom de promenade Jacqueminot. Nous joignons bientôt des sapins qui succèdent aux hêtres, et derrière les branchages sombres, à droite, nous voyons se balancer comme de grandes vagues de lumières. C'est un attrait invincible qui nous amène au bord du bois. Un immense panorama se déploie devant nous, vers le nord, et nous embrassons, bien mieux que de la Montagne-Verte, le val d'Ossau tout entier et les vallées qui partout en rayonnent comme les rameaux d'un grand arbre qui vont s'élançant du tronc. Au loin, dans cette même direction du plein nord, des clochers et de hauts toits percent les brumes. C'est Pau.

COL D'AUBISQUE, GABIZOS
VALLÉE DE FERRIÈRES

C'est de la Montagne-Verte surtout qu'on reconnaît bien la disposition de la haute muraille qui ferme le bassin des Eaux-Bonnes. La crête en relie les sommets, le Caperan, le Pambassibé au pic du Ger, qui en est l'extrême faîte. Nous suivons à cheval le val de la Sourde, mais, au lieu de nous élever dans la Coume ou la *Combe d'Aas*, nous prenons à droite le ravin de Balour. Ce Balour vous a des escarpements terribles ; on peut le gravir à cheval, il vaut mieux le descendre à pied. En moins d'une heure il conduit à une belle sapinière ; c'est le point culminant. Alors nous glissons dans des pâturages arrondis en forme de cirque ; l'herbe en est fine et serrée.

De nouvelles peines assez légères nous conduisent au plateau d'Anouillàs qui fut un lac. De grands entonnoirs s'y creusent à des intervalles irréguliers ; les eaux se sont ouvert ces chemins ténébreux et s'y écoulent. Des barrages de rochers marquent les anciens bords du miroir flottant. Chaque hiver, quelques parties du sol s'affaissent encore et dérangent cette croûte verte, qui porte alors un poids énorme de neige. Il est pourtant certain qu'on peut s'y frayer passage, pourvu que la peur n'arrête point et que la passion soit de l'aventure.

La vue, ici, est déjà belle ; un peu d'hésitation nous retient, mais bast, en avant ! La paresse du pied est une mauvaise conseillère dans les montagnes... Nous atteignons un autre plateau dont l'aspect est fort gai. Ce plateau de Cardoua est comme un fond d'entonnoir dont les parois sont toutes vertes, et cette verdure n'est qu'un piège, elle est plus glissante que des roches lisses. Notre guide nous assure qu'il ne connaît pas d'endroit plus malaisé à gravir, quand des plaques de neige sont encore attachées à ces pentes perfides. — Il n'y a plus de neige. Escaladons cette crête de la grande muraille. Ouf! l'arête du Pambassibé est rude et sévère, le pic se dresse là, à notre droite ; à gauche, le premier sommet du Ger nous apparaît en ligne verticale au-dessus de nos têtes. Nous montons, montons une heure entière, sans nous arrêter à ce premier faîte. Nous n'en voulons qu'à la cime.

Enfin, nous voilà sur une sorte de plate-forme qui a reçu le nom tout à fait aimable de *Salon ;* c'est très joli d'être au Salon, mais il faut y arriver, et si vous voulez, ami lecteur, examiner la vue du Passage qui y conduit, vous verrez que l'escalade n'est point des plus faciles. Mais quel panorama ! Nous avons dépassé deux mille six cents mètres d'altitude et le tableau qui se déroule sous nos pieds et devant nos yeux présente un choc merveilleux de plans qui se croisent et semblent se mouvoir. La plaine est immobile avec ses plis de verdure éclairés par les eaux ; mais des monts s'enfuient.

Au sud et au couchant, des cimes fendues, des pics déchirés, les nappes vertes des pâturages, et le flot noir des forêts, de ce côté peu de neiges ; la grande fourche d'Ossau ; entre ses deux dents, la haute chaîne de la vallée d'Aspe et le Balaitous ; plus à l'ouest, en inclinant vers le nord, la dentelure des monts de Laruns, le Saint-Mont au seuil du bassin. A l'est, la région des grandes cimes, du pic du Midi de Bigorre aux glaciers du Vignemale et du mont Perdu ; ici, les champs de neige, les glaciers, les lacs, les vallées supérieures de Marcadau et de Gavarnie, dominées par les massifs de Troumouse et du Marboré ; un autre géant, une autre mer de glace, le Néouvielle ; presque au premier plan, de ce même côté, le Gabizos, le pic du Midi d'Arrens, à ses pieds la vallée d'Azun.

Sur cette étendue immense, le dessin général des Pyrénées apparaît clairement ; sa régularité est frappante. Toutes ces grandes arêtes sont parallèles, et les vallées les séparent comme des coupures profondes. Les glaciers ont glissé dans les plus hautes, les lacs remplissent les bassins supérieurs ; les torrents descendent dans les plus

Passage pour arriver au Salon.

basses, où se sont établies les habitations humaines. Chaque nodosité de la crête donne naissance à une chaîne transversale, dont les plis répètent ceux de la haute chaîne, et dont les chutes vont par étage jusqu'à la plaine. Chaque pic projette comme deux branches, deux contreforts latéraux. Cette disposition uniforme vient apporter une confirmation éloquente aux suppositions de la science, d'après lesquelles les Pyrénées, formées par un soulèvement unique, n'auraient été d'abord qu'un prodigieux bourrelet dressé comme un rempart de l'une à l'autre mer. Elles ne devraient leurs dépressions, leurs gorges, leurs *ports*, leurs vallées, qu'au travail des eaux. Il est vrai que des contradictions viennent déranger cette théorie. Quelques pics, la Maladetta, le Canigou dans le Roussillon, le pic du Midi de Bigorre, le mont d'Ossau, ne se rattachent pas à l'ensemble de la chaîne ; ils sont isolément et fièrement campés en avant ; ils dépassent de plusieurs centaines de mètres la grande arête centrale.

Si, montant au Ger, nous passons par les chemins qui contournent la butte du Trésor, nous pouvons embrasser une dernière fois le massif qui domine les Eaux-Bonnes à l'ouest et au midi. D'abord le Gourzy, que la combe de Balour sépare de la croûte du Ger. A droite, le pic d'Arcizette ; devant nous, au-dessus de la promenade de l'Impératrice, les premiers contreforts du Ger lui-même, puis les escarpements du mont, de grandes arêtes verticales au-dessus de la rive droite du Valentin. Nous suivons la rive gauche et les flancs boisés du Bouy : c'est la route d'Argelès et de Cauterets.

Point de hameaux ; les maisons isolées, de plus en plus rares, sont collées au mont. Quelques coins de jardins maigres ont été conquis sur les roches ; la clôture en est faite de pierres sèches prises aux éboulis qui viennent sans cesse ébrécher ce Bouy sauvage.

Cette route est désolée ; le bois qui tapissait la montagne à notre gauche a cessé ; la roche est nue, et parfois offre de belles lignes sur l'autre bord ; les aspects du Ger changent à chaque instant ; maintenant il nous présente l'image de quatre murailles colossales superposées. Quelques arbres reparaissent sur notre droite, puis l'aridité recommence avec un caractère plus âpre ; ces blocs exposés au midi sont calcinés par le soleil. Tout ce cadre dépouillé qui nous enveloppe reçoit ces rayons brûlants et nous les renvoie comme un souffle de feu. Le chemin est déjà très raide, et nous montons avec beaucoup de lenteur. Voici une auberge. L'hôtelier a construit une sorte de kiosque pourvu de bancs et d'une table au bord même de la ravine. Au fond, coule le torrent, sans cesse se heurtant à des barrages et bondissant en cascatelles. Nous sommes sur une sorte de demi-plateau formant le croissant. C'est de la corne du nord, dominée par un grand cône blanc, que tombe d'une hauteur de deux cents pieds la cascade de Larrieusec. Nous descendons, pour la mieux voir, au fond du ravin. Ce coin du monde d'en bas s'appelle, dans le pays, la plaine de Ley.

Au fond, vers le sud, une grande muraille, à l'angle de laquelle s'ouvre entre les hautes roches un couloir d'où sort le Valentin pour former la chute. Le torrent vient raser le pied des monts à droite ; des prairies coupées de ruisseaux s'étendent entre son lit orageux et la base de ce plateau qui porte la route. Outre la pyramide blanche de Pène Medea, deux sommets nouveaux apparaissent : le mont Laid au midi, la Latte à l'est.

Un garçonnet nous guide vers la cascade. Nous traversons un éboulis de roches et nous arrivons au bord du torrent ; la cascade est placée dans un angle formé par le mont. Elle roule assez lentement, en belle nappe tranquille, au-dessous d'un gros bouquet de sapins ; mais il est facile de se rendre compte de sa force aveugle, quand les neiges fondues ou l'orage la grossissent. Elle a désagrégé les roches qui l'encadrent, emporté des blocs entiers, déraciné la moitié de ces arbres qui la couronnent, et dont les cadavres gisent à présent au milieu du Gave. On l'admire pour les belles horreurs qu'elle laisse deviner bien plus que pour sa grâce nonchalante pendant la saison de l'apaisement, cette cascade de Larrieusec qui a beaucoup de réputation. Seulement, quand elle est en sa pleine beauté furieuse, il n'y a point de touristes dans la montagne. S'il y en avait, ils ne pourraient la contempler que d'en haut ; il ne serait même pas bien prudent de s'avancer de trop près sur ses bords, et de s'aventurer parmi les sapins alors tremblants.

Nous revenons vers l'auberge. A l'est encore, un autre pic se montre : c'est le pic de Torte. Autour de nous, cette nature sauvage est devenue tout à fait muette ; les vautours ont reparu. Point d'autres habitants de ces solitudes. Devant nous, un amphithéâtre vient à s'ouvrir, assez brusquement. La route décrit un grand coude, et c'est alors comme un rideau qui se lève sur une scène nouvelle. Un demi-cercle d'énormes murailles de calcaire, crevassées, profondément rompues ; des masses de ruines hérissant le fond où elles ont glissé, des cônes éventrés et comme branlants s'élançant du sommet. Nous faisons halte. A six cents pieds au-dessous de la route, la vallée ; le Valentin court, furieux, sur un lit de pierres aiguës. Pas un arbre sur ses bords. Sur la pente, quelques sorbiers maigres. En face de nous, une haute gorge hérissée de sapins. Si nous montions à droite, nous rencontrerions le col de Torte à dix-huit cents mètres. Le grand rempart du Ger continue à l'est ; au sud la Latte dresse une autre muraille verticale d'où jaillit une longue aiguille ; la route descend légèrement et nous conduit à un nouveau cirque. A droite, au seuil d'un défilé très étroit, d'autres sapins, mais fantastiques ; les uns décapités, entièrement dénudés sur un côté de leur grand branchage, et ne montrant plus qu'un tronc calciné. La foudre les a mutilés en se jouant dans ce couloir d'orages.

Le tableau est saisissant ; la courbe du cirque est formée de blocs tronqués, d'un gris d'argent quand ils sont nus ; quelques-uns se couvrent d'un lichen jaune pâle. Des sapins sortant des coupures tranchent sur ce fond aride et clair ; les deux cônes du Ger, que nous revoyons enfin, semblent glisser vers nous. Le soleil éclaire leurs plaques de neige, qui prennent des formes étranges. L'un de ces blancs paquets ressemble à un cygne colossal couché dans un pli des roches.

Nous montons, nous montons encore. De ce côté des monts, la limite de la végétation est prochaine ; nos cartes nous indiquent une altitude de seize cents mètres. Plus un arbre.

Nos yeux se reportent sur ce fond prodigieux où coule le Gave. Il n'apparaît plus que comme un étroit ruban lumineux dans l'ombre de l'abîme. Elle est effrayante, cette route aérienne courant sans clôture qui la borde au-dessus de ce gouffre profond à cet endroit de quinze cents pieds.

Au moment où nous allions quitter la vallée du Gave, nous apercevons à deux cents mètres de nous deux isards postés sur le bord d'une roche. Pan ! pan ! Ce sont des chasseurs qui viennent de tirer sur les gracieux animaux. Mais l'un d'eux était touché, et nous le voyons rouler au bas des rochers. Les isards sont rares dans ce quartier de la montagne. Point d'ours, peu de loups, c'est le désert. Plus rien que de déplaisants escadrons de vautours, et parfois des aigles. Le tableau a changé ; nous voici dans la Montagne-Verte.

Chasse à l'isard.

Pas un arbuste, pas un buisson, rien que de l'herbe courte mais drue, dans ces pâturages de Gourette. Au pied des vallonnements gazonnés qui se soulèvent par grandes ondes, des points noirs ; ce sont les cabanes des bergers. Des centaines de points blancs ; ce sont les moutons. Au point culminant des pâturages, s'ouvre le col d'Aubisque entre deux croupes verdoyantes.

Aucun observatoire dans les Pyrénées n'offre peut-être une perspective plus grandiose et plus animée que ces sommets de Gourette. Les yeux sont d'abord éblouis par ce croisement de hautes lignes bleues, brunes, violacées, interrompues par l'arête blanche des neiges. A nos pieds, vers l'est, c'est la reprise de la vie, ce sont les vallées populeuses. En bas, le merveilleux ruban de route qui descend rapidement vers le bassin inférieur, également occupé par des prairies, n'est déjà plus désert. Une famille chemine, des colporteurs sans doute, l'homme, la mère, une fillette, deux ânes, l'un portant deux petits enfants, l'autre chargé de ballots. L'air aussi tout à coup se repeuple ; un grand vol de palombes effarées passe, poursuivies par les vautours qui les chassent et ne les attaquent point. Sur l'autre bord du bassin, le sol, brusquement relevé à une altitude encore considérable, douze cents mètres au moins, se couvre de maisons et de vergers. — Cependant, assis sur l'une des croupes herbues du col, dans un repos que nous avons bien mérité, et qui serait parfait sans des escadrons incommodes de fourmis ailées qui nous harcèlent, nous sommes bien en pleine région aérienne, au cœur du royaume des sommets.

Tout près de nous, la descente contourne la base du mont Laid. A droite l'Esquerra, le Gabizos présentant trois massifs et un pic neigeux ; à l'est, dans les brumes, le cône de Monné dominant les monts de Cauterets ; en avant de cette muraille, le Labas-Blanc au-dessus de Barèges, le pic du Midi d'Arrens. La vallée d'Azun se développe comme une ceinture brune au milieu de ces masses grises ou blanches ; la première chaîne boisée qui la domine répand un demi-cercle de grandes ombres.

Si nous nous retournons vers l'ouest et le midi, le décor, plus rapproché, est pourtant moins distinct. Les sommets se confondent : la Latte, le Pène Medea, l'Amoulat, dont le haut mur semble grimper sur les contreforts du Ger. La double fourche du pic d'Ossau domine tout ce superbe quartier des monts.

Mais cette vue, nous la connaissons, nous en avons joui sous tous ses développements, depuis plusieurs heures. Celle que nous rencontrons à droite nous frappe plus vivement, et nous y dépensons encore un long moment ; puis nous descendons dans la plaine par

Descente du Gabizos.

la route qui court au flanc de la montagne. Quelques jours avant notre excursion, une tourmente s'élevait brusquement et des ascensionnistes qui revenaient du Gabizos, enveloppés dans un épais brouillard, durent à tâtons descendre un passage qui n'a pas la largeur d'une semelle de soulier. Notre gravure représente ce passage et fait assez voir quel fut l'agrément de la descente.

Nous sommes arrivés maintenant au point le plus bas du chemin, encore élevé de plus de treize cents mètres, et nous voulons suivre la route de Ferrières et de Nay. Les silhouettes du Gabizos semblent marcher avec nous ; il a reçu l'un de ses noms de cette vallée qu'il commande : on l'appelle dans le pays le pic du Midi de Ferrières. Deux chemins conduisent à Arbéost, l'un à travers des taillis. Le guide nous raconte que son père a vu sur ces pentes une grande forêt. Nous aimons mieux traverser de nouveaux pâturages, et remontant d'une centaine de mètres par une longue pointe de rochers, nous joignons le bord de l'Ouzon, petit torrent turbulent à ses heures, qui sépare les deux départements des Basses et des Hautes-Pyrénées. Une haute terrasse de prairies plantée de bouquets d'arbres le surplombe. C'est là qu'est situé Arbéost ; au-dessus du village, sur les pentes, au-dessous, sur les bords de l'Ouzon, se tapissent des hameaux dans des ombrages, des maisons isolées dans leurs vergers. Le chemin après Arbéost traverse de nouveaux bouquets de bois assez maigres. Ces taillis pourtant tapissent tout un côté de la vallée ; la pente est raide. Mais voici Ferrières, où nous allons passer la nuit.

Ferrières — autrefois Herrère — est un des seuils du paradis — terrestre. L'Eden est ici connu sous le nom vulgaire de val du Haugaron. De bonne heure, le lendemain, nous entrons dans un défilé magnifique. Nous longeons le torrent encaissé entre deux hautes murailles, dont les parois laissent échapper des sources et des feuillages, flots de cristal et grandes vagues vertes. Le défilé se resserre encore, une haute roche se dresse à gauche, et une cascade en jaillit. Elle va bondissant sur les assises de la pierre, parfois disparaissant sous les plis des taillis, puis reparaissant en nappe écumeuse. Elle jette la fraîcheur dans cette gorge si gracieuse ; un double manteau de verdure se déroule sur les pentes, et l'on s'aperçoit à regret que la vallée s'élargit rapidement. C'est qu'on a sans cesse marché vers le bas pays ; les hauteurs s'abaissent ; on a déjà devant les yeux des collines au lieu des monts, des fougères et des bruyères au lieu des grands hêtres et des sapins ; — au lieu des prairies à l'herbe rase, des cultures.

Nous gagnons la vallée d'Asson. Voici pourtant un mont encore ; son nom indique sa forme, la Pène de Hèche ; c'est une pointe aiguë. Elle n'a pas moins de quatorze cents mètres ; elle est là comme un poste de garde à l'entrée de la plaine. De magnifiques châtaigneraies bordent la gauche du chemin ; nous traversons deux bourgades importantes, Arthez d'Asson, et Asson adossé à une colline que couronne la ruine d'un donjon. Le chemin s'y élève et redescend vers un nouveau bassin. Cette colline sépare le val d'Asson de la vallée du Béez

A Béez, nous prenons un « char », nous revoyons le Gave de Pau, nous sommes à Nay, petite ville qui doit son origine à l'industrie. Au douzième siècle, les religieux augustins de Santa Cristina, achètent le territoire de Nay pour y établir une fabrique de cette laine noire et blanche dont ils faisaient leur habit. Plus tard la ville passa des mains des religieux de Santa Cristina en celles des comtes de Béarn et les princes béarnais encouragèrent de tous leurs efforts l'industrie de Nay ; mais, en 1543, le petit centre industriel fut incendié. En 1547, les Etats de Béarn allouèrent une forte somme pour la reconstruction de la ville. Elle fut rebâtie en pleine Renaissance ; il n'est donc pas étonnant qu'elle ait la couleur du temps.

Cependant, des constructions modernes se mêlent aux plus anciennes, dans le quartier le plus important, situé sur la rive gauche du Gave. Là sont les édifices municipaux. Au fond d'une grande place, et en face d'un pont jeté sur ce roi des torrents, s'élève l'hôtel de ville entouré d'arcades, où se reconnaît la « modernité » la plus banale. En revanche, des deux côtés de cette place, voici de vieilles maisons dont plusieurs ont aussi des arcades, mais qui vous ont une autre tournure. Dans le groupe de gauche, regardant l'hôtel de ville, se trouve la maison carrée, dite maison de Jeanne de Navarre. Ce curieux et bel édifice doit être attribué en partie à l'époque de François Ier, en partie à celle de Henri II. Il est à deux étages, supportés par des arcades, éclairés par des croisées à meneaux ; le principal attrait en est la cour, dont l'un des côtés présente trois étages de galeries ouvertes sous de jolies voûtes ; cette cour est un beau spécimen du style Henri II. A l'intérieur, nous rencontrons encore de grands restes d'appartements ; malheureusement, tout cela est dans un état de dégradation lamentable.

L'église de Nay fut dévorée à demi par les flammes en 1543. Une partie en fut alors restaurée ; mais il est aisé d'y reconnaître d'autres parties bien plus vieilles.

La vieille industrie de Nay a persisté dans les temps nouveaux. La ville a toujours ses fabriques de draps et de laine. Il paraîtra sans doute plaisant d'apprendre qu'outre le béret national on y confectionne ces affreux bonnets rouges, ces fez par lesquels les Turcs ont remplacé leur turban classique. A la fabrication de ces lainages, Nay a ajouté des teintureries, des filatures de coton, des tanneries qui empoisonnent l'air des monts et l'eau pure du Gave. Cependant on craint les revanches du torrent; on n'a donc point usurpé directement sur ses bords. Une prise d'eau alimente un canal parallèle à ce redoutable furieux ; c'est là que les tanneries sont assises. Entre le canal et le Gave court une promenade magnifique. La vue y est charmante sur le torrent, en cet endroit très large et très ombreux ; l'odeur seulement est incommode.

En quittant Nay, nous rencontrons d'autres bourgades industrielles ; la plus importante est Mirepeix. Nous allons bientôt reprendre la voie moderne de locomotion, le chemin de fer, et nous diriger par Coarraze vers Pau.

Pau.

PAU

J'entre dans Pau à la nuit, qui n'est pas noire. Si la ville est largement éclairée, je ne dirai point que c'est dommage ; et cependant, il me semble que ces clartés du gaz et leur ligne brillante au bord de la terrasse convertissent en lourde masse de ténèbres la pénombre légère, piquée d'étoiles, qui flotte au-dessus de la vallée et du cercle des monts. La place Royale est certainement une belle place, ombragée par de beaux arbres, avec une belle statue qui la décore, de beaux hôtels et de beaux cafés qui la bordent ; mais toutes ces beautés-là n'ont guère de prix que le soir ; encore voit-on mal la statue. Le jour, pour peu que la pluie ne tombe pas, on n'a point d'yeux pour ce premier plan du tableau. C'est ici la patrie de Henri IV ; mais le Béarnais y aurait apporté son Louvre même, qu'on tournerait malhonnêtement le dos à l'édifice. En face de la chaîne des Pyrénées, on se soucie bien des palais !

Ils sont très animés ces cafés à l'instar de Paris et de Bordeaux ;

ils regorgent de monde qui se renouvelle sans cesse, car c'est un dimanche ; toute la population bourgeoise de Pau est sur la terrasse, et l'on prend des rafraîchissements au retour ; la nuit est brûlante. Je remarque, appuyés sur la haie de feuillage qui borde la terrasse, des solitaires comme moi, les yeux sur l'espace, rêvant du spectacle unique qu'ils ne peuvent voir. De l'autre côté, d'autres hôtels s'élèvent, édifices immenses, somptueux, avec des perrons monumentaux et des péristyles à colonnes, qui réveillent pourtant en moi un souvenir. La bête vient à sentir ce que, pour parler comme Xavier de Maistre, l'*autre* avait oublié. La bête n'a pas dîné.

Je remonte vers l'un de ces caravansérails où je me suis laissé conduire plutôt que je n'y ai choisi mon gîte, et j'ai tort de me servir de ce mot oriental qui désigne un endroit où l'on reçoit gratuitement le couvert. On m'offre un excellent dîner — mais qui n'est pas gratuit ; — un valet me guide ensuite par de grands dédales vers la chambre qu'on m'a réservée. Il y a un moustiquaire autour du lit. Cet appareil me plaît. Du moins, je rencontre à Pau quelque chose qui n'a pas de place dans la vie de Paris.

Debout le matin, avant six heures. Nous sommes au 8 septembre ; les nuits sont déjà longues ; au jour naissant, j'ai pourtant retrouvé ce souffle embrasé que j'avais respiré pendant la soirée précédente. Mes yeux éblouis courent à l'horizon, la chaîne leur apparaît d'abord comme une masse confuse de nuées blanches et noires, aux bords dentelés et lumineux ; mais une lueur plus vive les attire en bas : c'est le ruban étincelant du Gave sous les feux du soleil levant. Les premiers plans de ce paysage grandiose sont pleinement éclairés, la vallée, la double ceinture de collines, couvertes de parcs et de villas. Peu à peu le voile qui couvre les monts se déchire ; une première masse se dessine nettement ; c'est aussi la plus rapprochée, c'est le pic du Midi d'Ossau ; je reconnais les deux pointes de la célèbre fourche. Encore un moment, et plus à l'est, je distingue l'autre sentinelle avancée de la troupe formidable, le pic du Midi de Bigorre ; — entre les deux, des neiges, la forêt des pics, par-dessus tout cela le Vignemale et ses glaciers; puis tout à coup le rideau baisse sur cette scène magique ; une nouvelle brume se lève, une énorme coulée de vapeurs glisse lentement entre les plans des monts.

Il faut attendre qu'elles se dissipent. Je retourne vers la ville. Je crois que j'ai revu, comme il est bon de la voir, sans méthode, au hasard des découvertes, cette ville si mouvementée, où les gouvernements et les hôteliers ont disposé beaucoup de choses, mais où la nature et le temps en ont fait de plus belles. En prenant mon chemin par la place Royale, je me heurte à la statue de Henri IV. C'est un beau marbre, il vient des carrières de Gabas. Le glorieux modèle a été représenté par l'artiste, M. Ruggi, debout, une main sur la garde de sa vaillante épée, l'autre main étendue. Peut-être ce geste veut-il dire que Henri, l'ancien roi des gueux, prend possession de son royaume de France. Peste ! il y a eu de la peine !

J'aime mieux les bas-reliefs que la statue ; ils sont de M. Etex. C'est l'enfance de Henri dans les montagnes de Coarraze, c'est le roi secourant Paris qu'il assiège et faisant passer des vivres aux rebelles, c'est enfin le Béarnais et son panache blanc à la bataille d'Ivry.

Je rencontre une grande rue très populeuse, que je traverse. J'aborde un vieux quartier, à maisons bien pittoresques au bord d'un gavelet qui roule profondément encaissé.

De grands ponts le franchissent, et me voici justement sur le plus encombré ; car il y a foire aujourd'hui. Comme je marche regardant autour de moi et point devant, je vais sottement m'insérer entre les cornes d'un énorme bœuf, quand heureusement son conducteur l'arrête. Ce n'est pas sans déverser sur moi une effroyable quantité d'injures dont je peux bien sourire, puisque je ne les comprends pas. Quel beau chapelet béarnais ! Je cède pourtant la place, je descends une pente rapide, et je croise une rue qui monte du sud au nord. Trois des six tours du château orientées vers le nord et l'ouest s'élancent au-dessus de ma tête, à travers des feuillages. Ce sont les deux tours Mazères, dont l'une malheureusement est moderne, et la tour Billières, haute de cent pieds.

De ce poste aérien, les yeux de la vigie, autrefois, perçaient le dôme des grands bois qui s'étendaient au pied du château. On me dit qu'une place qui porte encore de grands arbres est ici un reste de la forêt ; son nom suffit à le prouver : la Haute-Plante. Le sol fléchit ; dans le vallonnement, une heureuse villa est assise ; ses maîtres, de trois côtés, ne voient que des arbres au-dessus de leur toit ; au midi, leurs regards courent tout droit sur les monts. Le fond se tapisse de nouveaux ombrages publics. Voici la Basse-Plante, et c'est tout simplement la première promenade du monde. Je ne crois pas que personne y ayant passé une heure veuille lui retirer le brevet que je viens de lui donner.

Des allées sombres et fraîches à plaisir remontent la pente ; il y a de vieux arbres, et les gazons ont une vigueur extraordinaire. La Basse-Plante est déserte, et je n'y rencontre qu'un Anglais sans cravate : incorrection prodigieuse, à peine excusée par la chaleur. A sept heures, vingt-six degrés ! Je le suis, estimant assez judicieusement sans doute que c'est un habitué et qu'il me conduira aux beaux endroits. Une ligne de clarté m'apparaît à travers les arbres, et mon Anglais monte toujours ; ce fils des brouillards marche vers la lumière.

Ainsi nous arrivons au bord de la promenade élevée en escarpement au-dessus du vallon. Il n'est pas permis d'aller plus loin ; mais on n'en a pas envie. De cette haute berge de la Basse-Plante, on a la même vue que de la célèbre terrasse ; on a de plus la volupté profonde de ces ombrages épais qui enveloppent le promeneur. Je m'assieds sur un banc, les yeux sur la chaîne, et je me rappelle un mot de M. Taine, un admirateur aussi des Pyrénées, — enthousiaste bien que philosophe : — Ici, l'air est une fête. Le caractère du pays de Pau est bien cela ; c'est le calme radieux des ciels. La science a donné la raison de cet apaisement de l'atmosphère : bien qu'elle agisse en sens contraire, c'est la même que celle des ouragans qui, là-bas, s'engouffrent sans cesse dans les défilés de la chaîne. Les vents se heurtent avec fureur aux angles de la muraille colossale, et, ne trouvant point d'issue, ils s'élèvent. L'agitation va régner dans les couches supérieures de l'air ; dans les régions plus basses, cette immobilité singulière s'établit. Sur ce jardin superbe de la Basse-Plante, pas un souffle ; il semble que les feuillages soient endormis. On ne voit point au-devant de soi remuer les masses d'ombre qui enveloppent les villas sur les gradins verdoyants élevés au-dessus du Gave. Dans les îlots qu'il enveloppe, les peupliers ne paraissent pas moins rigides que les clochers des villages sur l'autre bord. Quant au torrent lui-même, quelle allure bruyante, quel tumulte,

Château de Pa .

quelle vie, quelles clartés ruisselantes au milieu de ce paysage vert !

Les vapeurs qui fuyaient entre les monts se sont divisées en deux immenses vagues, dont l'une, se berçant déjà sur les cimes, va se confondre avec les dernières nuées du matin, et dont l'autre s'abat sur les vallées. Le tableau, tout à l'heure, sera sans ombres, et je descends de la Basse-Plante dans le parc ; je le parcours, toujours ravi, je remonte et je me fais indiquer un chemin qui, franchissant un pont jeté sur la route de Jurançon, va me ramener à la terrasse. Ce chemin, il faut le suivre lentement, les yeux toujours en l'air, comme l'astrologue de la fable ; on ne perd pas de vue un moment la perspective de fond.

La chaîne est maintenant dégagée de toute brume, les pics montent dans le bleu. J'admire à mon aise la légèreté de ces lignes et la mollesse de ces grands profils. On aurait beau parler de l'âpreté des montagnes à ceux qui ne les auraient vues que dans ces lointains aériens, ils n'y voudraient point croire ; et soyez sûrs qu'ils seraient satisfaits de l'impression ressentie, qui ne dérangerait pas leurs rêves. Les montagnes, quand on y pénètre pour la première fois, causent un sentiment très complexe, beaucoup de surprise mêlée à un certain désarroi des idées préconçues ; si on ne les connaît pas, c'est telles qu'on les voit de Pau, c'est sous cet aspect grandiose, vaporeux, idéal, qu'on les imagine.

Le séjour de Pau a des attaches extraordinaires ; les yeux et le cœur se marient à cette nature si variée dans ce haut cadre, à la fraîcheur des ombrages, aux éblouissements de l'horizon, et le divorce est douloureux. Certaines familles anglaises s'enracinent ici d'autant plus fortement qu'elles ont la pensée des brumes qui les attendent, au retour, dans leur pays. La saison d'hiver, qui commence en octobre, ramène chaque année d'autres hôtes fidèles ; mais elle finit en mars, — aux termes de l'usage ou de la mode, — cette saison toujours brillante. Pourquoi ? En mars, le printemps commence. J'ai vu dans la vallée d'Argelès un printemps pyrénéen. C'est un enchantement ; aucun spectacle ne fait mieux saisir ce mélange unique de la nature du Nord et de celle du Midi, qui est l'originalité des Pyrénées, et qui fait la puissance de leur charme.

L'histoire de Pau est connue ; elle l'est même beaucoup trop pour que je veuille y revenir. Un vicomte de Béarn fonda la ville. Qui lui en donna la pensée? L'envie de s'assurer un lieu fort de plus dans son État? Point. Il ne fut séduit que par la beauté de cette large vallée du Gave. Au xiv° siècle, Gaston Phœbus trouve un manoir debout, il l'agrandit, il en fait, dit Froissart, un « moult bel chastel ». Le donjon qui se dresse au sud-est porte son nom, les parties septentrionales et orientales lui sont généralement attribuées ; on lui fait aussi l'honneur de prétendre qu'il traça les jardins. Le petit-fils de Gaston, François Phœbus, continue l'ouvrage de l'aïeul. Les comtes de Béarn, bientôt rois de Navarre, ont décidément abandonné leur ancienne capitale, Orthez. C'est à Pau désormais, dans le château neuf, que les États se réuniront.

Catherine succède à François Phœbus, son·frère, et devient la femme de Jean d'Albret ; Ferdinand le Catholique les chasse de leurs États navarrais, où leur fils Henri d'Albret parvient à se rétablir. C'est le mari de Marguerite de France, qui a trop le sentiment du beau pour ne point goûter le séjour choisi par le grand Phœbus. A elle est due la décoration intérieure du palais ; c'est elle aussi qui vraiment créa les jardins. Marguerite fit dessiner les ombrages superbes, qui n'ont rien perdu de leur réputation après plus de trois siècles, et qui passèrent alors pour les plus beaux de l'Europe. La ville en reçut le nom de Pau la jardinière.

A Pau, Jeanne d'Albret tient sa cour, après la mort d'Antoine de Bourbon, son mari, tué au siège de Rouen, en 1562. C'était une cour huguenote, en sévères habits. Mais bientôt Jeanne est chassée de ses États par la révolte des catholiques : on sait comment Montgommery les reconquit sur Terride et les Basques. Quant à ce dernier, pris dans Orthez, il eut la vie sauve, et se tenant pour content d'avoir échappé à une si chaude aventure, il ne se laissa point prendre au piège que la reine tendit aux seigneurs ses complices, en les invitant à un banquet dans le château de Pau. Ils furent égorgés au dessert.

Jeanne, après cette exécution déloyale et barbare, fixa pourtant, sans remords, sa résidence au château, quittant son « hostel » d'Orthez. Son fils Henri avait alors seize ans, sa fille Catherine onze ans. Cette dernière habita Pau avec des attributions quasi royales, quelques années plus tard, lorsqu'elle reçut le gouvernement de Béarn de son frère devenu roi de France.

Après Catherine, le château est abandonné par ses hôtes princiers ; il ne sert plus qu'aux séances des États. Pendant la Révolution il est mis en vente ; des habitants de la ville, réunis en société, l'achètent sous le prétexte d'en faire présent à la ville, mais en réalité pour le conserver à la couronne ; en 1815, ils en font hommage à Louis XVIII, qui ordonne d'en relever les ruines. Des travaux sont commencés, abandonnés, repris en 1838, sous le roi Louis-Philippe ; une restauration plus complète est entreprise par Napoléon III, et poursuivie jusqu'à la fin du règne. La Révolution du 4 septembre, qui rendait le château à l'État, ne l'a pas interrompue.

J'ai fait plusieurs fois le tour du promontoire sur lequel l'édifice est si fièrement planté ; j'ai mesuré d'en bas, des bords du canal du Moulin, la hauteur des contreforts de la terrasse, plongeant dans l'eau, et la ruine de la tour de la Monnaie qui, séparée du château, placée en sentinelle avancée, devait en défendre les approches. J'ai retrouvé au pied de l'escarpement, du côté du nord, l'emplacement du Castel Beziat, logis de plaisance, construit autrefois par Marguerite, dans les bois qui enveloppaient alors le domaine. Enfin, je me présente à l'entrée principale du côté de l'est.

Des deux côtés du pont, les fossés ont été convertis en allées couvertes et en parterres. La porte moderne, flanquée de deux bâtiments neufs, est placée en arrière de la chapelle construite en 1840. Deux grandes ombres la couvrent, à gauche le donjon de Phœbus, énorme tour carrée, en briques, haute de plus de cent pieds, à droite la tour Montauzet, qui regarde le nord-est. C'est son nom béarnais ; le nom français est plus poétique : la tour Monte-Oiseau. On l'appelait ainsi parce qu'elle n'avait point d'escalier ; les oiseaux seuls y pouvaient monter sans le secours de l'échelle qui servait aux vigies. Elle est élevée de vingt-trois mètres.

Un portique moderne imité de la Renaissance, à trois arcades, avec terrasse à balustres, succède au pont. Voici la cour intérieure, présentant une forme singulière, celle d'un triangle coupé à sa pointe. Les yeux embrassent l'ensemble des bâtiments qui l'entourent, et sont ramenés à l'instant sur les détails. L'encadrement des portes et des fenêtres est ici très riche, là très simple ; mais le style de toutes est d'une pureté rare. L'une des croisées, la plus ornée dans le pavillon qui fait face à l'entrée, porte nichée dans son fronton une figure de Mars. De curieux médaillons ont été sculptés dans la muraille. On s'approche, on croit trouver les images des princes béarnais ; ce ne sont que des fantaisies du sculpteur. Cette cour d'honneur, tout entière de la Renaissance, est bien l'œuvre de la reine Marguerite.

Mais voici un gardien qui prend la tête d'une troupe de visiteurs ; joignons-nous au groupe.

A droite, au rez-de-chaussée, voici une vaste salle entièrement voûtée, dont la construction remonte aux premiers âges du château, et qui fut la salle des gardes. C'est là que se tenaient les nombreux soldats et valets qui, d'après le récit de Froissart, peuplaient sans cesse les châteaux de Gaston Phœbus. A côté, c'est la salle à manger des officiers et écuyers, — du même temps lointain, également voûtée. Elle s'ouvre sur un escalier monumental, addition moderne, qui descend dans les jardins du nord. — Nous entrons ensuite dans les bâtiments postérieurs rajeunis et transformés par Marguerite.

— Mesdames et Messieurs, crie le gardien, qui met les dames devant, comme les régisseurs de théâtre, quand ils ont une annonce à faire au public, — voici la salle à manger des souverains ! Mesdames et Messieurs, voici la statue du bon roi Henri, par *Monsieur* de Francheville.

A ce qualificatif de *Monsieur* appliqué au sculpteur des rois Henri IV et Louis XIII, personne ne se déride. Il est certain que les visiteurs croient ce Francheville encore vivant. — Je voudrais bien demander pourquoi le nom de « salle à manger » a été donné à cette pièce vaste et magnifique. J'y vois une table de cent couverts qui a servi à des banquets officiels, qui pourrait servir à une noce. Mais ce n'en fut pas moins la salle des États. On y a placé les somptueuses tapisseries de Flandres, exécutées par ordre de François Ier, pour décorer son château de Madrid. On a eu l'heureuse pensée d'y transporter cet Henri IV de « Monsieur » de Francheville qui figura longtemps dans la cour d'honneur. La belle tournure de la statue, une fidélité unique de ressemblance avec le modèle, méritaient qu'on ne la laissât pas exposée aux rudes caresses des saisons.

Le grand escalier qui conduit au premier étage est un caprice d'art. L'architecte s'est plu à varier à chaque étage, au-dessus de chaque palier, le dessin des arcs de la voûte. Le cintre y succède à l'ogive, puis le cintre surbaissé à la manière espagnole. Les frises, très fouillées, portent deux lettres enlacées, un H et un M, séparés

Statue de Henri IV.

quelquefois par un signe en forme d'S. C'est le chiffre de Henri d'Albret et de Marguerite de Valois. Le travail de restauration est ici remarquable, bien qu'on puisse, comme ailleurs, le trouver excessif. Ce qui a été fait en beaucoup d'endroits au château de Pau ne s'appelle plus restaurer; c'est réédifier. Il y aurait lieu de se demander si les architectes, mûs par un désir naturel et même assez louable de prouver leur savoir et leur talent, ne dépassent pas ce qui leur est commandé par la raison des choses et par le soin et l'intérêt du monument à conserver. Mais cet examen serait long et nous entraînerait à des discussions étrangères peut-être à notre sujet.

Au premier étage, les salles se succèdent. La deuxième, connue sous le nom de Salon de réception de Henri II (d'Albret), a été le théâtre du drame sanglant du 24 août 1569. C'est là que furent massacrés les seigneurs catholiques. Vous remarquerez cette date du 24 août qui, trois ans après, fut celle de la Saint-Barthélemy. La chambre de ce roi Henri, père de l'impitoyable Jeanne, est décorée d'une merveilleuse cheminée Renaissance. Elle contient le meuble le plus antique qui se trouve au château : c'est un coffret gothique apporté de Jérusalem à Malte, où il fut acheté par le gouvernement français.

Partout de belles tapisseries entassées dans le château par Louis-Philippe et Napoléon III, et provenant des anciennes résidences royales. Si nous suivons la disposition de ces appartements, nous trouvons que le cabinet des souverains, faisant suite à la chambre de Henri II, est situé dans la vieille tour Mazères, qui regarde l'ouest et les ombrages de la Haute et de la Basse-Plante. Mais le deuxième étage offre plus de saveur, sinon de curiosité historique. Les deux premières pièces ont servi de résidence — il ne faut pas dire de prison — à Abd-el-Kader, en 1848. Les femmes de l'émir occupaient la plus vaste, heureusement exposée au midi. Au-dessus de leurs têtes, un ciel radieux ; — au-devant, un relief des monts ; l'illusion leur était encore permise. L'exil à Pau dut leur paraître moins rigoureux et moins morne que plus tard à Amboise, devant la Loire brumeuse et ses horizons dormants.

Nous touchons à la chambre où naquit Henri IV. C'est ici que, sur un faisceau de lances, repose l'écaille de tortue entourée de drapeaux aux armes de France et de Navarre, qui lui servit de berceau. Cette décoration bizarre a été imaginée seulement après 1815. Auparavant, il n'y avait que l'écaille, longue de près de quatre pieds, large de quatre-vingts centimètres. Les visiteurs ici tombent en extase ; une brave femme risque un mot mémorable : Voilà, dit-elle, une fameuse tortue ! — Oui, *pour le temps !* répond le gardien. On ne prend point ce cicérone-là sans vert.

La chambre voisine a été celle de Jeanne d'Albret, mais de Jeanne avant les sombres conseils de la politique et de la passion religieuse, alors que son père Henri était vivant et régnait. C'est dans la pièce voisine, où se trouve le berceau, qu'elle mit Henri IV au monde. Les deux chambres occupées par Abd-el-Kader et sa suite étaient habitées sans doute par le duc Antoine, son mari, quand il n'était pas à la cour du roi Henri II de France, ou dans ses domaines patrimoniaux de Bourbon. Ici vivait assez solitairement la jeune mère, qui n'avait aucun des goûts de son sexe, ni la coquetterie surtout, ni le plaisir. Le lit gothique n'est pas celui où elle dormait alors ; il est d'une époque postérieure à cette période de sa vie, car il porte sur une des consoles à tête de lion qui le décorent, la date de 1562.

J'ai visité tous les anciens appartements, sauf ceux du second étage du côté de la ville, où sont conservées de magnifiques tapisseries du XVe siècle. — Je n'ai pas vu non plus ceux de la tour Rouge. Le soleil fait reluire joyeusement cette robe énorme de briques assombries pourtant par les âges. Je risquai, auprès des gardiens du palais, une tentative pour pénétrer dans l'antique donjon. Effort inutile ; point de privilège ! Il faudrait écrire au ministre ! Or, je me suis informé. N'allez pas croire que la tour de Gaston Phœbus soit en un état de délabrement qui puisse menacer ou affliger le visiteur. Elle contient une bibliothèque, des salons qui servaient aux officiers pendant les séjours de Napoléon III. Dans chacun des trois derniers étages, il y a un appartement complet et récemment habité. L'édifice a été restauré de fond en comble.

Passant sous l'arcade accolée à la tour de Gaston, je gagne les jardins. Ils sont agréablement entretenus, et le seraient-ils mal, qu'ils n'en resteraient pas moins charmants, puisqu'ils sont placés comme un théâtre à ciel ouvert, en regard de l'un des plus beaux spectacles qui soient au monde.

Bernadotte, quand il commandait sur le Rhin, quand il était ambassadeur à Vienne, quand il gouvernait presque souverainement le Hanovre, et plus tard, enfin, quand il fut roi de Suède, songeait sans cesse à ce beau lieu de Pau, où il était né. Les glaces de son royaume ramenaient sa pensée et ses désirs aux grands coups de soleil de ses Pyrénées. Il envoya sans cesse des présents. On voit dans le château des tables et des vases de porphyre de Suède ; ce sont les souvenirs du royal exilé. Ainsi, le vertige même de la grandeur inattendue ne fait pas oublier l'impression de ce pays si magnifique et si doux, que nous allons quitter.

J'en prends à témoin ce roi Bernadotte qui eut la singulière fortune d'implanter en Suède une dynastie béarnaise. La maison de sa famille, qui était de robe, se voit encore dans la rue qui porte son nom. C'est une vieille demeure à toit pointu et à galeries ouvertes, reposant sur deux énormes piliers de pierre. Le futur roi fut nourri à Gan, où l'on conserve aussi la maison de Pierre de Marca, l'historien du Béarn. Pour visiter ce rustique berceau de Bernadotte, j'ai dû rentrer dans la ville et je l'ai de nouveau parcourue. Entre la place Royale et le château, sur une butte qui domine le Gave, je rencontre l'église Saint-Martin, édifice neuf et très vaste, construit dans le style du XIIIᵉ siècle. Les deux principales églises de Pau sont modernes, et aussi le Palais de Justice.

Je regagne la place Royale, je suis vers l'est, au-dessus de la gare du chemin de fer, une nouvelle promenade qui forme comme la contre-partie de la Basse-Plante. Elle se poursuit jusqu'à la route de Bizanos, le but le plus ordinaire des promenades en voiture de la colonie.

Les quais de la Nive.

BAYONNE

Nous prenons le chemin de fer à Pau, et dans une pointe rapide nous allons visiter l'intéressante cité de Bayonne, l'élégante Biarritz, parcourir quelques points de la côte basque et jeter un regard sur Hendaye et Fontarabie.

Bayonne peut rappeler beaucoup de souvenirs d'ancienne prospérité et d'ancienne gloire. Riche cité commerciale autrefois, et forte place de guerre, la tradition de ses échanges avec les pays d'outremer fera peut-être bien danser des sacs d'écus devant les yeux d'un négociant, et la mémoire de son importance militaire pourra faire battre le cœur d'un soldat et bouillonner la cervelle d'un ingénieur.

Moi, simple touriste, je n'ai point l'imagination si vive. Bayonne m'a causé seulement une grande impression d'aise et de plaisir. Après les landes, le sable volant en tourbillon, la poussière aveuglante, les marais desséchés ou croupissants, les pins maigres, les bruyères grises, la chaleur dévorante de la route, je franchis le pont qui relie le faubourg de Saint-Esprit à la ville. Enfin, voilà de la vraie verdure, et de l'eau, beaucoup d'eau.

C'est même étonnant le nombre de choses qui se voient du haut de ce pont, et l'on ne rencontre pas souvent pareille variété d'aspects. — Derrière moi, j'ai laissé la citadelle de Saint-Esprit, construite par Vauban ; au-dessous, un bassin où sont mouillés de grands navires, quelques-uns en radoubage au bord d'un chantier ; — j'ai devant moi, à l'extrémité opposée du pont, une ancienne porte de la ville — ouverte autrefois sous un ouvrage fortifié, depuis coupé d'un côté pour tracer une rue et livrer passage aux voitures qui ébranlaient ces vieilles voûtes ; — de l'autre se prolongeant en une ligne sombre de ruines encore fières. J'observe pour la première fois en ce pays d'orages la chaude couleur des murs fouettés par les pluies, séchés ensuite et calcinés par les grands soleils.

Mais de quelle drôle d'architecture moderne on a coiffé la porte abandonnée ? Cela sert à un café, si j'ose le croire. Tout ce coin branlant en certaines parties, et en d'autres si singulièrement rabistoqué, s'appelle le *Réduit*.

En amont, l'Adour descend entre deux rives déjà montueuses. Les coteaux s'élèvent par étages, quelques-uns couronnés de parcs et de villas ; au plus haut point de la ville, sur la rive gauche, se profilent les vastes bâtiments de l'hôpital militaire. De ce côté aussi est le Château-Neuf, plus loin l'arsenal ; le jardin public borde le fleuve ; — en aval, la vue est plus belle. D'abord, sur cette même rive gauche, voici les immenses Allées Marines, formées de quatre, et, en quelques endroits, de six rangées de vieux arbres ; elles aboutissent à la dune de Blanc-Pignon. Le long de la rive droite, courent de jolies bandes de prairies, cachant un méandre de l'Adour. Au fond, une forêt de pins couronne la barre du fleuve.

Par-dessus les cimes de la forêt, j'aperçois une vapeur dont les tons changent comme feraient les plis d'un grand voile flottant sous des jeux de lumière et d'ombre. — C'est la mer.

Je passe le pont, je m'engage sous la voûte du Réduit ; me voici dans le Petit Bayonne. C'est comme un autre faubourg placé entre l'Adour et la Nive. De ce dernier nom, je ne pense pas qu'il soit nécessaire de donner l'étymologie : tout ce qui, en haut pays pyrénéen, s'appelle des *Gaves*, prend le nom de *Nives* en bas pays. Par les Nives et par les Gaves, tout ce qui vient des glaciers et des neiges retourne à la mer, en descendant d'abord aux fleuves qui les y portent. Seulement, comme ces Nives sont honnêtes et sages auprès de leur cousins de la montagne !

Elles s'abandonnent bien quelquefois à des irruptions indiscrètes hors de leur lit ; mais ce n'est plus l'humeur toujours furieuse de ces Gaves sauvages. Celle-ci est la première de toutes les Nives, comme le Mississipi, dans un autre monde, est le premier de tous les fleuves. Elle n'a pas moins de soixante-six kilomètres de parcours, la gaillarde !

Et il faut voir comme elle porte les « galupes », grands bateaux plats, flanqués à l'arrière d'un gouvernail d'une longueur prodigieuse, ce qui tendrait à prouver qu'ils n'obéissent pas facilement. Ces *galupes* vous ont, d'ailleurs, l'air le plus stupide qu'on puisse voir à des bateaux. Ils sont amarrés le long du quai de la rive droite, et ce quai est fort curieux, bordé dans toute sa longueur de galeries couvertes qui ont un nom : les arceaux de la Galuperie. Ce sont les habitants du Grand Bayonne qui ont fait le baptême, et ce sont des parrains ironiques !

Tout ce Petit Bayonne a des parties pittoresques ; il en a de charmantes, puisqu'il contient deux promenades ombreuses : le jardin public, comme je l'ai déjà dit, et les allées de Boufflers. Mais voilà ! il n'est pas considéré ! On ne demeure pas au Petit Bayonne ! Ce n'est pas reçu, ça ne se fait pas. C'est comme, à Paris, de demeurer aux Batignolles. Être des Batignolles, ce n'est pas être de Paris. De même, si l'on est du Petit Bayonne, on n'est pas de Bayonne.

Dans la ville, les plaisanteries ne cessent pas sur le « petit quartier ». Une circonstance les entretient : c'est que, sur cette rive droite, il se trouve précisément en face du centre des élégances dans le « grand quartier ». On franchit le pont Mayou, on est sur la place de la Liberté. Cette place de la Liberté est dominée par un énorme édifice carré, entouré d'une galerie à arcades, et c'est tout ce qu'il a de gracieux. Au-dessus des arcades, le bâtiment s'élève, lourd, pataud, maussade. On y a concentré l'administration, la littérature et les arts ; ce doit être une réduction de Babel. La bibliothèque et le musée y avoisinent la mairie, qui confine aux douanes, qui se heurte aux comédiens et comédiennes, — car le théâtre aussi est logé dans l'immense maison carrée. Si l'ordre est troublé dans la salle, le maire n'a qu'à ceindre son écharpe et descendre de son cabinet, entouré de la force publique.

La place de la Liberté est bordée de cafés ; on y parle trois langues : le français, l'espagnol et le basque. On y voit trois sortes d'habits, dont l'un est le plus plat et le plus sot du monde : c'est l'habit français, c'est le nôtre. Les deux autres sont pittoresques : la cape espagnole, la veste courte et l'immense béret basque. Les physionomies sont caractérisées, les conversations ressemblent à des feux croisés ; et le langage donc ! d'un bout à l'autre du café on s'interpelle. Quel bruit ! que cela est bien méridional ! Quelle pétulance de gestes et d'allures !

A droite de la place de la Liberté, derrière le bâtiment à tout loger et à tout faire que je viens de décrire, voici la place d'Armes. Je puis la traverser, prendre à son extrémité inférieure la porte Marine, qui me conduirait aux allées du même nom. Je peux encore suivre la rue du Gouvernement, plantée d'arbres, bordée d'hôtelleries, qui monte au Château-Vieux et à la Poste. Mais, à gauche, une vieille rue m'attire. D'un côté, seulement, elle forme une galerie couverte, au fond de laquelle s'ouvrent des boutiques. Ces arcades très basses, très sombres, et ces réduits noirs vous reportent à un autre âge. L'air est plus que rare sous les *arceaux du Port-Neuf ;* aussi les habitants des boutiques sortent pour aller respirer un peu au bord de la galerie.

On reconnaît des types israélites très purs ; il faut bien qu'ils le soient pour qu'on les distingue au milieu de tant de visages accusés qui se rencontrent partout dans la ville. Bayonne est, en effet, après Paris et Bordeaux, le centre de population juive le plus nombreux qui soit en France, depuis que nous n'avons plus l'Alsace.

Cette « rue du Port-Neuf » monte à la cathédrale. C'est bien le cœur de la vieille ville. L'ombre immense de cette église la couvre, l'ombre du vieux château est prochaine. Des rues se croisent avec celle-ci, — fort étroites, maussades, si le ciel est gris ; mais, à l'embellie, tout ce quartier assez enfumé s'éclaire ; l'été, le fond de la combe cuit au soleil. Ici, l'été est long. Aussi les couleurs d'ambre et d'or se répandent sur les visages.

Bayonne

La dernière partie de la rue du Port-Neuf est d'une terrible raideur. La cathédrale couronne la cime du coteau. C'est un édifice très vaste, assez disparate en ses diverses parties, mais, en résumé, une superbe église, fondée sur les ruines d'un monument très ancien, qui aurait été incendié. Le chœur, l'abside, la chapelle appartiennent au commencement du XIIIe siècle, et dès les premiers pas dans la nef, on s'aperçoit que chaque âge est venu apporter des agrandissements ou des reconstructions. Cette nef, précisément, est du XIVe siècle. De la même époque, les deux tours de l'ouest et le maître-portail. Les clochers, du XVe, n'ont été achevés que de nos jours, par une de ces « restaurations » qui se proclament « intelligentes ».

Le principal honneur et la plus rare curiosité de l'édifice, c'est le cloître qui l'enveloppe. Il s'appuie au côté sud de l'église, et, malheureusement, cache la belle porte du transept méridional; il est formé de chaque côté par six travées de voûte que supportent des faisceaux d'élégantes colonnes, aux chapiteaux à crochet. Les arcs qui regardent la cour sont ouverts et divisés par trois colonnettes supportant de petites ogives et de belles roses; les arcs intérieurs sont nus. Aucune décoration.

Les sculptures de la porte septentrionale de la cathédrale et celles de la façade de l'ouest, ont été mutilées en 1793. La porte du sud est la seule partie où les anciennes sculptures ont subsisté.

L'église est immense. Elle est formée de trois nefs divisées par des piliers formant un faisceau serré d'admirables colonnettes. Détail historique très remarquable : les léopards d'Angleterre sont sculptés aux clefs de voûte. A l'extérieur, nous trouvons la contre-partie : des fleurs de lis semées à profusion sur les contreforts des tours. C'est que, de 1295 à 1451, Bayonne fut une place anglaise. Ces fleurs de lis sont le signe de la reprise de possession par la France, Dunois, en cette année 1451, ayant arraché la ville aux Anglais. Les travaux de l'édifice étaient alors en cours d'exécution et furent continués; la voûte de la nef est française. Également françaises les verrières.

On a acheté en ces derniers temps un maître-autel en marbre blanc, flanqué de dorures, et l'on a dallé le chœur en mosaïques modernes d'Italie. L'autel est banal; la mosaïque excite au plus haut point l'admiration de la plupart des voyageurs; la formule admirative a même été trouvée : — On dirait un « tapis de Turquie ». Hélas !... Mais ce n'est pas tout : je vois dans quelques chapelles des vitraux modernes. Ces couleurs crues et violentes me déchirent les yeux...

Je quitte l'église, je cherche un chemin par le dédale des rues qui se croisent au-devant du côté oriental, je me trouve bientôt sur une petite place où s'élève un monument entouré d'une grille. C'est un mausolée consacré à la mémoire de deux Bayonnais, étudiants à Paris, qui furent tués pendant les journées de juillet 1830.

Nous revenons au chevet de la cathédrale ; nous prenons une longue rue qui descend au marché par une pente assez raide et de là vers la Nive. C'est une des voies les plus suivies ; elle n'est pas moins pittoresque que la rue du Port-Neuf ; elle relie le Grand au Petit Bayonne. Là est l'église neuve de Saint-André, décorée de deux clochers. Au-dessus de Saint-André, entre l'Adour et la Nive, nous rencontrons le Château-Neuf et l'Arsenal. Le premier qui a de vieilles parties du xve siècle ne sert plus que de prison militaire et de caserne ; l'Arsenal est vide.

*

Bayonne a quatre portes correspondant aux quatre routes qui aboutissent à la ville, et dont l'une court vers Bordeaux et Toulouse au nord, la seconde au sud vers l'Espagne, la troisième à l'est vers le Béarn et le cœur du pays basque ; ce sont les portes de France ou du *Réduit*, de l'Espagne et de Mousserolles.

La route du Béarn traverse le Petit Bayonne, et laisse à sa gauche les allées de Boufflers, le jardin public, l'hôpital militaire, vaste bâtiment élevé sur l'emplacement autrefois occupé par les couvents des Carmes et des Jacobins. La route de France — ayant franchi le grand pont jeté sur l'Adour — contourne d'abord la base de la montagne de Saint-Esprit, qui porte la citadelle, puis du coteau de Saint-Étienne, chargé de villas et de châteaux, d'où la vue est admirable.

Au nord de la citadelle est une curiosité de l'espèce la plus mélancolique. C'est le « cimetière des Anglais ».

Nous sommes en février 1814. Wellington occupe avec soixante-dix mille hommes les routes de Saint-Jean-de-Luz et de Saint-Jean-Pied-de-Port à Bayonne, c'est-à-dire les avenues du pays basque et d'Espagne. Soult, qui ne conduit que soixante mille hommes, a sa droite à Bayonne, son centre sur l'Adour, sa gauche sur la Bidouze, affluent du fleuve sur la rive gauche. Le 26, Wellington attaque nos lignes ; Soult recule, Bayonne est abandonné. Le général anglais suit l'armée française, mais laisse vingt mille hommes devant la ville ;

Le Réduit.

et la fortune des combats y devient singulièrement capricieuse : le général Hope, qui commandait les assiégeants, passe l'Adour près de son embouchure, et tente de nouveau d'enlever la place ; la garnison fait une sortie malheureuse, perd un millier d'hommes ; seulement elle prend le chef anglais. Le temps s'était écoulé, nous étions au 14 avril, et c'est le prisonnier qui apprend aux défenseurs de Bayonne la capitulation de Paris. Cependant, ils tiennent encore, le drapeau tricolore flotte toujours sur la citadelle, que les Anglais vont essayer d'occuper par surprise. — Et voilà où j'en reviens au cimetière anglais, dans le petit vallon.

Il était et il est encore des plus sauvages : — de grands genêts, des arbres épineux ; la combe en est profonde. Trois régiments anglais s'y cachèrent. Ils furent dépistés ; nous en tuâmes bon nombre. —

17*

Seize ans plus tard, en 1830, le consul anglais eut l'idée d'une souscription parmi ses nationaux en résidence aux Pyrénées ; il s'agissait d'honorer les restes de leurs morts ; le terrain du combat fut acheté, et des tombes commémoratives s'élevèrent.

La citadelle est proche ; elle ne saurait guère intéresser que les gens du métier. Lorsqu'on joui suffisamment de la vue qu'on embrasse du haut de ses bastions, il n'y a plus qu'à repasser la rivière. Le mieux alors, c'est de traverser la ville, de joindre la porte d'Espagne par les allées Paulmy, qui descendent à la Porte-Marine — la quatrième de la ville, celle qui ouvre l'accès de la basse rivière et de la mer ; — on gagnera les Allées Marines, et l'on aura suivi dans sa plus belle partie la longue promenade qui longe les fossés, décrivant les mêmes courbes que les remparts.

La ramure est si serrée et si profonde, que la pluie d'orage met plusieurs minutes à la percer ; le soleil y use ses rayons verticaux au milieu du jour ; il n'y a que les flèches obliques du couchant qui pénètrent par-dessous les basses branches. L'effet est charmant : ces feux dorés s'élèvent au tronc des arbres et se jouent aux premiers feuillages ; la lumière monte, au lieu de glisser d'en haut. A midi, l'ombre est pleine, la fraîcheur est délicieuse. Le promeneur a ce dôme superbe au-dessus de la tête ; il ne voit rien que d'un côté la muraille et l'herbe du rempart, une végétation curieuse et variée d'amarantes et de grandes orties, de roseaux au fond du fossé ; de l'autre, des champs de maïs, puis les jardins de quelques villas, où l'ombre n'est pas moins tranquille et lente ; plus loin, par-dessous une nouvelle et quadruple rangée d'arbres, la clarté de l'eau. Il est alors à la Porte Marine, et devant lui s'étendent ces belles allées qui ont reçu le même nom. Les Allées Marines descendent le long de l'Adour jusqu'à la forêt de pins qui ferme le paysage et donne au fleuve la figure d'un lac.

A gauche, les allées sont bordées de maisons, au pied desquelles passe une route carrossable conduisant à la mer, et qui de loin paraît devoir se heurter à une haute dune blanche : le Blanc-Pignon. Ici deux chemins vont s'ouvrir : l'un à travers la *pignada*, l'autre qui suit encore la rive. Le premier a bien du charme. On marche perdu, comme enseveli sous cette grande colonnade maigre et muette. Cette *pignada* est un lieu romantique ; le malheur, c'est que, lorsqu'on y est enfermé, on ne voit qu'elle. L'autre route est semée, au contraire, de curiosités changeantes. Et d'abord, avant de la suivre, il est bon de jeter un regard en arrière ; les yeux remontent le cours du fleuve jusqu'à Bayonne. Là il semble se perdre au milieu des maisons et comme sous une forêt d'arbres nus : ce sont les mâts des navires. Aux approches du soir, la ligne violacée des monts rejette en avant tout ce tableau. La ville se détache en une vigoureuse silhouette au premier plan.

De l'autre côté, descendant toujours, on rencontre une ruine : c'est l'ancien lazaret, puis une caserne de douaniers. On est près alors de l'embouchure. Sur la rive opposée se montre un curieux petit port, le Boucau. Vers la fin du xiv° siècle, l'Adour s'avisa de rouler au nord, partant du Boucau, s'ouvrant un chemin dans le sable au pied des dunes, pour s'aller jeter dans la mer, entre Boucau-Vieux et Cap-Breton. Là existait déjà un havre d'une profondeur considérable, que des courants balayent sans cesse, et qui défie les atterrissements. Derrière le vieux Boucau est un vaste étang dont le barrage fut emporté, si bien qu'une superbe rade s'y creusa d'elle-même ; les navires de guerre y pouvaient mouiller. En quelques années, des chantiers de construction s'y étaient établis, une ville s'y élevait, ville toute maritime, qui prit une importance si rapide qu'au bout d'un siècle, le vieux Boucau comptait ses marins par centaines. Pendant ce temps, Bayonne pleurait sa méchante rivière qui s'en allait là-bas, dessinant entre deux longues montagnes de sable ce coude perfide ; Bayonne se trouvait ensevelie au fond d'une lagune. Les barques y remontaient à peine.

Le salut lui vint d'Espagne, au bout d'un autre siècle ; celui qui se manifesta pour commander aux flots était pourtant un Français, et même un Parisien. Il arrivait de Madrid, où il avait eu part à l'édification de l'Escurial sur le modèle fameux du gril de Saint-Laurent. Il s'appelait Louis de Foix ; c'est lui qui plus tard construisit la tour du Cordouan, à l'embouchure de la Gironde.

Tout ce peuple de marchands éplorés l'arrête au passage ; il eut pitié de leur misère, et peut-être eut-il tort de se mettre à l'œuvre, car il pourrait bien n'avoir obligé que des ingrats. La légende bayonnaise, en effet, vous dira que « l'architecte » n'aurait point réussi sans le secours d'un nouveau cataclysme qui, d'ailleurs, est décrit dans le auteurs contemporains. Il paraît qu'après un orage qui avait duré plusieurs jours, les Pyrénées se mirent à verser du haut de leurs cimes la prodigieuse quantité d'eau qu'elles avaient reçue. Ce fut comme une trombe qui faillit ensevelir la ville, mais qui, en s'écoulant vers la mer, rejeta les sables à droite. Le port se trouva subitement rouvert, et le canal naturel qui portait l'Adour vers le vieux Boucau, aussi soudainement obstrué : le fleuve avait repris son cours. Mais il demeure douteux pour les Bayonnais qu'ils en aient eu obligation au « Parisien »; ils aiment mieux tenir ce bienfait de leurs Pyrénées et d'un regard favorable de la Providence, qui les trouvait suffisamment punis par un carême de deux cents ans.

Quant à nous, mettons que la restitution de l'Adour à son ancien lit a surtout été due à un caprice de la nature ; mais ce caprice n'aurait pas suffi à l'y maintenir, car le fleuve est vagabond. Une immense digue a été construite au xviiie siècle ; elle n'a empêché qu'en partie l'amoncellement des sables, et pourtant a quelque peu déplacé la barre, l'a rejetée en avant, avec une légère inclinaison de la passe vers le sud. Au commencement de notre siècle, d'autres travaux ont été entrepris, et des jetées colossales ont resserré ce lit éternellement mobile. Le résultat ayant été directement contraire à celui qu'on se proposait, et l'ensablement faisant de nouveaux progrès, on a changé de systèmes, il y a quelque cinquante ans. Il y a eu d'abord les jetées basses inférieures au niveau des marées, par opposition aux jetées hautes d'autrefois ; puis les jetées à claire voie. Ces dernières allaient réussir, et l'on avait gagné un mètre environ en profondeur, quand il y a une vingtaine d'années, une tempête les dispersa. Pendant quelques semaines, l'entrée et la sortie du port ayant cessé encore une fois d'être praticables, Bayonne se crut revenue aux jours douloureux du xve siècle.

Le passage de l'embouchure, quoi qu'on fasse, demeurera toujours difficile, et le seul moyen de vaincre ces difficultés a été trouvé par l'industrie moderne. Un puissant remorqueur stationne en face du Boucau neuf, dans ce vaste bassin si superbement encadré que forme le fleuve. Quelquefois, par les hautes marées, les navires peuvent remonter ou descendre sans son secours ; encore faut-il que la direction du vent soit favorable et la brise pleine. Alors le navire, chargé de son immense toile blanche, glisse au milieu de cette verdure vigoureuse des rives, et portât-il cinq cents tonneaux, il danse comme une barque au milieu des brisants, à la pointe des lames, lorsqu'enfin il s'est engagé dans cette terrible passe. La mer, longtemps vaincue par les marchands bayonnais, prend sa revanche, et battant tous les barrages qu'on lui oppose, menace sans cesse de rendre sa splendeur à Cap-Breton.

La passe orageuse a des bords charmants. Tout près de la barre, un champ de courses a été installé. La piste, de 2,400 mètres, s'allonge sur le sol le plus doux, le plus élastique, le plus favorable au galop. Aussi, les courses de Bayonne sont-elles très suivies ; elles se donnent au mois de septembre, et toute la colonie de Biarritz se fait une loi de s'y rendre. Des tribunes, on découvre les Pyrénées et l'Océan.

Mais ce merveilleux tableau, nous le verrons surtout de Biarritz, où l'on peut se rendre en suivant les dunes. On atteindrait ainsi le cap Saint-Martin, que domine un phare de première grandeur, et de là on embrasserait tout le panorama de la chaîne cantabrique dominant les montagnes basques, la Rhune et la Haya qui couronnent Saint-Jean-de-Luz. Quant à nous, revenons sur nos pas ; nous prendrons le prosaïque *tramway* pour joindre Biarritz.

Le train part ; la voie ferrée laisse à gauche la route de Cambo, et de ce côté, les montagnes se profilent sur un joli ciel que de légères vapeurs pâlissent à l'horizon ; à droite, elle est bordée de villas. Bientôt on atteint la petite station des Cinq-Cantons, qui dessert Anglet ; — puis à travers les parcs d'autres villas, à travers de petits bouquets de bois de pins, la mer se découvre.

Cinq minutes encore, et nous serons à Biarritz.

Fort Hart et la côte des Basques.

BIARRITZ

Quittant le chemin de fer, on entre à Biarritz par une pente rapide et une allée noire. D'un côté des maisons basses, de l'autre un haut mur aveugle. Après les maisons un autre mur, dominé par de grands arbres maigres, et couvert d'affiches rouges, roses, vertes, jaunes. Dans ces arbres un écriteau qui se balance : Café du Helder !

Seigneur Dieu ! avoir fait plus de deux cents lieues pour retrouver les enseignes du boulevard des Italiens ! Malgré soi on recule — non d'horreur, comme dans les tragédies classiques — mais d'impatience, comme il arrive trop souvent dans la comédie humaine.

De l'angle de ce deuxième mur part une ligne lumineuse, l'œil naturellement la suit. On aperçoit au loin comme un coin de miroir bleu et mobile. Serait-ce la mer ? Est-ce vraiment ici Biarritz ? Ce pourrait aussi bien être Enghien.

Cependant les affiches ne laissent pas de doute. Elles annoncent un concert suivi de bal, le soir, au « palais Biarritz ». Soit ! Nous y sommes. Ce n'est pas sous ces traits-là que nous nous figurions ce lieu d'enchantements. C'est une déception assez plaisante que de s'être mis en route pour le paradis, et de trouver devant soi, à l'arrivée, quoi ? la porte du café du Helder.

Cependant, ne nous décourageons point. Nous voici dans une sorte de carrefour. Derrière nous la rue noire, au-devant la ligne bleue ; c'est sûrement le chemin de la mer. A droite, une avenue très sombre également ; mais, du moins, cette obscurité est due aux arbres qui l'ombragent ; elle est bordée de chalets. A gauche, une autre rue monte. Ah ! celle-ci est bruyante, animée, remplie de monde.

D'abord des cafés, plutôt des buvettes. Des Espagnols en veste et culotte de velours ornées de grelots de laine jaune, des Basques assis aux tables extérieures, devant des verres vides qu'ils ne songent pas à remplir. Ils parlent, et c'est leur babil étourdissant qui les grise. Chacun de ces groupes forme un tableau plein de couleur et d'amusement. Les Basques ici sont les maîtres, ils sont chez eux ; toutes les fois qu'il y a tapage et débordement de vie quelque part, c'est le Basque qui mène le branle. Race étrange et mystérieuse, qui porte assez joyeusement ce mystère de ses origines. Ce sont des Basques qui conduisent ces landaus de louage qui passent attelés de chevaux maigres d'une vigueur extraordinaire ; il leur faut du bruit comme à leurs conducteurs ; les harnais sont garnis de sonnettes. Si le cocher n'écoutait que son humeur, il irait toujours d'un train d'enfer ; mais les promeneurs sont nombreux. Les équipages de maîtres se mêlent à ces grandes boîtes roulantes des loueurs, et voici un embarras de voitures, ni plus ni moins qu'à Paris, en cet endroit célèbre qui a reçu le nom de « Carrefour des écrasés ».

Cette grande presse donne tout d'abord l'idée du nombre d'étrangers en résidence dans cette villette étonnante. — Les cochers s'injurient, les maîtres se lèvent du fond de leurs calèches, dans la louable intention de mettre le holà, et reconnaissant à l'instant la profonde inutilité de cette tentative, ils prennent le parti de se rasseoir. Les dames s'agitent avec impatience sur les coussins ; on reconnaît des visages espagnols ; mais pourquoi ne sont-ils pas encadrés de la mantille nationale ?

La rue monte ; à gauche, elle est coupée par une petite place ombragée d'arbres, bordée de maisons basques, reconnaissables à leur forme pointue et à leurs grandes traverses de bois peint dans le crépi de chaux blanche ; à droite, elle s'ouvre brusquement. L'échappée est soudaine et magnifique sur le flot bleu. Ce chemin de la mer, on ne se demande pas si on doit le prendre; on s'y jette avec une sorte d'avidité ; c'est l'instinct de l'éblouissement. On arrive sur une assez étroite esplanade, et d'abord on ne pense qu'à plonger ses yeux dans cette étendue infinie et brillante.

Et puis on regarde autour de soi. Au loin, des dunes et des roches grises : c'est le cap Saint-Martin, que domine un phare. Une falaise rocheuse court le long de la mer et borde des hauteurs couronnées de bois de pins et de quelques villas : c'est la côte du Coût, ou côte du Château, se prolongeant jusqu'à un grand bâtiment de briques, sans style et sans grâce, qui ressemble à ce que, dans certaines stations balnéaires, on appelle « l'établissement ». C'est en effet le palais Biarritz.

De ce pesant édifice, à l'endroit où nous sommes placés, s'étend une vaste plage, décrivant une courbe légère, où s'élèvent les bains. Au-dessus, la falaise monte par étages, portant d'autres villas précédées de terrasses et de jardinets assez maigres. L'aspect n'en est pas moins charmant, car ces demeures sont coquettes ; le feuillage délié du tamarin, qui est plutôt un plumage, se balance au-devant des balcons ; on ne songe point à demander d'autre verdure à ce sol sablonneux. On n'a d'yeux que pour ce clair soleil qui rit sur ces murailles blanches, et pour cette mer aux teintes molles et profondes.

Cette colline demi-circulaire, qui s'élève au-dessus de la grande grève, s'appelle la côte du Moulin. A nos pieds, elle vient aboutir à un amas de rochers, sur lesquels une plate-forme a été conquise. C'est là qu'est le casino, avec sa célèbre terrasse, où l'aristocratie madrilène et les baigneurs de France passent, en septembre et en octobre, la fin des après-midi. La terrasse est pourtant orientée au nord ; mais ici les soleils sont encore dans toute leur force, quand, à Paris, les calorifères s'allument. Au-dessous des rochers de la Chicaougue — c'est le nom de ce petit chaos marin — se trouve le Port aux pêcheurs, avec son bassin de refuge, et de l'autre côté du port le promontoire de l'Attalaye.

Un autre chemin y conduit, la grande et l'on pourrait dire l'unique rue de la petite ville. Certes, il existe en peu d'endroits au monde une voie si diverse et bigarrée. On y voit toutes les recherches de la boutique parisienne, de *vrais* tailleurs, de *vrais* bijoutiers, et des marchands d'objets d'art, à côté de taudis enfumés où se vendent les denrées de consommation quotidienne et les produits du pays. Mais bientôt le mouvement se ralentit, la rue devient moins populeuse, puis à peu près déserte, et cependant elle va toujours bordée de maisons moins neuves, moins pimpantes, mais précédées de terrasses que décorent de grands arbres, malheureusement taillés en boule. C'est le vieux Biarritz, le coin le plus frais, le plus tranquille, mais le moins recherché ; il n'est pas mondain.

La voie suit une pente rapide et aboutit au Port-Vieux, c'est-à-dire à une anse étroitement resserrée entre des rochers ; la mer se brise aux deux pointes. On ne peut souhaiter de plage plus tranquille et plus sûre. Aussi, là s'élève un autre établissement de bains, disposé en trois énormes corps de bâtiment ; on me dit que Biarritz a souvent dix mille baigneurs ; je n'en suis pas étonné. A l'établissement de Port-Vieux, la foule est énorme à l'heure du jusant, — car, si étroite que soit l'ouverture, le flux y jette encore quelques lames.

De la terrasse des bains, nous voyons devant nous l'autre versant du promontoire de l'Attalaye (en vieil espagnol, lieu de guet). Il supportait jadis un donjon dont on retrouve l'emplacement avec quelques pans de murailles. La base en était apparemment moins branlante alors qu'aujourd'hui, car elle ne consiste plus qu'en des roches rongées, percées par le flot. Les ingénieurs ont voulu renchérir sur ces jeux de la nature ; ils ont pratiqué un tunnel dont la voûte du moins est solide ; son utilité n'est pas évidente. Le faîte est maintenant chargé d'un sémaphore. On y grimpe par un sentier en colimaçon, à travers les éternels tamarins ; et l'ascension serait-elle rude, qu'arrivé au but, on oublierait sa peine. C'est qu'en effet, du haut de ce promontoire la vue ne rencontre plus d'obstacles sur la grande mer. A gauche, elle embrasse la chaîne espagnole, qui part de l'embouchure de la Bidassoa, pour se développer vers le sud, — la superbe côte cantabrique. Ces colosses, radieux pendant le jour, grandissent encore quand vient le soir et qu'ils se découpent à la fois en masses d'ombres sur les clartés du ciel et sur celles de l'eau.

En face de l'Attalaye est un cône de roches éventrées, formant arcade à jour : c'est le Cucurlon ; il est surmonté d'une statue de la Vierge. Au reste, entre les rochers on aperçoit, en y regardant de plus près, des blocs artificiels ; ce sont les débris d'une digue qui devait relier le promontoire de l'Attalaye à quelques masses rocheuses, et opposer ainsi une forte digue — œuvre de la nature pour moitié, et pour l'autre « travail d'art », — aux turbulences du flot. Seulement la partie *d'art* est renversée, la partie de nature s'est désagrégée chaque année un peu davantage. L'ingénieur propose, la tempête dispose. Il n'y a que l'ingénieur qui en soit étonné.

Au-dessus du Port-Vieux, un autre promontoire se dresse ; il était coiffé jadis d'une petite tour qu'on appelait le fanal de Port-Hart. Un *fanal*, entendez-vous bien ? ce n'était pas un phare. L'appareil — peu mathématique — consistait en une chambre pourvue d'une cheminée énorme, où l'on jetait une charretée de broussailles. La fumée et les étincelles faisaient reconnaître au pêcheur l'entrée du port. Maintenant, de la tour, il ne reste rien, pas même le sol qui la portait. Une route y passe, dans une tranchée, au-dessus d'une affreuse et pittoresque crevasse, où le flot s'engouffre avec des plaintes étranges et une furie diabolique. Les touristes de Bretagne, en villégiature à Biarritz, y viennent curieusement ; cet accident leur rappelle ce qui se voit partout sur leur côte, ils se croient chez eux. Un pont traverse ce petit abîme ; le chemin conduit à la côte des Basques. — J'allais oublier de donner le nom de ce pont rustique — car il l'est. On l'appelle le pont du Diable.

C'est un beau lieu que cette « côte des Basques ». Aussi est-il presque entièrement négligé par les baigneurs. On y rencontre bien quelques promeneurs deci, delà, et même, à l'extrémité du quai bordant le flot, on voit un troisième établissement de bains. D'un coup d'œil, on reconnaît que ces promeneurs font partie de la colonie de Biarritz, — mais partie extérieure : ils *n'en sont pas*.

Ils n'ont pas même l'air de se soucier d'en *être*. Ce sont des récalcitrants à ce *qui se fait* ; or, fréquenter la côte des Basques, ça ne se fait pas. Cependant la perspective des monts espagnols y est plus large encore et plus belle que de l'Attalaye. On y découvre en plus une ligne rude et coquette de falaises qui se poursuivent jusqu'à Saint-Jean-de-Luz. Elles paraisssent rudes à cause de l'escarpement de leurs flancs; elles sont coquettes par leur belle couleur qui passe, suivant les heures, du blanc d'argent au gris de plomb.

Quant aux bains, on ne saurait s'étonner qu'ils soient peu suivis, car la côte des Basques est sans défense contre la grosse mer. Il semble que des courants arrivent du large et que, se brisant d'abord aux récifs du cap Figuier, qui s'allonge là-bas à la pointe de la côte espagnole, ils forment de puissants remous dans cette sorte de baie en demi-cercle, dont l'autre pointe est le Cucurlon. Le flot bondit en superbes jets d'écume contre la côte des Basques ; il n'y a que des nageurs éprouvés qui puissent, sans péril, passer à travers ces furieuses colonnes d'eau, dont la force est redoutable. C'est un amusement pour les Basques, vigoureux, agiles, intrépides. A de certaines époques de l'année, ils se rendent à cette côte par centaines, par milliers; la troupe est précédée des instruments nationaux, le fifre et le tambourin. Ils se jettent à l'eau ; ils connaissent tous les dangers, dont le principal est le fond des basses roches aiguës qui suit la grève ; ils se jouent à éviter ou à fendre la lame, et se donnent en spectacle à toute la population accourue pour les voir ; ils ne sont pas venus pour autre chose. Qui dit Basque, dit un peu fanfaron.

D'ailleurs, ce peuple a un proverbe très sage qui dit : « Le monde ressemble à la mer : on voit s'y noyer ceux qui ne savent pas nager. » Il est vrai que les proverbes ayant été faits pour se contredire entre eux, l'*Escuara* (la langue basque) en a un autre : « La mer n'a point de branches auxquelles on puisse se raccrocher quand on se noie; la femme du marin est mariée le matin, et veuve le soir ».

*
* *

Biarritz a deux saisons : une d'hiver qui commence en novembre, une d'été qui s'ouvre en août. La première est aux Anglais ; ils y règnent à peu près sans partage. Il aime cela, ce peuple insulaire et isoliste. La seconde appartient à l'aristocratie madrilène. Appartenir est le verbe qui convient ; mais les Espagnols sont moins exclusifs,

Biarritz.

n'étant que péninsulaires. Ils tiennent à Biarritz le haut du pavé, et seraient sincèrement désolés que la société française et parisienne ne vînt point en tenir le bas. Ils la souhaitent, ils la recherchent et ils l'aiment. Il leur plaît très fort qu'elle soit représentée par ses divers catégories, surtout l'aristocratique.

L'hiver, c'est la saison muette. Plaisirs rares. Mais, après avoir médit de l'Anglais, on peut bien lui rendre justice : ce qu'il aime, lui, ce qu'il adore, c'est le changement de lieu ; il ne vient pas chercher, dans les stations balnéaires et thermales, les agitations de la vie extérieure et mondaine. Voyageur à outrance et avant tout, il satisfait volontiers son goût en la compagnie des siens, qui lui suffit; il va par le monde, accompagné de sa femme et de ses enfants.

En décembre, à Biarritz, comme en août, au bord du lac de Genève, passent des tribus : jeunes missesses aux cheveux flottants, jeunes garçons en veste courte et au grand col plat ; — la troupe est tout à fait semblable à un jeu de quilles, — sauf que ces quilles sont de hauteur inégale. Par quel miracle d'optique cette jeunesse d'Albion trouve-t-elle le moyen de paraître longue même quand elle est petite? Tout cela, d'ailleurs, est propre et frais à plaisir, tout cela sent l'eau froide — et, comme disait Byron, la tartine de beurre. Les parents suivent, la mère avec des raideurs solennelles et une maigreur qui les justifie, — le bois ne saurait ployer ; — le père avec cette barbe saxonne dont toute l'Europe connaît à présent les ondes sévères. C'est une mode toute neuve ; plus un Anglais est terriblement barbu, plus il est Anglais.

On va sur le vieux port, à l'abri du vent; c'est dans ce coin de la station que la saison est surtout clémente. Le soir, on dépense le temps chez soi : ce qui serait aux yeux des Parisiens et des Madrilènes une ressource de carême. L'Anglais s'en contente. Une lumière plus vive s'échappant par les interstices des rideaux, des sons de piano traversant le silence de la rue, font reconnaître les maisons habitées par la colonie.

Et cette paisible colonie d'hiver s'en est allée depuis longtemps, quand arrive celle d'été, bruyante, impatiente d'amusements. Ce n'est encore que le commencement d'août: point d'Espagnols — du moins de qualifiés. Les Bordelais, autrefois, ouvraient cette marche du carnaval d'été ; ils vont maintenant à Saint-Jean-de-Luz. C'est moins coûteux ; et puis, il vaut mieux briller là-bas au premier rang, que de venir ici se faire effacer au troisième. Qui croirait, d'ailleurs, que cet effacement ait jamais pu être silencieux, ne connaîtrait point Bordeaux ! — Dans les premiers jours d'août, les petits Parisiens arrivent, je dis les petits, parce que les personnes grandement classées vont d'abord à la côte normande, et ne descendent à Biarritz que vers la première semaine de septembre.

C'est aussi le moment où s'abat sur la station la haute volée madrilène. Il faudrait avoir l'honneur d'être admis à la résidence royale pour voir réunis tant de grands d'Espagne. La griffe espagnole est partout imprimée sur Biarritz ; là-haut, au sommet de la côte du Coût, s'élève, parmi les pins, la villa du duc de Frias. Il est vrai qu'une autre villa, appartenant à la marquise de Noailles, en est voisine ; mais les Noailles ne sont-ils pas aussi grands d'Espagne ? Je n'ai point le grand livre de l'histoire ouvert devant moi ; je crois pourtant me souvenir qu'ils reçurent cette dignité à l'occasion de l'avènement de notre duc d'Anjou au trône d'Espagne, et en même temps que les Saint-Simon, — ce dont le chef de cette dernière maison, l'auteur des fameux Mémoires, ne fut pas satisfait : lui non plus n'aimait pas le partage.

Ainsi, tout à Biarritz est à l'Espagne. Pourquoi donc les dames espagnoles n'y veulent-elles pas arborer le plus romantique et le plus beau des pavillons nationaux, la capricieuse, la coquette mantille ? Est-ce par courtoisie envers les Français résidants qu'elles se coiffent de nos chapeaux parisiens ? Se proposent-elles d'honorer la France en ses modistes ? ou seulement de n'être pas différentes des grandes dames françaises qu'elles coudoient ? Quelle discrétion et quelle indulgence !

L'heure des élégances sur la terrasse du Casino — moins large que le trottoir de nos boulevards, mais longue de deux cents mètres environ, et suspendue au-dessus des flots - est celle qui précède le dîner. Plus tôt, on y vient surtout pour regarder de loin sur la grande plage, au pied de la côte du Coût, se prendre les « bains à la lame ». C'est un des spectacles de Biarritz : il est assez gai, car il a sa partie comique. Ces grandes lames qui arrivent en demi-cercle ont une grâce qu'égale seulement leur brutalité : elles renversent les files de baigneuses, qui ne réussissent à se relever que pour retomber un peu plus lourdement sous le flot qui suit, et les culbutes sont accompagnées de cris perçants et de grimaces amusantes qui se voient à la lorgnette. Mais, vers cinq heures, c'est une autre harmonie qui domine le bruit des vagues. Un excellent orchestre à l'entrée du Casino, dans un kiosque, fait entendre des valses et des ouvertures d'opéra.

Les promeneurs arrivent en foule, et déjà les chaises placées au bord de la terrasse, et celles qui entourent les tables disposées au pied du bâtiment, sont occupées. Une chose étonne toujours le Parisien : c'est d'étudier les appétits d'Espagne, qui ne craignent point le chocolat deux heures avant le principal repas de la journée. Des Parisiennes imitent ces robustes Castillanes, mais elles ne nous tromperont point : ce chocolat c'est leur dîner, elles n'en feront pas d'autre. Par le Cid Campéador, en Espagne c'est autre chose ; la vaillance des estomacs féminins ne le cède pas à celle des cœurs masculins.

Le dimanche n'est sûrement pas le jour aristocratique au Casino ; mais c'est la grande journée. Dans l'après-midi, bal d'enfants. Ah ! les pauvres babys, on les pare tant que l'on peut : de petites châsses. Ils ne s'en amusent pas mieux, et ils amusent bien moins ceux qui les regardent. — Le dimanche, à neuf heures, comme, d'ailleurs, presque tous les soirs, les « grandes personnes » dansent. Les sons de l'orchestre se mêlent à d'autres flonflons qui arrivent du dehors. Dans tous les coins de Biarritz, on saute. Sur la petite place, devant le Casino, des couples basques tricotent des jambes au soupir de la flûte, au grognement et aux sonnettes du tambourin : c'est leur musique nationale.

En ces soirées dominicales, le spectacle vraiment n'est pas au Casino, il est dans la ville. Un autre orchestre joue sous un autre kiosque, sur une étroite promenade, faisant suite aux méandres de la terrasse publique, en retour des rochers de la Chicaougue, au-dessus du Port aux pêcheurs. Un théâtre de Guignol remet en scène, pour les enfants, le duel antique de Polichinelle et du commissaire. Les hôtels qui enserrent la promenade regorgent de dîneurs et de dîneuses ; c'est l'image de Babel qu'une table d'hôte à Biarritz. Sur la promenade se presse la foule la plus diverse et la plus pittoresque :

Espagnols et Basques, le « petit monde » de Bayonne mêlé aux baigneurs, le « casque » anglais entouré du voile blanc, dominant les toques des muletiers, et le petit madras des Bayonnaises, qui fendent les groupes en se tenant par le bras, avec des rires éclatants qui forment la note aiguë dans ce furieux tapage. Et toute cette bagarre avance, recule, se disperse, se resserre et se refoule. Un flot épais remonte la Grand'Rue, un autre flot la descend. Il y a des poussées terribles, avec des cris qui, ailleurs, seraient inhumains; mais, ici, presque toutes les voix sont musicales. Ce n'est que du bruit, ce n'est point un charivari insupportable. De grands bourdonnements s'élevant en ondes presque régulières, que les tambourins accompagnent de leurs notes joyeuses et sourdes à la fois, sortent de toutes les guinguettes.

Cette soirée du dimanche à Biarritz est si tumultueuse, que la matinée du lundi est un délassement. Pour le touriste libre, qui n'attend point les « parties montées », très fréquentes parmi les baigneurs, c'est le jour des excursions, qui achèveront de lui faire connaître ce coin singulier, charmant, attachant, — d'ailleurs, sans beauté qui lui soit propre; car c'est à son cadre qu'il doit tout. Il n'y en a que deux prochaines : au midi et au nord; rien de plus simple. La première pourrait être faite pendant la nuit, car un point lumineux la guide. C'est le phare de première grandeur dominant de près de cinquante mètres le cap Saint-Martin, qui s'allonge à droite de l'Adour. Le cap est élevé lui-même de plus de soixante pieds au-dessus du niveau de la mer, dans les marées moyennes. On s'y rend à pied, en suivant la plage; on peut pourtant abréger le chemin en contournant les bâtiments de la villa Eugénie et en gravissant alors les falaises.

Je ne quitte point la plage, et j'ai bientôt joint le pied du phare. Le gardien vient au-devant de moi; l'étrange vie que celle de ce brave homme! Encore celui-ci a-t-il un poste envié. Songez-vous à ceux de ses pareils qui logent dans une tour édifiée sur un îlot formé d'un seul roc que battent les vagues? Une barque leur apporte des vivres, et souvent elle ne peut aborder; il faut que le misérable enlève les paniers au bout d'une corde. Ce misérable est un héros, car il atteint les limites où peut arriver l'effort de la patience humaine; eh bien!

il n'a pas même le sentiment de son courage. — Ici notre gardien mène à peu près une existence de civilisé, à quelques kilomètres de Bayonne, à deux pas de Biarritz. On vient le visiter et, par Saint-Martin, dont le cap est à lui, comme la France jadis était au Roi, il reçoi poliment les visiteurs. L'intérieur du phare est propre, ciré, « astiqué » comme les cabines d'un grand navire. Voici le livre des voyageurs ouvert sur une table ; vous pouvez y inscrire votre nom. Qui sait ? Pour arriver à la postérité il y a de si drôles de chemins !

— Dans une des salles, deux bustes ont été placés, et du moins ils sont à leur place, ce qui n'est pas l'ordinaire des bustes : Fresnel, l'inventeur, avec François Arago, des phares lenticulaires ; Beautemps-Beaupré, l'hydrographe, qui fit la carte des mers. — Un escalier monte au sommet de l'édifice : il n'a que 256 marches ! et dans cette cage étroite, n'ayez point l'espoir qu'on installe jamais un ascenseur. Mais quel dédommagement sur la plate-forme ! Quelle perspective magique sur l'embouchure de l'Adour et les Landes au nord, sur la côte d'Espagne et ses monts superbes au midi, sur la mer roulant son immensité sous un ciel radieux, estompé à l'horizon de teintes violettes comme les ciels d'Orient !

L'autre excursion, qui se peut faire de Biarritz en marchant au sud, va nous conduire vers Saint-Jean-de-Luz.

Guethary.

LA COTE BASQUE

Du Port-Vieux de Biarritz, descendons à la grève de sable miroitant, où la vue se trouve bornée au sud par la chaîne cantabrique. Une belle muraille qui vaut mieux que celle de la Chine.

Vous pouvez également y arriver du Haut-Biarritz en suivant la pente des falaises qui forment ce qu'on a plus spécialement appelé la côte des Basques. Seulement, il faudra, dans la dernière partie du chemin, vous laisser glisser sur de terribles rampes. Même, il adviendra peut-être que vous emporterez un morceau de ce chemin qui, en se détachant sous vos pas, accélérera votre course au delà de vos désirs. Ces falaises, constamment rongées par la pluie, sont en un état de décomposition qui n'est ni honnête, ni rassurant. Il est vrai que vous vous en iriez rouler sur un lit de sable fin qui s'avance bien loin sous le flot, ici tout uni, là semé de rochers, hérissé de pointes. La continuelle agitation de la mer dans cette baie trompeuse indique suffisamment la situation profonde de ces roches. Une forêt sous-marine, formée de blocs d'anthracite, court sous le bouillonnement des lames. La mer, de ce côté, a dévoré ses rivages.

On marche sur ces couches de sable brillant, brûlant aussi par les grands soleils, et tout à coup une brusque tranchée coupe la falaise. D'abord on est au fond du trou, on n'aperçoit rien que de nouvelles roches lisses soutenant une masse de terre bleuâtre ; mais, à gauche, un sentier grimpe, et l'on reconnaît qu'il serpente jusqu'au faîte de la hauteur. C'est là qu'est situé Bidart, le premier village basque, sur la route d'Espagne, depuis Bayonne.

Des maisons blanches à volets bruns, ornées de grandes traverses de bois, brun également ou vert, formant une équerre ou un losange, sont dispersées sur le plateau. C'est le caractère des villages basques : point d'agglomérations ; mais des groupes d'habitations isolées. Leurs toits en auvents achèvent de les rendre pittoresques ; elles sont ombragées de tamarins, si, encore une fois, ce singulier arbre à plumes est un ombrage.

De Bidart, la vue est d'une grande étendue : à droite, les monts d'Espagne toujours ; au-devant, les monts nationaux, la Rhune ; plus loin, la Haya ou les Trois-Couronnes. La Rhune est d'une couleur étrange, l'argile rouge y est partout à fleur de sol entre les roches. C'est le mont Sacré, quelque chose comme le Sinaï du pays basque.

Elle tient sa place aussi dans les annales de la gloire française, cette crâne petite montagne, qui a de grands airs et, pourtant, ne s'élève pas à mille mètres. Un jour, les pâturages rocheux qui la couronnent se couvrirent de fumée et de feu. Le maréchal Soult, dans sa retraite d'Espagne, en 1813, lui avait fait l'honneur de la choisir comme centre de ses opérations militaires. Le général Clauzel, depuis maréchal à son tour, — un Pyrénéen, — occupa le sommet, et y tint douze heures, avec une poignée de conscrits, contre la masse des vieux régiments anglais de Wellington : il leur fit même voir que c'était un rude sommet.

La Rhune est pourtant d'une ascension facile — en temps de paix. Aussi les ascensionnistes modérés se laissent-ils tenter par une opération relativement si douce et la proposent-ils à leur famille ; mais, pour peu que la famille renferme des caractères aventureux, elle refuse. Dans l'hôtellerie de Guethary, bourgade voisine de Bidart, il m'a été donné d'assister à l'un de ces drames domestiques. Deux jeunes filles déjeunaient avec leur père à la table la plus près de la mienne,

— deux jolies et fines Parisiennes, qui ne rêvaient que l'assaut des grands monts. Le père ne résistait point ; il parla d'une montagne d'où l'on verrait un panorama superbe : la triple chaîne des Pyrénées, depuis le pic du Midi de Bigorre où le général de Nansouty a établi son fameux observatoire, jusqu'à la dent ébréchée de la Haya, au-dessus d'Irun et de l'embouchure de la Bidassoa, en Espagne. Il avait bien son guide en tête, il eut une tirade enthousiaste sur le général et son dévouement à la science. Il disait sc-i-ence. Seulement, quelle montagne ?...

Parbleu ! il ne la nomma qu'à la dernière extrémité. C'était la Rhune. Alors il fallut voir la mine de Mademoiselle l'aînée, et le beau cri de Mademoiselle la jeune qui était plus vive : — Mais, père, ce n'est pas plus haut que le mont Valérien ! Elle le croyait de tout son cœur. Et la querelle continua. L'aînée se mit à parler vaguement des glaciers du Vignemale. A la bonne heure ! La cadette redressa la tête : Où étaient-ils situés, ces glaciers ? Sa sœur lui répondit : Près de Cauterets. Et le regard d'intelligence qui suivit m'éclaira. Peste ! elles se souciaient bien du Vignemale et des glaces éternelles, mes Parisiennes ! — Elles avaient envie d'un lieu mondain dans le désert, et voulaient aller à Cauterets.

Quant à moi, allant toujours pédestrement et lentement, laissant à ma gauche un coteau boisé, j'entre dans un vallon romantique qu'arrose l'Ouhabia. Voilà un type de rivière agreste, l'été sans eau, l'hiver sans pont. Le paysage qui l'encadre est d'une variété amusante : ici des champs cultivés, là des coins de lande, de l'herbe rase et des bruyères sur les pentes, mais tout cela d'une couleur chaude à plaisir ; puis des bouquets de bois ; — et toujours, au second plan, le fier rempart de la côte basque, la Rhune, les Trois-Couronnes que domine l'Ursouya, le pic d'Anie, le mont Aran, et plus loin d'autres masses noyées dans les vapeurs déjà violacées du soir.

Guethary est, comme Bidart, un village entièrement basque ; les hôtelleries même y ont été construites sur le modèle national ; mais plus près des flots, en plein éblouissement du grand miroir, ce village a, plus encore que son voisin, ce caractère simple et pittoresque, et cette coquetterie primitive, qui est le charme de la vieille « Euskarie ». Les maisons apparaissent éparses sur deux coteaux que sépare une nouvelle coupure de la falaise. La pente, d'une raideur prodigieuse, descend presque verticalement à un petit havre creusé dans le sable entre deux murailles de roches, qui se prolongent dans la mer comme deux jetées naturelles. Sur la plage bizarrement pavée de larges dalles, deux chaloupes hissées à force de bras dorment sous l'abri de leurs filets suspendus aux mâts, et qui ont séché au soleil du jour. Les hommes sont tous marins ou pêcheurs à Guethary. C'étaient autrefois les matelots de la grande pêche ; ils allaient s'engager à Saint-Jean-de-Luz, pour l'expédition de Terre-Neuve, ou pour la campagne de la baleine dans les mers polaires. Maintenant ils vivent de la pêche du thon, qui ne se rencontre qu'à plusieurs lieues au large, et il n'y a que le Basque, comme le pirate normand d'autrefois, pour affronter la course en haute mer dans des barques non pontées. La baie de Biscaye, hérissée d'écueils, traversée de courants et de remous profonds, que la tempête change en abîmes, est l'une des plus dangereuses du monde. Qui le dirait, à la voir bercer son grand cristal bleu par les temps calmes ?

Au sommet de la falaise court la voie ferrée qui, dans ce cadre charmant et resserré, ajoute à l'attrait du paysage ; ce n'est pas l'habitude des chemins de fer, ce n'est pas non plus leur métier. Celui-ci, qui va couper la route d'Espagne, passe au-dessus d'une suite de petites baies sablonneuses, toutes blanches et toutes rondes, qui échapperaient peut-être aux yeux, sans ce bruit et cette fumée. De loin en loin, de singuliers édicules s'élèvent au-dessus de ces cavités qui offrent des retraites si sûres aux baigneurs. Ce sont de petites tours de guet ; du moins c'est leur apparence du côté de la mer ; mais si l'on y arrive par la falaise, on s'aperçoit qu'ils n'ont que la façade d'une tour. De l'autre côté ils sont ouverts, et l'on y monte par un escalier que les tamarins ont envahi ; leurs rameaux légers sortent des pierres disjointes.

A Guethary, les baigneurs ne sauraient être nombreux, bien que toutes les maisons se louent pour la saison des bains ; mais le village n'a que six cents habitants à peine. Les « étrangers », ici, sont des gens d'habitudes patriarcales, surtout si on les compare aux grands mondains et internationaux de Biarritz. En général, ce sont des Bordelais, venus en famille. Le séjour y est entouré d'une paix profonde et d'agréments très variés, car les ombrages y sont abondants, si la mer y est belle. Le vallon de l'Ouhabia fournit des abris pleins de fraîcheur contre le midi cuisant des jours d'été. Guethary est un lieu bourgeois, à ce qu'on dit à Biarritz ; — quant à moi, je m'accommoderais d'une de ces maisons basques qui regardent le flot à l'ouest, au sud et à l'est les monts; — et quant à ceux qui se donnent tant de peine pour s'amuser là-bas, je les narguerais, peut-être. Lorsqu'on jouit du plaisir des yeux et du repos de l'esprit, on a de ces impertinences.

Le soin d'un colis égaré (colis, style moderne. Nos pères, Racine, Voltaire et Chateaubriand disaient : paquet, et croyaient parler assez noblement le français), ce soin fastidieux va me ramener pour un moment à Biarritz. Je rejoins la *halte* de Guethary. Le train montant me conduira à la gare de la Négresse. Un tunnel me dérobe bientôt la vue du joli coteau de Bidart. La voie ferrée, au sortir de ces ténèbres, décrit une courbe au-dessus d'un petit lac dominé par un bois assez maigre. Est-ce pour cette raison de maigreur qu'on l'a nommé le bois de Boulogne ? Ce taillis court sur des pentes très rapides ; le lac occupe le fond de l'entonnoir. A cette heure, déjà crépusculaire, la lumière de l'eau est éteinte ; on ne voit plus qu'un miroir d'étain qui se balance. La pelouse, assez étroite, qui forme la berge, est remplie de promeneurs attirés par la beauté du soir, et qui préfèrent sans doute le clair de lune dans le feuillage au grand miroitement qu'il jette sur les flots. Le croissant de la lune monte, en effet, derrière les arbres. Voilà cette deuxième promenade de Biarritz, dont j'ai parlé ; elle exige qu'on tourne le dos à la mer, et ne donne peut-être pas une compensation suffisante ; mais quoi ! C'est ici le « bois de Boulogne! » Quel attrait !

Un loueur trop engageant vient à moi, au moment où je descends à la gare. Je peux bien dire qu'il m'enveloppe. Ces loueurs sont généralement béarnais, et le Béarn est encore un pays de langage doré. Celui-ci m'enguirlande à la Russe : il a trois calèches ; il ne sait, en vérité, laquelle des trois est la plus douce. Et moi de lui répondre : — Il y a des omnibus, et cela me suffira. — Ouais ! me dit-il, des omnibus, il y en a, c'est sûr, mais c'est tout comme s'il n'y en avait pas. — Mais les cochers sont sur leur siège, ils font claquer leurs fouets. — Ça n'est pas une raison ; ils n'en partiront pas davantage. — C'est vous qui le dites. — Et vous qui allez le voir. J'attends. Un quart d'heure se passe. Les omnibus vraiment ne s'ébranlent pas. L'impatience me gagne, j'accepte les offres de mon loueur, qui me dit en m'ouvrant la portière de sa calèche : — C'est la même chose.

La même chose, sauf le prix. J'ai fait à l'arrivée l'épreuve de la différence.

La calèche part, la route monte doucement à travers le coteau tapissé de bruyères et d'ajoncs. Au faîte, je régale mes yeux d'un panorama superbe : la mer, l'embouchure de l'Adour.

Me voilà revenu à Biarritz.

Demain, au matin, le train descendant me ramènera au-dessus des dunes de Guethary — voie d'Espagne — et me conduira à Saint-Jean-de-Luz.

La maison Louis XIV.

SAINT-JEAN-DE-LUZ

Saint-Jean-de-Luz était évidemment marqué pour faire de hardis marins. Point de port, — une rade. Point d'abri, — un mouillage. Ce devait être un nid d'explorateurs, de pêcheurs proches cousins des pirates, et de francs corsaires en temps de guerre avec les Espagnols ou les Anglais. Bayonne devenue d'une part ville féodale, siège d'une vicomté qui relevait des ducs de Gascogne, d'autre part s'emplissant d'étrangers, d'Anglais surtout, dans les siècles qui suivirent, par son commerce naissant, se séparait de plus en plus du pays basque. La capitale du Labourd, la petite cité nationale fut Ustaritz, et Saint-Jean-de-Luz devint son port, son débouché sur cette mer que les Basques navigateurs et émigrants voulaient voir toujours ouverte devant leur audace aventureuse.

La ville appartint aux Anglais, comme tout le pied des Pyrénées, mais détesta ses maîtres. Aussi acclame-t-elle Dunois qui vient de prendre Bayonne, et le vainqueur, au nom du roi son maître, si heureux contre les Anglais sans l'avoir jamais mérité, confirme aux habitants de Saint-Jean tous leurs privilèges. Quelques années après, Louis XI visite Saint-Jean-de-Luz ; il venait de Gascogne, où il avait voulu s'assurer par lui-même du plein succès de sa proscription contre les Armagnac.

Les marins de Saint-Jean-de-Luz craignaient peu les méchants rois ; ils n'avaient guère eu de seigneurs que les capitaines anglais. On est libre, quand on ne craint point d'affronter la mer, où la liberté est sans bornes. Il paraît certain que ces intrépides compagnons osèrent bien les premiers se servir du harpon pour attaquer la baleine ; ils avaient exploré les bancs de Terre-Neuve dès le commencement du xve siècle. Cent ans plus tard, ils découvraient à l'embouchure du Saint-Laurent une île qu'ils appelaient le Cap-Breton. Du moins ils s'en vantent, et ils sont bien capables de l'avoir fait. Je sais que la découverte est généralement attribuée à Cabot, Vénitien d'origine, qui s'était fait Anglais ; mais les géographes se divisent, et beaucoup tiennent pour les marins basques de Saint-Jean. Vers le même temps, ceux-ci armaient en corsaires pendant la guerre de François Ier et de Charles-Quint. Les Espagnols se vengèrent ; en 1558, un corps de milices navarraises passe la Bidassoa, s'avance rapidement jusqu'à Saint-Jean-de-Luz, pille la cité, qui valait le pillage alors, et la brûle.

Nous avons donc l'âge des maisons basques si curieuses que nous allons y voir ; elles furent reconstruites dans la seconde moitié du xvie siècle. De la même époque est le « château de Louis XIV », bâti vraisemblablement sous Henri III.

Saint-Jean-de-Luz dessine sur la mer un arc dont les deux pointes sont occupées au nord par les rochers de Sainte-Barbe, où l'on distingue les ruines d'un fort, au sud par une jetée rustique et colossale et par la vieille tour ronde de Socoa. La ville est construite sur une dune, dont la Nivelle — petite Nive — baigne le pied d'un côté, tandis que de l'autre la mer le ronge profondément. Sur le bord opposé de la Nivelle est assis le petit Saint-Jean, — Ciboure, — au-dessous de la colline de Bordagain, qui porte une vieille église et des villas. Leurs ombrages font envie lorsqu'on s'avance sur cette plage nue, immense fer à cheval, au sable uni, d'une blancheur éclatante, qui brûle les yeux. La mer, au grand soleil, étincelle comme la grève ; de longs sillages d'argent courent sur les lames, et des éclairs jaillissent de la courbure du flot. Ce rivage est plus méridional encore que celui de Biarritz ; il est d'une forme régulière ; le tableau est bien plus large, et ce vieux cadre a du charme. — A

Le fort du Socoa.

gauche, ce fortin rond et trapu qui, pourtant, est d'une élégance rare avec ses créneaux, dont les dents saillissent au-dessus de jolies consoles de granit travaillé ; — à droite, deux vieux phares, ronds aussi, ressemblant à deux grands moulins sans ailes.

Si vous vous retournez alors, vous n'apercevez qu'un amphithéâtre planté de vignes, de maïs ou de bouquets de bois, parsemé d'habitations, naturellement blanches, puisque ce sont des maisons basques. Quant à la ville, vous ne la verrez point, ensevelie comme elle est entre ces hauteurs et la dune. Il faut revenir sur vos pas pour aller la chercher ; vous joindrez et remonterez la Nivelle, en suivant un quai.

Un édit de 1669, sur la levée des matelots pour le service de la flotte, souleva une rébellion à Saint-Jean-de-Luz ; mais il fallut bien se soumettre, et les marins furent si bien décimés par quatre guerres maritimes, qu'au commencement du XVIIIe siècle, le nombre des pêcheurs au long cours avait diminué des trois quarts : Saint-Jean armait vingt navires au lieu de quatre-vingts. La France, par le traité d'Utrecht, avait perdu Terre-Neuve ; ce fut un coup funeste. Où était le temps de Louis XIII, père de cet ingrat Louis XIV ? Les Anglais alors bloquaient l'île de Rhé ; Buckingham menait des troupes de débarquement au secours des protestants de France. Saint-Jean-de-Luz arme, en quelques jours, quinze pinasses de guerre et vingt-six navires en flûte, chargés de vivres, pour secourir et approvisionner les armées du roi. Moins de cent après, c'en était fait de cette prospérité si fière. Et, comme si ce n'était pas assez de tant de pertes et de mécomptes, de la méchanceté du sort et de l'injustice des gouvernements, la mer se mit de la partie, bouleversa la rade et commença de dévorer le rivage.

C'est vers ce beau rivage que je remonte par l'une des rues de la vieille ville, presque toutes parallèles, et courant, perpendiculairement à la grève, entre deux rangées de maisons basques du petit modèle, — des maisonnettes, si l'on veut, mais bien pittoresques. Ces rues ne sont pas étroites, et ne paraissent quelquefois sombres qu'en opposition à l'intensité de lumière qui éclate à leur extrémité : c'est le miroir de l'eau, c'est le sable blanc de cette grève immense, c'est le soleil de midi qui allume cette réverbération violente, — cuisante aussi. La plage est parsemée de tentes qui se déplacent aisément devant la course du flot, et qui servent d'abris aux baigneurs. Sous la plus vaste, qui appartient à l'établissement de bains, une troupe nombreuse de femmes en toilettes légères est assise, et des enfants jouent dans le sable aux pieds des mamans. Le

Saint-Jean-de-Luz.

tableau est agréable, et c'est une chose amusante à observer que le sentiment d'aise et de plaisir éprouvé par tout ce monde sous les plis de cette heureuse toile protectrice, au milieu de cette terrible grève toute nue.

Ici, point d'ombre que celle qu'on se procure par l'industrie. Quant à moi, en dépit de mon parasol, je me sens rôtir tout vif. En arrière de l'établissement, un singulier petit kiosque s'élève, avec des airs chinois à l'extérieur, au dedans tout tendu d'indienne à fleurs ; on y débite des boissons à la glace.

Mais je m'arrache à mon indienne fleurie, à mon sirop glacé, et je me remets en marche, je suis le quai qui court au-dessus de la grève, je passe au pied du Casino, de plusieurs hôtelleries, de quelques villas bigarrement accolées aux dernières maisons rustiques, qui, bientôt, auront disparu. La marée est basse, et, vraiment, je reconnais l'exactitude des plaintes qui s'élèvent depuis un siècle et demi dans Saint-Jean ; la mer donne l'assaut à cette jolie rade. La mer est entrée par une brèche de sa façon, dans cette conquête qu'elle convoitait, l'insatiable ! Là-bas, à l'entrée de la baie, a dû se dresser un barrage naturel, qui brisait l'effort des lames ; ces furieuses auront pris leur revanche et l'auront enlevé. Je m'avance jusqu'à l'extrémité des quais, et m'aventure sur la grande jetée qui s'avance à l'ouest. Là, je rencontre un douanier dans sa guérite ; il me raconte la légende ; il l'a reçue toute vive encore de son père, témoin de la terrible tempête de 1822, qui dura plus d'une semaine, qui emporta toutes les digues opposées depuis un siècle à la méchanceté du flot. Il paraît que la mer, véritablement rejetée hors de son lit, détruisit plusieurs maisons du quai et même de courtes rues adjacentes, situées entre la grève et la Nivelle. Et cependant, ces travaux, déjà vieux et repris par les ingénieurs modernes, étaient « ce qu'il y a de mieux ». — C'est mon douanier qui parle. — Les premiers ouvrages étaient de Vauban.

Il connaît le nom de Vauban, ce brave homme. Il connaît même le nom de l'ingénieur militaire qui édifia ce joli fortin de Socoa, qui termine ici la vue ; et il a cette supériorité sur moi qui ne le connaissais pas. Le fortin porte huit canons ; le douanier en est assez fier ! Je l'écoute ; ce qu'il dit a une saveur de vieille crânerie française qui m'amuse. D'ailleurs, mes yeux sont occupés, tandis qu'il parle : à mes pieds est l'embouchure de la Nivelle, et cette tranquille bourgade maritime de Ciboure tapie dans le flanc du Bordagain. Quelques bateaux de pêche sont à l'ancre dans la rivière. La colline ombreuse que je regarde tranche par sa verdure épaisse sur le prodigieux ensoleillement de tout le reste du tableau.

Voilà le coin béni de Saint-Jean-de-Luz. D'abord, Ciboure est abrité, par la hauteur même, des grandes rafales de l'ouest et des grands coups de mer. Et puis il a la double vue enchanteresse, sur les monts lointains et sur le flot.

Je remarque en passant qu'il y aurait encore des retraites pour les philosophes. Seulement, il n'y a plus de philosophes pour se confiner dans ces paradis.

Vue d'Hendaye.

HENDAYE

La route de Saint-Jean-de-Luz à Hendaye, dernière bourgade française sur la frontière espagnole, vaut la peine qu'on la fasse à pied. D'abord, on a le plaisir d'une petite ascension : il s'agit de gravir cette jolie colline. — La récompense est immédiate, car on a devant les yeux l'étendue de la mer ; — plus près, les falaises de Socoa, faites de roches bleuâtres, disposées en lames verticales, que le flot ne peut entamer. D'énormes jets d'écume blanche battent cette muraille sombre ; à la basse marée, ce sont les schistes eux-mêmes, encore humides, qui reluisent au soleil. La jetée de Socoa et le fort aux huit canons se détachent au-dessous du coteau. La vieille église en couronne le faîte, elle est en ruines ; une ancienne tour à signaux s'écroule pierre à pierre.

Je redescends vers Ciboure, et me rends tout droit à la maison de la Douane. Cette caserne, c'est l'ancien couvent des Récollets ; on y trouve quelques débris peu attachants, sauf une délicieuse fontaine de style Renaissance, bien qu'elle porte, inscrite, une date postérieure.

Des herbes et des mousses ont envahi la vasque, et des branchages légers sortent de la fissure des pierres et du couronnement.

Je m'achemine, après cette courte visite, vers la route que traverse la voie ferrée : c'est toujours la route d'Espagne. A gauche, à deux kilomètres environ, Urrugne se dessine en silhouette, sur une hauteur. Une masse curieuse de bâtiments m'apparaît, solidement assise à quelques centaines de pas en avant de la bourgade, dans le vallon : c'est le château d'Urtubie.

Louis XI vint à Urtubie, dans le même temps qu'à Saint-Jean-de-Luz. Il y eut même une entrevue avec le roi d'Aragon, mécontent et déconfit, parce que son cousin de France avait méchamment occis ou jeté dans ses prisons les sires d'Albret, et les puissants seigneurs d'Armagnac ses alliés, — surtout parce que, grâce à cette exécution féroce, le roi de France mettait décidément le pied sur ce midi pyrénéen, qu'Aragon avait toujours regardé comme sa terre. Ce ne fut point la paix qui sortit de l'entrevue d'Urtubie. Le roi espagnol sema la révolte dans le Roussillon, qu'il fallut reconquérir. Maintenant le château garde encore quelques anciennes parties debout, pour témoigner de sa puissance. Sur la façade du midi se dessine une légère tourelle à encorbellement. Deux autres tourelles flanquent la porte d'entrée ; mais on oublie bientôt ces restes intéressants pour le paysage qui les encadre. D'abord, un parc superbe, puis des métairies et des bois ; au fond, la Rhune et les Trois-Couronnes fermant le tableau.

Sur le monticule, Urrugne montre son église, dont la grosse tour en façade nous attire. Pas un voyageur qui n'ait commencé par là sa visite de la bourgade, et qui n'ait reçu, d'abord en souriant, la leçon religieuse et philosophique que porte l'inscription de l'horloge. Ce cadran marque les heures et nous dit ce qu'elles nous coûtent en s'envolant :

Vulnerant omnes
Ultima necat.

« Toutes elles nous blessent, la dernière nous tue. »

C'est une vérité déplaisante. Le sourire s'éteint sur des lèvres qui l'avaient dessiné trop vite. Oui, toutes les heures que nous avons vécues nous ont blessés, et combien peu ont apporté le baume qui apaise, s'il ne guérit pas ! Pour une caresse de la fortune, combien de coups de griffe de la destinée !

Qui a fait graver cette inscription sur cette horloge ? Le curé du temps où l'on a construit la tour, sans doute. Eh bien ! c'était un philosophe et un excellent latiniste ; car cette devise est de la meilleure langue parlée par Horace.

L'église date du xv° siècle ; la nef, terminée par une abside hexagonale, en est assez belle. L'abside est éclairés par d'étroites fenêtres à lancettes que surmonte un oculus, et présente des voûtes largement dessinées, dont les nervures rayonnant au centre sont supportées par de longues colonnes à chapiteaux. Tout cet ensemble est d'une remarquable élégance, mais la nef est la curiosité de l'édifice : la partie supérieure en est masquée par un plafond de bois, et les côtés garnis de trois étages de tribunes, qui s'avancent jusqu'à l'ouverture de l'abside.

La partie extérieure du monument est intéressante : d'abord la grosse tour, puis un joli porche, addition postérieure à la construction de deux siècles pour le moins. — En différents endroits de la muraille de l'église, on reconnaît des meurtrières, évidemment percées pour se défendre pendant les guerres de religion. La population se réfugiait dans le sanctuaire, en cas d'alerte ; et c'était une forteresse suffisante contre un coup de main. La bourgade, à l'ombre de cette tour, descend sur les flancs du coteau, vers deux ruisseaux qui en contournent le pied, et se réunissent au fond du vallon. Les maisonnettes à pignon, bâties souvent en planches et en torchis, mais toujours recrépies au printemps et repeintes à neuf, semblent glisser sur la pente, au milieu de la verdure ; le faîte du monticule est couronné d'un bois, qu'on appelle la Croix des Bouquets, qui vit, en 1793, un engagement assez vif entre les troupes espagnoles et nos bataillons. La Rhune et la Haya forment encore le fond du tableau.

Le chemin qui d'Urrugne conduit à Hendaye tourne vers les monts espagnols et n'a plus de perspective sur la mer. Nous avons suivi, pour arriver au bourg et au château d'Urtubie, la route d'Espagne qui, un peu plus loin, franchit le chaînon de hautes collines bordant, de ce côté, le bassin de la Bidassoa, pour la traverser à six kilomètres de là, au pont de Béhobie ; nous cheminons entre des coteaux couverts de cultures et le pied boisé de la montagne. Un coude assez brusque nous rapproche de la rivière ; le chemin s'engage dans une coupure profonde, et bientôt, débouchant au-dessus d'Hendaye, nous revoyons la mer, et nous avons devant les yeux le versant occidental du Jayzquibel, dominant la rive gauche de la Bidassoa, en terre d'Espagne, et s'abaissant par degrés, pour former enfin une longue pointe au milieu des flots : c'est le cap du Figuier.

Le village d'Hendaye dessine un carré, dont la base ou le quatrième côté est formé par des habitations de plaisance bordant la rivière ; à droite, une rue courant entre des maisons bourgeoises ou des masures entourées de jardins ; à gauche, la rue marchande, qui est le chemin de la grève ; au sommet, une sorte de place que domine l'église. Là, est le jeu de paume ; en face, se dresse un arbre de la liberté : anciennes coutumes, idées nouvelles. L'arbre est mort.

Au fond de la place est une hôtellerie espagnole, *fonda Española ;* et regardant la campagne et les monts, l'hôtel Imatz, très français, l'un des meilleurs de ce coin des Pyrénées. Nous y arrivons à la nuit close. La table est avenante, et l'appétit ne nous fait pas défaut.

Après dîner, nous descendons la rue, qui coupe à angle droit la place où l'hôtel est situé ; une petite bruine assez serrée a remplacé la grande pluie, et cependant le ciel au-dessus de nos têtes est d'un gris léger qui ne répand point trop de ténèbres. Au-dessus d'une boutique faiblement éclairée, nous apercevons un balcon en forme de « mirador » ; mode d'Espagne. En face est une maison éventrée ; trois murs seulement debout. Puis un logis basque à pignons, dont les hôtes sont en devoir de souper dans la salle basse ; puis une autre ruine, d'autres murailles croulantes, dont la crête se couronne d'herbes...

Je me souviens qu'en 1793, la bourgade d'Hendaye et le fortin qui la défendait ont été bombardés méchamment par les gens d'en face. Ceux de Fontarabie, à force de les regarder, eurent l'idée de bourrer leurs canons. Peu après, un capitaine français tira une jolie revanche de cette férocité espagnole, si parfaitement inutile. Les ruines des maisons demeurent, comme pour témoigner de l'attentat ; du fortin même, il n'y a plus de traces. Au bout de cette rue est le terre-plein qui le porta, et qui domine une petite jetée s'avançant dans la rivière ; de cet observatoire commode nous distinguons sur l'autre bord de la Bidassoa une ligne sombre, des dentelures de pierre se découpant sur un fond brumeux : c'est le château de Fontarabie, d'où partirent les boulets.

Le vent, qui souffle du large, commence décidément à disperser les nuées ; sous la demi-clarté flottante, c'est un endroit charmant que cette petite jetée d'Hendaye, où l'on reçoit l'haleine tiède de l'eau. Vers l'ouest, l'immensité qui s'ouvre ; à quelques centaines de mètres, une sorte de grande muraille blanche qui se dresse au milieu des plis de vapeurs: c'est la barre de sable qui marque l'embouchure de la Bidassoa ; au delà, c'est la mer. — En face, au midi, ce noir profil de Fontarabie et de son château gigantesque ; si l'on se tourne vers l'orient; on suit le ruban argenté de la rivière, courant entre des hauteurs chargées de grandes ombres mouvantes, qui sont des bois. Sur cette rive d'Hendaye où nous sommes, des villas bordent le flot. La première maison à droite de la jetée est pourtant une petite usine en miniature. C'est ici que se fabrique l'excellente liqueur d'Hendaye.

Après cette pluie d'été, la nuit est d'une mollesse pénétrante; on ne se lasserait pas d'en jouir. Un grand effort nous est nécessaire pour regagner l'hôtellerie. Le matin, par un soleil déjà vif et cuisant, j'ouvre ma croisée. La petite place m'apparaît ; voici les ruelles qui s'enfoncent derrière l'auberge espagnole ; voilà le jeu de paume et l'église. Ma première visite est pour elle. J'entre en passant sous un large porche que surmonte une tour carrée. Le monument est du xve siècle et présente encore trois étages de galeries. La voûte est peinte de couleurs voyantes, que les Basques ne dédaignent point.

Je quitte l'église ; mon compagnon de voyage, qui m'avait précédé, m'appelle à grands cris, dans une prairie qui borde la ruelle occidentale du bourg et s'étend jusqu'à la mer. L'invitation est si pressante que j'y cours. Étrange prairie, au sol mamelonné ; je reconnais tout de suite que ces bosses énormes, auxquelles des cavités succèdent, ne sont point l'ouvrage de la nature. De longues assises de murailles courent sous mes pieds ; d'ailleurs, à l'extrémité du tapis vert, une ruine s'élève encore à quinze ou vingt mètres de terre : c'est celle d'une grosse tour. Mon compagnon est plongé dans un ravissement que d'abord je ne partage point. — Eh ! faut-il dépenser tant de joie pour de vieilles pierres qui ont été un donjon ? — Un donjon ! Dites un ouvrage militaire d'une importance rare !

J'ai vainement recherché l'histoire du château d'Hendaye. Seigneurs et capitaines de cette orgueilleuse maison forte n'ont point laissé de traces. Il est probable que la ruine en a commencé dès longtemps, et que les boulets de Fontarabie, au siècle passé, se seront fait un jeu de l'achever de l'autre rive. D'énormes murailles défendaient le château du côté de la mer, deux tours en flanquaient les deux extrémités ; un gros fragment de l'une subsiste encore, penché sur le flot, dans lequel il s'effondrera au premier jour. Entre les deux tours, une terrasse a dû régner, bordée, en retrait de quelques mètres, d'un rempart formidable qui arrivait à la hauteur du sol de la première cour. Là, s'ouvraient des souterrains glissant sous le donjon, se prolongeant jusqu'à la mer, et qu'il serait encore aisé de déblayer et de suivre. Perpendiculairement à cette façade, deux larges fossés sont taillés, en rejoignant un troisième qui court au nord, du côté de la campagne, et formant ainsi une enceinte parfaitement carrée ; les escarpes en sont faites de puissante maçonnerie.

Le morceau capital de cette construction gigantesque est en partie debout ; ce fut le donjon — formé de deux voûtes en plein cintre, dont l'une tient encore ; elles étaient séparées par un étroit corridor pratiqué dans l'épaisseur de la pierre, et sur lequel s'ouvraient deux vastes salles. La masse de débris qui gisent à l'entour donne une idée de la grandeur de l'édifice. L'enceinte était double ; un second carré de fossés entourait le donjon, dessiné parallèlement au grand carré enveloppant toute la place. Au nord, c'est-à-dire sur la face opposée à la mer, s'élevait un ouvrage avancé, flanqué aussi de deux tours, dont les fortes traces sortent de l'herbe. L'ouvrage tout entier s'élevait sur un monticule, présentant la même disposition que celui qui, de l'autre côté de la rivière, porte la ruine de Fontarabie. Ainsi ces deux forteresses se regardaient. L'histoire de Fontarabie est mêlée de si près à celle d'Hendaye, qu'il nous est impossible de ne pas visiter la première de ces deux belliqueuses villettes, bien qu'elle soit assise sur le bord d'Espagne.

Fontarabie.

FONTARABIE

Quel est l'historien qui, le premier, a dit que la Bidassoa était sans eau ? Sans eau ? Le bateau glisse au contraire sur une large nappe, le flux a recouvert tous les sables, la marée est presque pleine. Deux vigoureux gaillards manient les avirons. L'un d'eux a la poitrine à peu près nue, car il n'est vêtu que de ses culottes de velours et de sa chemise, et cette chemise est un haillon. Les Basques d'Hendaye sont très grands. Celui-ci a le torse d'un Achille. Forte tournure et fier visage sous son large béret. Il a été matelot : pourquoi ne l'est-il plus ? C'est qu'il avait fait son temps à bord des navires de l'État, il n'a pas trouvé d'enrôlement chez un armateur. Encore une fois, la grande pêcherie ne donne plus ; on n'entend que cette plainte tout le long de la côte : — Monsieur, on n'arme plus pour Terre-Neuve. — Reste la pêche de la baie et de la rivière : le saumon, le thon, la lubine. Mais les grands marchés sont loin, le poisson devient rare, les pêcheurs n'y trouvent plus leur compte. Au contraire, le métier de passeur est bon.

Il est même très bon entre Hendaye et Fontarabie quand, dans cette dernière ville, le Casino n'est pas fermé ; seulement, c'est au petit bonheur et au gré des caprices de l'autorité espagnole. Est-elle prise de scrupule : à l'instant elle les manifeste par un arrêté sonore d'interdiction des jeux; les passeurs chôment. A l'ordinaire, ils font d'excellents profits : le passage est un franc par personne pour l'aller et le retour, pendant la journée. Le tarif s'élève quand il faut traverser la rivière pendant la nuit, surtout à marée basse, en contournant les sables ; et le matin, quand il s'agit de ramener au bord français, sous l'haleine de la rivière condensée en brume épaisse, les joueurs transis. Mais ils ont la main ouverte, si la partie a été bonne.

Pour le moment, le Casino est ouvert ; les barques se succèdent et volent sur le flot montant. Ce n'est pas seulement le jeu qui attire tout ce monde; il y a fête à Fontarabie. Au flanc du Jayzquibel qui domine la ville, on voit descendre des troupes d'hommes et de femmes ; des mulets portent les enfants. Une foule est amassée sur la rive, au pied du donjon, et des sons d'orchestre traversent l'air. Le temps est léger, bien que le ciel soit estompé de quelques vapeurs ; un vent assez fort par moment les disperse ; la rafale ramène les jeux du soleil sur la montagne ; et, sur ce fond changeant, la ligne chaude et sombre formée par le château et l'église se détache immobile et menaçante. A mesure qu'on approche, on distingue les brèches qui, de toutes parts, y sont ouvertes. Toute la partie basse du château n'est plus qu'une ruine. Ce sont les batteries d'Hendaye qui l'ont faite, servant la réplique à celles de Fontarabie. Le mal que le canon espagnol faisait, le canon français a essayé de le rendre ; — il n'a que trop bien réussi.

La barque file devant le stationnaire espagnol tout pavoisé ; nous abordons, et sous une allée de platanes longeant la vieille enceinte, nous allons joindre la porte de la ville. La foule a quitté la rive et remonte, en courant et en jetant de grands cris, cette allée dont la pente est assez rude. Il paraît que la curiosité peut être internationale, car nous voilà, nous aussi, pressant le pas poursuivre ces agités d'Espagne. Que peut-il bien se passer là-haut, au faîte de la pente ? Grand Dieu ! c'est un taureau qu'on amène pour la *course*. — La pauvre bête !

Un petit taureau, un pauvre petit taureau, vraiment indigne de bords qui l'ont vu naître, et qui nourrissent d'autres compagnons de son espèce, mais si différents. Ce misérable quadrupède, à l'air si pacifique, un champion furieux des arènes, allons donc!

Eh! non, il n'aura point une destinée si glorieuse et si tragique ; et c'est ce qui explique l'indigence de sa tournure. La fête de Fontarabie comporte une course de taureaux, et point un *combat*. On le poursuivra dans l'arène, on lui jettera des *banderillas* qui déchireront un peu le cuir maigre plaqué sur ses os ; mais voilà tout. L'*espada* finale ne l'attend pas. Si on taquine la bête, on ne l'achève point. Pourquoi? — Je gage tous les ducats d'Espagne que l'humanité est étrangère à cette pratique clémente.

Et voyez un peu : tous les Français au nord de la Garonne sont unanimes à condamner les combats de taureaux. Je suis de ces Français, et quand j'apprends qu'il s'agit de voir seulement exciter la bête, et point de regarder couler le sang, le spectacle cesse de m'intéresser à l'instant même. Je n'ai plus envie de suivre cette foule qui s'engage sous la voûte de la porte et remplit devant moi une longue rue. Ces demi-férocités ne me touchent point! O logique! — Je m'arrête, et, du moins, j'ai le loisir de considérer cette porte et son couronnement pompeux. Il est du XVIe siècle espagnol, et du plus mauvais. La porte est debout tout entière, isolée maintenant entre deux brèches de la muraille démantelée. Sous cette voûte, elle-même croulante, on s'avance..... puis, j'imagine que beaucoup de voyageurs, entrant dans Fontarabie, ont ressenti la même impression de surprise et de ravissement qui m'arrête là, encore une fois, mais tout court...

Ce que je vois a l'air d'un rêve.

La longue rue monte devant moi en deux rangées de maisons peintes, ornées de balcons, prolongeant leurs toits en auvents sculptés. Sur ces balcons, il y a des femmes coiffées de mantilles, qui s'y glissent un instant comme des oiseaux curieux, et disparaissent derrière des jalousies, dont les lames vertes ou brunes tremblent comme des feuillages. C'est le décor du *Barbier de Séville*, c'est la comédie espagnole — un morceau de l'Espagne du XVIe siècle pieusement conservé par des archéologues.

Eh bien, non! ce ne sont point des archéologues qui ont conservé cette curieuse relique vivante. Il y a ici un centre de population attachée de cœur et de passion à ce lieu pittoresque. Ce qui double le caractère extraordinaire de cette rue du miracle, c'est qu'elle est unique, et, comme la porte qui la commande, isolée au milieu d'un champ de ruines. La vie y est d'autant plus intense et agissante ; toutes ces maisons sont remplies de monde; les habitants y sont pressés. Mais plusieurs méritent mieux que ce nom de maisons ; il faut dire des *palacios*, comme à Séville. Un seul est abandonné et sert de magasin. Presque tous portent encore des armoiries ; il est évident qu'un nid de noblesse militaire s'est naguère établi sur ce flanc du Jayzquibel, regardant la terre ennemie sur l'autre bord, et toujours prête à franchir la rivière. Et qui n'était pas noble, qui n'était point soldat dans la vieille Espagne ? Les sièges que Fontarabie a soutenus racontent assez son ancienne importance de place de guerre. François Ier la prit, Condé l'assiégea, mais point le grand Condé : il s'agit ici de son père, et c'est pourquoi il fut épouvantablement battu là où le fils aurait été victorieux. Il partageait le commandement du siège avec le duc de la Valette, et les deux généraux étaient en guerre plus ardente entre eux que les deux nations. Les assiégés attaquent nos lignes, partout les rompent et jettent nos soldats dans la Bidassoa ; nous en perdîmes deux mille. Fontarabie n'en devint pas une cité plus modeste ; et cela se voit bien à ces restes de fière tournure. Combats, duels, vengeances, elle redit tout, cette rue orgueilleuse et discrète ; elle remet sous nos yeux toute la vieille vie espagnole, avec ses aspects sombres, ses intrigues cachées, ses ardeurs furtives et profondes ; c'est tout le passé qui se réveille.

Ces auvents peints de couleurs chaudes, qui ne sont pourtant pas des couleurs vives, reposent sur des consoles assez grossièrement sculptées ; mais on n'a point voulu la finesse de l'exécution, on n'a recherché que le décor. Les balcons sont en fer forgé d'un travail rare. Quant aux armoiries qui ornent les façades et marquaient autrefois les demeures de « qualité », il y en a de colossales — apparemment comme la vanité du maître. L'un de ces palacios est devenu la maison de ville, la « Casa consistorial ». Ce fut le logis du seigneur Joseph de Zuloaga.

Ce Zuloaga était un personnage. Ce n'est pas un nom inconnu dans les annales espagnoles ; il a été porté par des généraux et des diplomates. Celui-ci était apparemment gouverneur de la place ; mais comme il devait l'être aussi du château, on s'explique mal qu'il n'en fît point sa demeure. Peut-être préférait-il ce palacio qu'il s'était construit dans la ville, et qui était en effet le plus vaste et le plus opulent. Pourtant d'autres dans le voisinage méritent encore de fixer longtemps les yeux. L'horloge de l'église vient à sonner trois heures ; le son passe, solennel, lugubre, au-dessus des toits : n'est-ce pas la cloche placée par Victor Hugo dans son *Hernani* ? Le poète aurait bien fait de réserver sa fameuse qualification de « vieille ville espagnole » donnée à Besançon par son caprice tout-puissant. La dénomination eût été mieux appliquée à Fontarabie, qui n'a qu'une rue, — on ne saurait trop le redire. Mais quelle rue !

Cette cloche sévère m'appelle à l'église ; obéissons. L'extérieur du monument ne me retiendra guère ; du côté de la rue, dont il occupe à droite la partie haute, il n'a rien de particulier ; c'est encore du xvie siècle espagnol, et rien de plus. L'église a l'âge des palacios. Fontarabie fut prise en 1521 par le sire de Lesparre, général de François Ier. Charles-Quint venait alors de quitter l'Espagne, s'embarquant pour les Pays-Bas ; une révolte derrière lui éclatait bientôt en Castille, gagnait l'Aragon et la Navarre. Les Castillans avaient même formé une junte qui confia le commandement de l'insurrection à Juan de Padilla, et s'étant emparé de la personne de Jeanne la Folle, mère de l'empereur, essaya de gouverner sous son nom. Les Français, qui n'avaient sur les frontières d'Espagne que quelques milliers d'hommes, entrèrent pourtant en Navarre, avec la pensée de donner la main aux *comuneros* ; mais ceux-ci fournirent un grand exemple de patriotisme en s'unissant au parti royal contre l'étranger : Lesparre fut rejeté au delà des Pyrénées. Dans sa marche en avant, il avait enlevé Fontarabie ; il est probable que ce ne fut pas sans dommage pour la ville ; et la rue, — la rue *noble*, — les gentilhommières et la façade de l'église durent être reconstruites vers ce temps-là.

L'intérieur est, en effet, de style plus ancien, — du gothique ; mais les sculptures du maître-autel sont de la Renaissance ; elles sont surchargées, ainsi que plusieurs des chapelles latérales, d'une si prodigieuse et si massive quantité de dorures que l'œil ne saurait voir autre chose. Au reste, c'est à peine si le jour pénètre dans la nef ; les fenêtres sont étroites, la partie inférieure des ogives a été murée, et des grilles placées aux croisées de l'abside, du côté de la rivière. Dans cette obscurité qui remplit tout l'édifice, la lumière est surtout projetée par ces grands revêtements d'or, dont les reflets détachent en vigueur quelques statues de saints et de saintes en robes voyantes, blanches ou rouges. Le lieu est opulent et mystique ; mais on peut lire dans plusieurs guides ou récits de voyage que l'église de Fontarabie est le type des églises espagnoles. C'est bientôt dit. Il convient d'y regarder de plus près, et l'on reconnaîtra plutôt la disposition commune des églises basques. Voici les tribunes réservées aux hommes.

L'église est séparée du château par un chemin planté de beaux arbres, qui descend à la berge ; mais de loin les coupures ne se trahissent point, dans cette masse prodigieuse de pierres ; on n'aperçoit rien qu'un profil colossal.

L'entrée du château est située sur une place rectangulaire assez vaste, et pour le moment entourée d'une palissade ; c'est là qu'étaient les arènes improvisées ; mais la cérémonie est terminée, grâce à Dieu ! la foule s'est écoulée par le chemin ombragé qui conduit à la rivière où se donnent des régates. Le pauvre petit taureau a été ramené dans son étable, où sans doute il se laisse arracher les banderillas, avec autant de philosophie qu'il en a mis à se les laisser planter. Cette place est encadrée de logis assez pauvres, qui forment un contraste frappant avec les palacios de la grande rue. Ici a toujours habité le peuple ; là se prélassaient les nobles gens. Ces maisonnettes sont toutes à pignons, construites sur un modèle plus ou moins rapproché de celui qu'on voit sur la route d'Espagne, dans les vallées françaises, et sur l'autre bord à Hendaye. Quelques-unes sont ornées pourtant de miradors à la cage vermoulue. — Le château regarde et domine de toute sa hauteur écrasante ce coin des petites gens.

De ce côté — le couchant — la maison forte de *Jeanne la Folle* présente un énorme mur qui n'est pas tout à fait aveugle, mais que percent seulement d'étroites fenêtres irrégulièrement placées, et dont le dessin ne paraît pas indiquer un grand âge. Encore le seizième

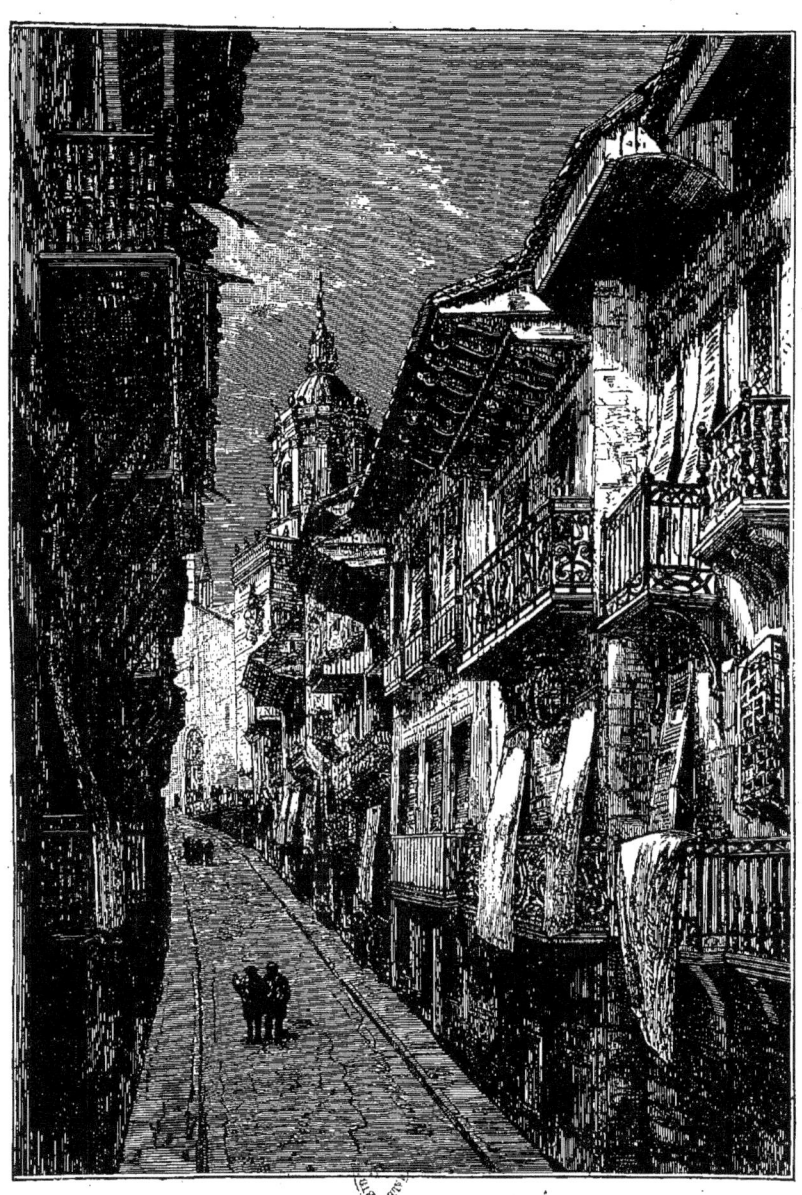

Fontarabie. — La Grande Rue.

siècle. Mais les constructions plus anciennes vont apparaître. D'abord on pénètre sous une voûte, et une inscription en langue anglaise frappe les yeux. Le sens en est très moderne ; on fait « assavoir » au visiteur qu'il devra payer cinq réaux. Mais pourquoi lui annoncer cette mauvaise nouvelle en anglais? Sans doute parce que les nationaux qui parlent cette langue ont été jusqu'à présent plus résignés à se laisser tarifer que les autres. Cinq réaux — en monnaie française, un franc cinquante.

La façade de la cour est du xiv° siècle. Il est probable que les assises en appartiennent à une antiquité bien plus respectable. Le premier château de Fontarabie fut construit par un roi de Navarre, au commencement du x° siècle. C'était Sanche le Fort, grand vainqueur des Arabes ; il eut un fils qui ne dut lui ressembler guère, puisqu'on l'appela Sanche le Courbé ; il en eut un autre qui était droit, et il fit un roi de celui-ci, — de celui-là un comte. Or, le pays de la Bidassoa relevait du comté de Gascogne, apanage du « Courbé » ; sur les deux rives, la dynastie des Sanche était chez elle. Il n'en était plus ainsi au temps de Jeanne la Folle ; le bord espagnol de la rivière regardait en ennemi le bord français. La légende veut que Charles-Quint soit venu souvent au château de Fontarabie. Il y a bien des récits de cette royale vie toujours errante de Tolède ou de Burgos aux Pays-Bas, de Bruxelles ou de Gand en Allemagne, et des Etats allemands à Milan ou à Naples. La grandeur de Charles, faite de tant de royaumes divers, n'était point de celle qui « attache au rivage » ; elle l'en détachait plutôt. Dans cette merveilleuse histoire, rien ne nous apprend qu'il aimât à vivre au bord de la Bidassoa ; l'aurait-il aimé, il n'en aurait pas eu le loisir. Il est probable que, s'il résida jamais à Fontarabie, ce fut au temps de son enfance et de la reine Jeanne, aux côtés de cette mère tragique.

Au-devant du donjon, les pieds dans la rivière, est un bâtiment si lamentablement ruiné par les boulets d'Hendaye, qu'il n'est plus aisé d'en bien reconnaître l'époque et le style. Deux fenêtres croulantes semblent indiquer pourtant la fin du xv° siècle. Cette partie fut peut-être construite pour la pauvre reine insensée ; on la confinait loin de Burgos et de Tolède, loin des capitales espagnoles, dans ce beau désert, encadré par la montagne verdoyante et le fleuve bleu.

Les guerres modernes ont éventré la noble demeure, toute remplie de dramatiques souvenirs. Est-ce à nous, Français, à nous en plaindre? Les canons espagnols avaient commencé.

Au reste, nous prîmes une jolie revanche du bombardement d'Hendaye. Il y eut un jour un jeune capitaine français qui réunit trois cents hommes — le même nombre justement que les Spartiates de Léonidas. Le détachement français débarque nuitamment sur le bord espagnol, contourne, puis gravit la montagne, hissant derrière lui quelques canons; et qui fut étonné au petit jour? Parbleu! ce furent les Fontarabiens apercevant en l'air ces trois cents intrépides compagnons qui se préparaient à les foudroyer tout net. Les militaires étaient vexés, et, comprenant l'inutilité de la résistance, ils ne voulaient pourtant point aller traiter de la reddition. Deux capucins furent envoyés en parlementaires. — Le capitaine Lamarque leur répondit qu'il était le maître, qu'il donnait une demi-heure à la ville pour capituler, sans quoi il l'écraserait d'abord, y entrerait après, et passerait au fil de l'épée tous les habitants. Il ajouta que c'était le droit de la guerre. On ne peut discuter sur la beauté de son action patriotique; sur le *droit*, c'est peut-être différent. Fontarabie se rendit. Le capitaine Lamarque devint, comme on sait, un général en grande réputation; il l'avait bien méritée. Les Français occupèrent le donjon pendant une semaine, puis se retirèrent.

C'est bien l'image de la domination souveraine, et le type de la force, que ce donjon superbe. La tour est carrée, appuyée sur des contreforts massifs; les murs ont quatre mètres et demi, tout simplement, d'épaisseur. Les voûtes confondent le regard; leurs croisements savants et indestructibles devraient faire le désespoir de nos architectes modernes. Nous avons élevé beaucoup de murs en carton, et ne leur avons pas pour cela donné plus de grâce, bien que la matière fût légère. Ces formidables voûtes forment deux étages, divisés ensuite en quatre à l'aide de planchers supportant l'immense terrasse du faîte. Toute la construction a été conçue comme celle de notre Chambord, bien plus tard, en vue de la terrasse; — pourtant, avec cette différence que l'on recherchait ici un lieu d'observation et, là-bas, une œuvre d'art. De cette plate-forme, large de quarante pas environ, longue de plus de cent, on découvre sur la mer Saint-Jean-de-Luz, Biarritz et l'embouchure de l'Adour à gauche, — à droite tout le cours de la Bidassoa, au-devant la triple ligne des monts et les vallées françaises. La vue n'est fermée qu'au couchant par la croupe du Jayzquibel, qui s'incline vers le cap du Figuier, se prolongeant en un barrage de roches jusqu'au port du Passage, que l'on rencontre plus loin, sur la route de Saint-Sébastien.

Sur la rive droite de la Bidassoa, rive française, les bois et les combes cultivées, les coteaux couverts de vignes se succèdent, formant un paysage d'une variété charmante. Des villas et des châteaux s'élèvent de toutes parts dans cette fraîche campagne. Malheureusement, il y en a qui la déparent. N'est-ce pas une chose étrange que le faux goût ose se produire même en ces contrées de montagnes et de mer, en face de tout ce que la nature offre de plus saisissant et de purement beau ? Voici un castel moderne, flanqué de tours, hérissé de clochetons, le chef-d'œuvre du style de pâtissier, l'horrible et lamentable imitation du gothique anglais. Il a de la réputation dans le pays ; il est entouré de superbes ombrages qu'il déshonore. Sur le bord même de la Bidassoa, j'aperçois un autre ouvrage du même genre, un second castel à dents aiguës, qui donne en effet l'idée d'un dentier ébréché. Quelle misère ! — Un peu plus loin, heureusement, sur ce même rivage d'Hendaye, voici les ruines de ce robuste donjon que connaît déjà le lecteur.

De la « terrasse de Charles-Quint », les yeux plongent naturellement dans la ville. La plate-forme du clocher de l'église est placée en contre-bas ; mais le clocher lui-même la domine. Les débris de la vieille enceinte viennent se relier au château. On s'oublie à tous ces détails pittoresques ; on se prend à rêver, en suivant machinalement les méandres des grands lierres qui couronnent toutes les crêtes des murailles ruinées. La végétation parasite est plus épaisse que partout ailleurs, sur la partie qui renferma les appartements royaux. La malheureuse reine Jeanne était conduite sans doute sur la terrasse, dans les beaux jours, épouvantant de ses cris inhumains les soldats cantonnés dans les salles du donjon, et les vigies qui guettaient en haut. Elle appela sans cesse, pendant vingt ans, cet ingrat Philippe, ce mari sans entrailles qui l'avait délaissée ; et depuis longtemps ce n'était plus que l'ombre du plus beau des hommes et du plus puissant des princes de son temps, qu'elle l'appelait encore. Cette orgueilleuse demeure était, d'ailleurs, la plus riante que l'on pût donner à une folle d'un tel rang dans le monde. Elle n'était triste et ce n'était une prison que pour ses gardiens.

C'est à Fontarabie que nous prenons congé de nos lecteurs et que nous terminerons nos excursions. D'Hendaye le chemin de fer nous ramènera rapidement à Bayonne, puis, traversant les Landes, nous regagnerons Bordeaux, où nous prendrons quelque repos avant d'aller à Paris établir nos quartiers d'hiver.

Certes, nous ne pouvions songer à tout voir dans les Pyrénées : il y faudrait des années ; à tout décrire, il y faudrait des volumes et des volumes. Ce que nous avons vu, ce que nous avons admiré, suffit pour nous remplir à tout jamais du plus vif enthousiasme pour nos fières montagnes. Nous vous quittons, Pyrénées enchanteresses, mais nous vous disons : Au revoir, et non point : Adieu.

Fin.

TABLE DES MATIÈRES

Introduction.	5
Les portes du Bigorre.	9
Cauterets.	17
Le pont d'Espagne et le lac de Gaube.	29
La vallée de Lutour.	39
Luz.	49
Saint-Sauveur.	59
Gavarnie.	73
La Brèche de Roland.	91
Estaubé, Troumouse.	101
Barèges.	113
Le Pic du Midi.	128
Bagnères-de-Bigorre.	141
Bagnères-de-Luchon.	155
Autour de Luchon. — La vallée du Lys.	169
Le port de Vénasque. — La Maladetta.	185
Les Eaux-Chaudes et le Pic d'Ossau.	199
Les Eaux-Bonnes.	219
Col d'Aubisque, Gabizos, vallée de Ferrières.	231
Pau.	243
Bayonne.	257
Biarritz.	271
La côte basque.	285
Saint-Jean-de-Luz.	291
Hendaye.	299
Fontarabie.	305

TABLE DES GRAVURES

Cauterets. — Le Gave	*Frontispice.*
La chaîne vue de Coarraze	9
Vue générale de Lourdes	11
La vallée d'Argelès et Vidalos	13
Vieilles maisons à Pierrefitte	17
La gorge de Cauterets	21
Manhourat et le Gave de Géret	29
Le lac de Gaube	31
Le pont d'Espagne	35
Une scierie sur le Gave de Lutour	39
La vallée de Lutour	43
Le pont de Villelongue	49
Le pont d'Arsempré	51
Le fort de Sainte-Marie	53
Luz. — L'église	55
Le Gave dans la plaine de Luz	57
Luz et la vallée du Bastan	59
Saint-Sauveur	67
Le pont Napoléon à Saint-Sauveur	69
Gèdres	73
Le cirque de Gavarnie	77
Un pont de neige	83
La cascade de Gavarnie	87
La Brèche de Roland	91
Crevasse de la Brèche	93
Pont du Couret	95
Descente du Vignemale en train rapide	99
Le chemin de Héas dans le chaos	101
Les deux Sœurs de Troumouse	105
Le chalet de l'hôtel de l'Univers à Barèges	113
La vallée du Bastan	115
Barèges	121
L'observatoire du Pic du Midi	127
Le col de Tourmalet et la Campana	131
Bagnères-de-Bigorre. — Place des Coustous	141
Bagnères-de-Bigorre. — Place des Thermes	143

Bagnères-de-Bigorre (vue d'ensemble).	147
Le Casque de Lhéris, route de Labassère.	153
Les allées d'Etigny, à Luchon.	155
Les allées de la Pique, à Luchon.	159
Bagnères-de-Luchon, vu de Castel-Vieil.	161
La place des Thermes, à Luchon.	165
La rue d'Enfer (vallée du Lys).	169
Cascade de Juzet.	171
Vallée du Lys.	173
Cascade d'Enfer.	177
Cascade du Cœur.	183
Castel-Vieil.	185
L'hospice de France. — Port de Vénasque.	187
Le port de Vénasque.	193
Les Eaux-Chaudes (entrée du village).	199
Les Eaux-Chaudes (cours au-dessus du Gave).	203
Lutte de Bergès avec un ours.	209
Le Pic du Midi d'Ossau.	211
Dans l'Escala d'Aule.	215
B... tombant du haut de la terrasse du Bigné.	217
Les Eaux-Bonnes et le jardin Darralde.	219
Le val de la Sourde.	223
Cascade sous la route d'Arrens.	227
Attelage de bœufs.	231
Passage pour arriver au Salon.	233
Chasse à l'isard.	237
Descente du Gabizos.	239
Pau.	243
Château de Pau.	247
Statue de Henri IV, de Francheville.	253
Les quais de la Nive, à Bayonne.	257
Bayonne.	261
Le Réduit, à Bayonne.	265
Fort Hart et la côte des Basques.	271
Biarritz.	277
Guethary.	285
La maison Louis XIV, à Saint-Jean-de-Luz.	291
Le fort du Socoa.	293
Saint-Jean-de-Luz.	295
Vue d'Hendaye.	299
Fontarabie.	305
Fontarabie. — La Grande-Rue.	311

Société française d'Imprimerie et de Librairie. — Oudin et Cie.

www.ingramcontent.com/pod-product-compliance
Lightning Source LLC
Chambersburg PA
CBHW071247160426
43196CB00009B/1197